本书出版由国家社会科学基金项目
"公共就业培训绩效评价问题研究"（11BGL063）资助

何筠 著

公共就业培训绩效评价研究

A STUDY ON
PERFORMANCE EVALUATION
OF
PUBLIC
EMPLOYMENT TRAINING

社会科学文献出版社
SOCIAL SCIENCES ACADEMIC PRESS (CHINA)

摘 要

公共就业培训是一个事关经济与社会发展的重要问题，我国的公共就业培训脱胎于20世纪80年代的企业职业技术培训，但大规模的公共就业培训是从20世纪90年代开始的，公共就业培训制度已经成为我国社会主义市场经济体制的有机组成部分。公共就业培训管理的核心在于通过科学的绩效评价，提升公共就业培训的质量、效率，增强培训效果。本书将分散在政府各职能部门的公共就业培训作为一个整体，从公共就业服务的角度以绩效为切入点进行系统研究。首先，全面梳理我国公共就业培训主要项目，运用新公共管理和公共经济学理论等分析了我国公共就业培训的主要运行环节以及运行模式的状况和特点，总结了我国公共就业培训的作用，揭示了我国公共就业培训绩效评价的问题。其次，采用逻辑分析法、柯克帕特里克评估模型、层次分析法、模糊综合评价法、因子分析法等，分别对江西省公共就业培训的总体绩效及其影响因素、江西省公共就业培训机构的绩效及其影响因素进行研究，对湖北省政府购买培训成果的两种方式的绩效进行评价与比较，对与工业园区企业不同对接方式的公共就业培训效果进行评价。最后，基于公共就业培训绩效提升的目标，对公共就业培训的供给方式、支付方式、绩效评价的制度创新进行了探讨；借鉴发达国家公共就业培训监管的有益经验，对我国公共就业培训政府监管组织、监管手段、监管制度以及各种软硬件的完善和创新进行了研究。

此外，为了深化对公共就业培训绩效问题的探讨，本书对公共就业培训的重点项目进行了专题研究。首先对赣南老区农民工培训进行了专题研究，探讨农村劳动力的职业培训及其绩效问题。通过对瑞金服装行业的农民工进行关于培训的问卷调查，分析培训绩效及存在的问题，并提出相应的建议。选择江西省 Y 公司作为个案，对企业工人的技能培训及其绩效问题进行专题研究。通过访谈、问卷调查等对该公司工人的技能现状进行了分析，对如何建立更加符合企业需要和产业发展方向的员工技能提升系统提出了具体的建设性意见。上海市在公共就业培训中采用了个人培训账户的形式，创新了管理方式，具有特殊的研究价值，本书对上海市职业培训的特点、存在的问题及其进一步的发展进行了分析，以期对其他地区的公共就业培训的完善提供可借鉴的经验。

Abstract

Public employment training is an important issue related to economic and social development. China's public employment training evolved from the enterprise-based vocational and technical training in the 1980s, however, it is from the 1990s that it started developing on a large scale. The public employment training system has become an organic part of China's socialist market economic system. The core of public employment training management is to improve its quality, efficiency and effectiveness through scientific performance evaluation. In this book, public employment training scattered in various government department is systematically studied as a whole from the perspective of public employment service and with performance as the starting point. Firstly, untangles the main programs of public employment training in China in an all-round way, and by applying Theories of New Public Management and Public Economics, then analyzes the status and characteristics of its main operation processes and modes, thus summarizing its roles and revealing the problems of performance evaluation of public employment training in China. Secondly, using Logical Analysis Method, Kirkpatrick Evaluation Model, Analytic Hierarchy Process, Fuzzy Comprehensive Evaluation Method and Factor Analysis Method, conducts respective studies on the overall performance of Jiangxi public employment training and its influencing factors, the performance of Jiangxi public employment training institutions and its influencing factors, evaluates and compares the performances of the two ways that Hubei Provincial Government purchased training, and evaluates the effectiveness of different operation modes of public employment training practiced by enterprises in industrial parks. At last, based on the goal of improving the performance of public employment training, this paper probes into the systemic innovation of supply mode, payment mode and performance evaluation of public employment training, and studies the improvement and innovation of government supervision and organization, supervision means, supervision system and various software and hardware of public employment training in China by drawing on the related beneficial experience from developed countries.

In addition, in order to deepen the exploration on its performance, conducts thematic studies on key programs of public employment training in this book. Firstly, a thematic study is conducted on the training of migrant workers in the old areas of southern Jiangxi in an attempt to explore the vocational training of rural labor force and its performance. Through questionnaires on the training of migrant workers in the garment industry of Ruijin City, analyses the training performance and existing problems, and puts forward corresponding suggestions. Then, taking Company Y in Jiangxi Province as a case, conducts a topical study on the skills training and performance of its workers. Through interviews and questionnaires, analyses the current situation of workers' skills in the company, and puts forward specific constructive suggestions on how to establish a staff skills upgrading system more in line with the needs of enterprises and the direction of industrial development. It is known that Shanghai has innovated in the management mode by adopting the form of personal training account in public employment training, which is of special research value. This book analyses the characteristics, problems and further development of vocational training in Shanghai, hoping to provide valuable experience for the improvement of public employment training in other districts.

目 录

引 言 ………………………………………………………… 001

第一章 我国公共就业培训的主要项目和运行模式 ………… 020
 第一节 我国公共就业培训的主要项目 ………………… 020
 第二节 我国公共就业培训的主要运行环节和模式 …… 049

第二章 我国公共就业培训的作用和绩效评价现状 ………… 067
 第一节 我国公共就业培训的作用 ……………………… 067
 第二节 我国公共就业培训绩效评价的现状 …………… 074

第三章 江西省公共就业培训的总体绩效及影响因素研究 … 089
 第一节 江西省公共就业培训的总体绩效评价 ………… 089
 第二节 江西省公共就业培训总体绩效的影响
    因素分析 ………………………………………… 091

第四章 江西省培训机构的公共就业培训绩效
   及影响因素研究 ……………………………………… 109
 第一节 江西省培训机构的公共就业培训绩效评价 …… 109
 第二节 江西省培训机构公共就业培训绩效的影响
    因素分析 ………………………………………… 111

第五章　湖北省政府购买培训成果的两种形式

及效果评价与比较 ································· 125

　　第一节　湖北省政府购买培训成果的两种形式及效果评价 ··· 125

　　第二节　湖北省政府购买培训成果两种形式的效果比较

及问题对策分析 ································· 136

第六章　与工业园区企业不同对接方式的公共就业

培训及效果评价 ································· 142

　　第一节　江西省园区企业－农民工－培训机构对接培训的

效果评价 ································· 142

　　第二节　江西省园区企业－职校学生－职业学校的对接

培训及效果分析 ································· 151

第七章　我国公共就业培训的绩效提升与制度创新 ·········· 165

　　第一节　我国公共就业培训供给方式的选择和制度创新 ··· 165

　　第二节　我国公共就业培训资金补贴方式的比较和创新 ··· 171

　　第三节　我国公共就业培训绩效评价的制度创新 ·········· 178

第八章　我国公共就业培训的规范运行与监管创新 ·········· 185

　　第一节　我国公共就业培训监管的现状 ·················· 185

　　第二节　西方国家公共就业培训规范运行与监管的

经验及借鉴 ································· 189

　　第三节　完善我国公共就业培训规范运行和监管的思路 ······ 193

第九章　赣南老区农民工培训专题研究：来自瑞金的调查 ······ 196

第十章　机械制造企业工人技能提升专题研究：

来自 Y 公司的调查 ································· 209

第十一章　上海市职业培训政策及其实施专题研究：
　　　　　来自上海市的调查 …………………………………… 228

结语与展望 ………………………………………………………… 240

参考文献 …………………………………………………………… 245

附　　录 …………………………………………………………… 252

后　　记 …………………………………………………………… 258

Contents

Introduction / 001

Chapter 1 Main Programs and Operation Modes of Public Employment Training in China / 020

1.1 Main Projects of Public Employment Training in China / 020

1.2 Main Operation Processes and Modes of Public Employment Training in China / 049

Chapter 2 Roles of Public Employment Training in China and Status Quo of Its Performance Evaluation / 067

2.1 Roles of Public Employment Training in China / 067

2.2 Status Quo of Performance Evaluation of Public Employment Training in China / 074

Chapter 3 A Study on the Overall Performance and Influencing Factors of Public Employment Training in Jiangxi Province / 089

3.1 Overall Performance Evaluation of Public Employment Training in Jiangxi Province / 089

3.2 Analysis on Influencing Factors of Public Employment Training in Jiangxi Province / 091

Chapter 4　Research on the Performance and Influencing Factors of Public Employment Training of Jiangxi's Training Institutions　/ 109

4.1　Performance Evaluation of Public Employment Training of Jiangxi's Training Institutions　/ 109

4.2　Analysis on Influencing Factors of Public Employment Training Performance of Jiangxi's Training Institutions　/ 111

Chapter 5　Effectiveness Evaluation and Comparison of the Two Forms of Purchasing Training Achievements by Hubei Provincial Government　/ 125

5.1　Two Forms of Purchasing Training Achievements by Hubei Provincial Government and Their Effectiveness Evaluation　/ 125

5.2　Effectiveness Comparison of the Two Forms of Purchasing Training Achievements by Hubei Provincial Government and Analysis on the Problems and Countermeasures　/ 136

Chapter 6　Different Public Employment Training Operation Modes with Enterprises in Industrial Parks and Their Effectiveness Evaluation　/ 142

6.1　Effectiveness Evaluation of the Training Mode in Jiangxi: Enterprises in Industrial Parks-Migrant Workers-Training Institutions　/ 142

6.2　Effectiveness Evaluation of the Training Mode in Jiangxi: Enterprises in Industrial Parks-Vocational School Students-Vocational Schools　/ 151

Chapter 7　Performance Improvement and Institutional Innovation of Public Employment Training in China　/ 165

7.1　Selection of Supply Mode and Innovation System of Public Employment Training in China　/ 165

7.2　Comparison and Innovation of Subsidies for Public Employment Training Funds in China　/ 171

7.3　Institutional Innovation of Performance Evaluation of Public Employment Training in China　/ 178

Chapter 8　Regulated Operations and Supervision Innovation of Public Employment Training in China　/ 185

8.1　Status Quo of Public Employment Training Supervision in China　/ 185

8.2　Experience of Regulated Operation and Supervision of Public Employment Training in Western Countries　/ 189

8.3　Thoughts on Perfecting Regulated Operations and Supervision of Public Employment Training in China　/ 193

Chapter 9　A Thematic Study on the Training of Migrant Workers in the Old District of Southern Jiangxi: A Survey from Ruijin City　/ 196

Chapter 10　A Thematic Study on Workers' Skills Improvement in Machinery Manufacturing Enterprises: A Survey from Company Y　/ 209

Chapter 11　A Thematic Study on Vocational Training Policy and Its Implementation in Shanghai: A Survey from Shanghai　/ 228

Conclusions and Outlook / 240

References / 245

Appendices / 252

Postscript / 258

引 言

一 公共就业培训界定及研究意义

1. 关于公共就业培训

公共就业培训问题是一个事关经济与社会发展的重要问题,也是国内外经济与管理学研究的一个重要课题。本书所说的"公共就业培训"是指政府出资(全额出资或部分出资)并加以管理的,主要针对缺乏就业技能的社会成员进行的技能训练,属于政府公共就业服务体系的重要组成部分,进而也属于更大范围的政府公共服务体系的一部分。它们三者之间的关系(按照其概念范围的大小)是:政府公共服务体系→政府公共就业服务体系→公共就业培训体系。目前公共就业培训的主要对象是就业困难者。公共就业培训由政府财政进行补贴和资助,比一般的技能培训具有更强的公共服务性。公共就业培训的目标和宗旨是通过对受训者的培训,使其找到与培训内容相匹配的工作。

我国的公共就业培训脱胎于20世纪80年代的企业职业技术培训,中共中央、国务院在1981年《关于广开门路,搞活经济,解决城镇就业问题的若干规定》中强调,大力加强职业技术培训工作,要普遍开展对城镇待业青年就业前的培训,[①]但大规模的公共就业培训是从20世纪90年代开始的。20世纪90年代,公共就业培训开始

[①] 张小建:《技能振兴:划过30年的一道彩虹(上)》,《中国培训》2009年第1期。

逐步纳入我国政府管理的范畴，政府逐步开展了多项培训计划，以公共财政经费为支持，加大了对公共就业培训的投入，为社会弱势群体的技能提升提供了机会。例如，1998年，劳动和社会保障部组织实施了针对下岗职工的再就业培训计划。2004年，农业部、教育部、劳动和社会保障部等共同组织实施了针对农村劳动力的转移培训，简称"阳光工程"。在此之后，国务院扶贫开发领导小组办公室、教育部、科技部、团中央等部委都在自己的职责范围内组织实施了公共就业培训计划。2014年以来，为了推进供给侧结构性改革，加快产业结构的更新换代，政府通过启动各项公共就业培训计划，一方面加大对员工的技能培训，使之与产业结构升级相匹配，另一方面对淘汰落后产能中的下岗职工进行转岗培训。通过上述公共就业培训工程的实施，数以千万计的劳动者接受了政府资助的各类就业培训，进而找到了合适的工作。目前，我国政府公共就业培训服务体系初步建立，公共就业培训的服务新模式正在探索，人力资本得到了提升，但是公共就业培训效果仍不理想，公共就业培训的长效机制尚未建立，一些深层次的问题仍亟待解决，其中一个重要的方面就是科学的公共就业培训绩效评价体系尚未建立。

2. 公共就业培训研究的理论意义

公共就业培训制度实际上是我国社会主义市场经济体制的有机组成部分，伴随着我国公共就业培训的快速发展，一些问题也逐渐暴露，目前尚未得到理论界的足够重视。本书将分散在政府各部门的公共就业培训作为一个整体，从公共就业服务的角度以绩效为切入点进行系统研究，采用多种评价方法对我国公共就业培训的绩效进行科学评价，分析影响我国公共就业培训绩效的因素，在此基础上提出提升公共就业培训绩效的构想，研究公共就业培训制度及政府监管的创新路径，以拓展我国劳动就业管理研究领域、丰富劳动就业管理研究内容，同时也对公共就业培训绩效评价方法进行有益探索。

3. 公共就业培训研究的实践意义

作为重要的社会经济问题，就业问题一直是世界各国政府所关注的，就业问题的妥善解决，不仅关乎一国经济的持续健康发展，也关乎一国社会的长治久安。1997年的亚洲金融风暴，尤其是2008年"次贷危机"引发全球金融危机后，解决本国的就业问题更是成为各国政府关注的焦点。各国政府纷纷制定相应的政策，由政府筹措资金，实施大规模的公共就业培训，以提升劳动者的职业技能，促进广大劳动者充分就业，解决日益严重的结构性失业问题。

当前我国的供给侧结构性改革迫切需要通过公共就业培训来提高企业的核心竞争力，促进整个国民经济的产业结构转型和质量提升。但我国的公共就业培训效果并不理想，培训的吸引力低，存在培训资金被挪用的现象，公共就业培训的绩效评价制度及政府监管有待建立和完善。因此，本书采用多种方式对公共就业培训进行绩效评价，并对其影响因素进行分析，探索完善的途径，对增强培训效果和提高培训效率、促进广大劳动者充分就业、促进社会的公平和稳定、促进经济发展具有重要的现实意义。

更进一步说，随着我国改革开放和社会主义现代化建设进入新的历史时期，党的十八大、十九大提出了产业结构优化和经济质量的提升问题，提出了企业发展的转型升级问题，提出了实现公民更高质量的就业问题，因而公共就业培训在整个国家经济社会发展全局中的地位和作用也越来越重要。就经济方面的意义来说，公共就业培训既关系到国家产业结构调整、转换和提升，又关系到大量企业的转型和升级，还关系到解决企业劳动力短缺和"招工难"的问题，更关系到提升千千万万就业者的就业能力以及促进其顺利就业问题。例如，我国目前劳动力的主体部分是新生代农民，数以亿计的新生代农民既是我国新型工业化、新型城镇化的主力军，又是我国新农村建设和现代农业产业发展的主力军。他们无论是进入城市就业和创业，还是留在家乡就业和创业，都表现出比父辈更强的职业提升和自我价值提升的渴望，表现出更强烈的对新知识、新技能的需求，因而新生代农民的公共就业培训市场需求特别巨大。又如，大中学校毕业生的就业培训也是就业服务的重要方面。在校中学生所接受的主要是一些基本的自然科学和人文社会科学通识教育，在校大学生所接受的也是基本的专业理论和专业知识教育，具体的职业技能普遍偏弱，因此，把大中学校毕业生纳入公共就业培训范围，有助于大中学校毕业生找到合适的工作。再如，在实施供给侧改革的新经济形势下，公共就业培训对企业员工劳动技能和素质的提升、企业员工潜能的发掘、企业产品质量的提升、企业竞争力的提升都具有十分重要的意义。此外，被征地农民、退伍军人等也是公共就业培训的对象。解决"三农"问题、解决城乡统筹问题、解决供给侧结构性问题，都需要公共就业培训的支持。就社会意义来说，公共就业培训关系到广大群众的就业和生计问题。就业是民生之本，公共就业培训体现了政府对弱势社会成员的扶持，也体现了国家惠民和富民的发展理念，对于实现社会稳定、实现社会公正和正义、提高全体人民的获得感和幸福指数都具有重要的意义。

二 国内外相关研究的现状

对于就业及其培训问题，国外学者曾做过有益的探索。例如，阿马蒂亚·森认为，贫困的根本原因是一个人创造收入的能力或机会的失去或被剥夺；[1] 吉尔伯特、威奈尔特等人也主张通过提高求职者的就业能力来解决就业问题。[2][3]

在西方，关于公共绩效提升的实践可以追溯到19世纪早期，之

---

[1] 〔印〕阿马蒂亚·森：《贫困与饥荒——论权利与剥夺》，王宇等译，商务印书馆，2001，第63页。
[2] 〔美〕尼尔·吉尔伯特：《激活失业者——工作导向型政策跨国比较研究》，王金龙等译，中国劳动社会保障出版社，2004，第268页。
[3] 〔法〕帕特丽夏·威奈尔特等：《就业能力——从理论到实践》，郭瑞卿译，中国劳动社会保障出版社，2004，第46页。

后，1906年美国纽约市设立了以提高政府效率、促进公共部门生产力的探索为目的的市政研究局。① 关于公共项目绩效评价的研究，在西方最早见于19世纪。1844年，法国工程师杜皮特在《公共工程项目效用评价问题》一文中，第一次使用了公共工程的社会效益这一重要的概念。② 随着民众生活质量的提高，人们对公共项目提出了更高的要求，各国加强了政府公共管理，逐步推行公共项目绩效评估。20世纪80年代以来，许多西方发达国家及世界银行、国际货币基金组织等在公共项目绩效评价方面进行了大量的研究和探索，并不断取得新的成果。目前世界上有50多个国家进行了较为规范的公共项目绩效评价，其中美国、英国等国用完善的法律、法规明确了绩效评价的规则、程序、内容、方法和组织方式，规范了财政资金的支出和使用，建立了较完整的公共项目绩效评价体系。③

关于如何提高教育培训的绩效，弗里德曼1955年提出了"教育券"概念，旨在将市场竞争引入教育领域。④ 加里·S. 贝克尔认为培训具有很强的外部性，提供这种培训的企业也可能得不到任何收益。⑤ 20世纪70年代西方国家开始形成和发展的新公共管理理论和新公共服务理论，对包括教育培训在内的公共产品的生产与供给进行深入的研究，最有代表性的是2009年诺贝尔经济学奖获得者埃莉诺·奥斯特罗姆的研究，她强调采取多种组织和多种机制（多中心主义）进行公共事务的管理。⑥ 詹姆斯·Q. 威尔逊进一步认为政府在公共服务过程中，应将具体服务交由私营部门去操作，政府主要

---

① 〔美〕尼古拉斯·亨利：《公共行政与公共事务》，项龙译，中国人民大学出版社，2002，第284~287页。
② 程凌刚、周海涛：《公路建设项目国民经济效益计算的理论与方法回顾》，《公路交通科技》2001年第4期。
③ 朱衍强、郑方辉：《公共项目绩效评价》，中国经济出版社，2009，第19页。
④ 〔美〕米尔顿·弗里德曼：《资本主义与自由》，张瑞玉译，商务印书馆，2004，第94页。
⑤ 〔美〕加里·S. 贝克尔：《人力资本》，梁小民译，北京大学出版社，1987，第26页。
⑥ 〔美〕埃莉诺·奥斯特罗姆：《公共事物的治理之道》，余逊达等译，上海三联书店，2000，第209~211页。

承担制定策略与监管的责任。[①] 艾伦·汉森等对公共就业培训服务的职能和运行方式进行了研究。[②]

近年来我国学者也开始重视对公共服务绩效的研究,研究成果逐渐增多,这为深入研究公共就业培训的绩效问题提供了理论基础。赵曼等对我国公共就业服务支出进行了绩效评估;[③]刘昕重点研究了发达国家公共就业服务外包的制度设计;[④]胡绍英等认为要引入以目标管理为导向的绩效评估制度,树立客户满意理念;[⑤]马树才等实证研究了我国公共就业服务的求职者和用人单位人岗匹配的满意度。[⑥]在农民工培训方面,刘平青等对农民工培训的现状及效果进行了研究,[⑦]陈晓华等对农民工培训的方式和方法进行了研究。[⑧]在公共服务绩效评价方法的运用上,我国学者也在不断尝试。彭国甫等比较早地在政府公共事业绩效评价中采用因子分析和数据包络分析法;[⑨]王锐兰则采用了灰色综合评价法对非营利组织绩效进行了评价;[⑩]王欢明等从效率、回应性和公平三个方面研究了公共服务绩效,运用灰色定权聚类法对上海市公共汽车交通服务的绩效进行评价。[⑪]

虽然公共部门绩效评价的实践探索和理论研究已经开展了近两

[①] 〔美〕詹姆斯·Q. 威尔逊:《官僚机构:政府机构的作为及其原因》,孙艳等译,三联书店,2006,第110页。
[②] 〔美〕艾伦·汉森、戴维·普瑞斯:《公共就业服务》,范随译,中国劳动社会保障出版社,2002,第108~110页。
[③] 赵曼、杨海文:《21世纪中国劳动就业与社会保障制度研究》,人民出版社,2007,第359~362页。
[④] 刘昕:《政府公共就业服务外包体系:制度设计与经验启示》,《江海学刊》2008年第3期。
[⑤] 胡绍英、张宇:《社会主义新农村建设对农村技术能手的素质要求研究》,《未来与发展》2009年第5期。
[⑥] 马树才、张华新:《公共就业服务体系效率研究》,《商业经济与管理》2009年第4期。
[⑦] 刘平青、姜长云:《我国农民工培训需求调查与思考》,《上海经济研究》2005年第9期。
[⑧] 陈晓华、张红宇:《中国农村劳动力的转移与就业》,中国农业出版社,2005,第147~150页。
[⑨] 彭国甫等:《基于DEA模型的政府绩效相对有效性评估》,《管理评论》2004年第8期。
[⑩] 王锐兰:《解读非营利组织绩效评价》,上海人民出版社,2009,第132~137页。
[⑪] 王欢明、诸大建:《基于效率、回应性、公平的公共服务绩效评价》,《软科学》2010年第7期。

个世纪，但对于公共部门绩效的界定，以及对绩效评价方法的认识并未达成一致意见。我国学者孟华、李文彬等人对西方学者关于公共部门绩效或政府部门绩效的主要观点进行了梳理和总结。他们认为，综合起来看，西方学者对此有四种主要认识：第一，强调绩效评价的"结果导向"；第二，强调绩效评价的"过程导向"；第三，强调绩效评价的"能力导向"；第四，强调绩效评价的"综合导向"。①② 本书在综合考量的基础上，主要取第一种认识，即基于结果、成效的绩效评价。

关于公共就业培训绩效评价方法，国内外学者一直在探索，归纳起来学者们的研究主要从以下几个视角进行。

(1) 教育学视角。从教育学视角进行公共就业培训绩效评价的方法主要有柯克帕特里克评估模型和斯塔弗尔比姆的 CIPP 模型。美国威斯康星大学的柯克帕特里克 1959 年在其博士学位论文中首次提出了四层次培训评估模型。他将培训评估的重点放在四个层面上，即反应层、学习层、行为层、结果层。柯克帕特里克培训绩效评估模型已经成为全世界应用最广泛的培训绩效评估模型之一，一直沿用至今。然而在实际使用过程中依然存在问题，从第一层到第四层，准确获取信息越来越难，操作的难度加大。Kaufman 等将柯克帕特里克培训四层次绩效评估模型扩展为五层次模型，即培训项目所需资源可行性与反映内容的评估、掌握评估、应用评估、组织效益评估和社会效益评估，③ 他们强调培训产生的社会效益不单单是组织获得的结果，还可能对其他利益相关者产生影响。④ 之后，Alliger 和 Holton 等学者综合了心理学、社会学等学科的知识，从层次内涵、

---

① 孟华：《政府绩效评估：美国的经验与中国的实践》，上海人民出版社，2006，第 2~3 页。
② 李文彬、郑方辉编著《公共部门绩效评价》，武汉大学出版社，2010，第 2~3 页。
③ Kaufman R. and Keller J. M., "Levels of Evaluation: Beyond Kirkpatrick," *Human Resource Development Quarterly* 5 (1994): 371-380.
④ 徐金海、蒋乃华、胡其琛：《新型农民培训工程实施绩效评估研究——基于江苏省的实证》，《农业经济问题》2014 年第 10 期。

培训评估变量等方面进一步发展了柯克帕特里克培训绩效评估模型。[1][2][3] 另外，1967年，美国学者斯塔弗尔比姆提出了教育效果评估的CIPP模型。CIPP评估模型强调评估活动贯穿于整个教学过程的每个环节中，评估的内容主要包括背景评估（Context Evaluation）、输入评估（Input Evaluation）、过程评估（Process Evaluation）和成果评估（Product Evaluation）四项，因四项评估内容的首个字母为CIPP，故简称"CIPP评估模型"。[4] 最初，CIPP模型是为解决美国一些接受联邦政府资助的学区教育绩效评估问题而提出的，后来逐步应用到其他项目的效果评估中。近年来我国一些学者也在柯克帕特里克培训理论的运用上做了一些探索。赵步同等对柯克帕特里克评估模型在我国的落地提出了建议。[5] 汪群等在柯克帕特里克四级评估模型的基础上构建了可操作的指导方案。[6] 也有学者如张建伟等尝试应用CIPP模型对我国公共就业培训的绩效进行评价。[7]

（2）经济学视角。从经济学视角进行公共培训绩效评价的主要有逻辑分析法和"3E"评估模式。逻辑分析法产生于20世纪60年代，它是作为目标管理法和投入产出法的辅助方法而出现的，1970年美国国际开发署开始在援建项目中使用这种方法。其在20世纪90年代的西方政府管理改革中逐渐被重视起来，在方法上也逐步完善，成为政府绩效评价的重要方法。逻辑分析法是指运用逻辑推理法对

---

[1] Alliger G. M. et al., "A Meta-Analysis of the Relations among Training Criteria," *Personnel Psychology* 50 (1997): 341-358.
[2] Elwood F. Holton, "Holton's Evaluation Model: New Evidence and Construct Elaborations," *Advances in Developing Human Resources* 1 (2005): 51.
[3] 何学军：《农民培训绩效综合评估模型建构研究》，《杭州成人教育》2017年第1期。
[4] Stufflebeam D. L., "The CIPP Model for Program Evalnation," in G. F. Madaus, M. Scriven, D. L. Stufflebeam, eds., *Evaluation Models: Viewpoints on Educational and Human Services Evaluation*, Boston: Kluwer Nijhof, 1983, pp. 117-141.
[5] 赵步同、谢学保：《企业培训效果评估的研究》，《科技管理研究》2008年第12期。
[6] 汪群、王全蓉：《培训管理》，上海交通大学出版社，2006，第56页。
[7] 张建伟、阳盛益、刘国翰：《基于CIPP模式的公共就业培训绩效评估指标分析》，《广西大学学报》2011年第3期。

设定条件与各种可能产生的结果之间的相关性进行分析，即找出公共资金投入与产出效果之间内在联系的绩效分析方法。[①] 逻辑分析法没有统一的范式，但一般应包括投入、活动、产出、结果等部分，可以分析项目的效率、效果、影响和持续性。这一分析方法的核心是关注培训投入产出的经济效益，寻找事物之间的内在联系，具有显著的经济学特征。目前国内有学者将逻辑分析法用于公共服务的绩效评价中，但在公共就业培训绩效评价中还鲜见。在 20 世纪中后期全球经济滞涨和全球化竞争加剧的背景下，西方国家为了解决公共部门绩效低下、财政困难的问题，由过去对公共部门提供审计式的鉴证和绩效报告逐渐过渡到重点评价公共支出效率性和效果性。美国会计总署率先把对公共部门的单一经济性指标的审计扩展到经济性（Economy）、效率性（Efficiency）、效果性（Effectiveness）并重的审计，形成了所谓的"3E"评估模式。我国学者罗瑜亭等以"3E"评估模式为基础，建构了政府购买公共服务过程及评价指标体系的逻辑框架。[②]

（3）管理学视角。20 世纪 70 年代以来发展形成的新公共管理理论主张在公共服务的绩效评价中运用企业的绩效评估方法，认为政府服务质量的不断提升和消费者需求的极大满足是最根本的服务绩效评价标准，费耐尔提出的"顾客满意度指数"（CSI）得到广泛应用。Kluve 采用满意度的方法对欧洲国家公共就业服务体系的效率进行了研究。[③] Ancarani 进一步认为，公共服务绩效评价需要向消费者价值（Value for Customer, VC）评价转换，从传统的以服务的质量和资金使用价值为中心转向以消费者满意度为中心。[④] VC 的提出，

[①] 马国贤：《政府绩效管理》，复旦大学出版社，2005，第 353 页。

[②] 罗瑜亭、涂永式：《我国政府购买公共就业培训服务绩效研究》，《职业技术教育》2016 年第 25 期。

[③] Kluve J., "The Effectiveness of European Active Labor Market Policy," *IZA Discussion Paper* (2006): 2-18.

[④] Alessandro Ancarani, "Supplier Evaluation in Local Public Services Application of a Model of Value for Customer," *Journal of Purchasing & Supply Management* 15 (2009): 33-42.

促使政府在提供公共服务时更加关注消费者价值和满意度。而在企业管理诸多绩效评估方法中，运用到公共部门绩效评价最多的是平衡计分卡（Balanced Score Card，BSC）。罗伯特·S.卡普兰、大卫·P.诺顿1992年在《哈佛商业评论》上发表了题为《平衡计分卡：良好绩效的测评体系》的论文，在文章中第一次提出了战略管理工具平衡计分卡评价理论。卡普兰、诺顿在对12家当时绩效测评处于领先地位的公司进行调研的基础上，提出包括财务、客户、内部流程、学习与成长四个方面指标的平衡计分卡。平衡计分卡强调企业内部和外部、结果与驱动因素、长期和短期、定性和定量的平衡。这一方法提出后，不仅在企业绩效评价中被广泛采用，而且被应用到公共部门的绩效评价中。杨文明等对平衡计分卡在我国政府绩效评价中的应用进行了研究。[1] 吴贵明等应用平衡计分卡对我国公共就业服务行政组织战略性绩效指标进行了设计。[2]

在对中外的相关文献进行梳理回顾中，我们发现，当前公共就业培训问题的研究存在如下几方面的不足。

（1）国内针对公共就业培训的理论研究还相对不足。与国内相对较丰富的公共就业培训实践相比，国内学者对公共就业培训的理论研究非常缺乏，为数不多的文献也只是对农民工培训等单项公共就业培训进行的研究。

（2）关于公共就业培训绩效评价的研究相对较少。如果说国内针对公共就业培训的理论研究还相对不足，那么国内学者对公共就业培训绩效问题的研究更是有限。在有限的文献中，主要集中在柯克帕特里克评估模型、斯塔弗尔比姆的CIPP模型、"3E"评估模式的运用，具有创新意义的定量绩效研究方法相对不足，绩效评价方

---

[1] 杨文明、马瑞华：《平衡计分卡在我国政府绩效评价中的应用》，《天津大学学报》（社会科学版）2007年第4期。

[2] 吴贵明、钟洪亮：《公共就业服务行政组织战略性绩效指标设计的探索》，《中国劳动》2010年第2期。

法的研究还有待丰富和深入。

（3）对各地公共就业培训的绩效评价研究尤其欠缺。公共就业培训的绩效评价在我国还属于一个新的理论问题，既需要各地政府和培训机构在实践中积极探索，又需要理论工作者及时地从学术上加以总结和提升，并进行一些前瞻性、指导性和智库性质的研究，为政策的制定和完善提供依据。

三 公共就业培训管理的核心在于绩效评价

笔者认为，从管理哲学的动机与效果的关系来审视，效果评价重于动机评价。绩效（Performance）是由"绩"和"效"组合成的词，综合反映和体现了工作成果。所谓"绩效"是指一个机构或组织的相关活动或项目的投入、产出与结果（Outcome），它强调产出与结果（Outcome），并能反映组织所具有的特定能力的效率、效益、公正和质量等，[①] 是可以用量化指标来描述和测定的，是已经实现的目标或效果。[②] 普雷姆詹德提出，绩效包含效率、产品与服务的质量及数量、组织所做的贡献与质量，概括地说，绩效包含节约、效益和效率。[③]

评价则是依据一定的目标和指标，运用一定的标准和方法对事物做出的认知、评估和判断。现代公共管理理论认为，"结果至关重要"。结果即公共机构项目的产出效果，结果测量则是对公共项目的结果进行定期测量与报告。[④] 也有学者提出"业绩测评"（Performance Measurement）、"产出指标"（Output Indicators）或"后果指标"（Outcome Indicators）等相近的评价理论。[⑤] 英国政府在20世纪

[①] 孟华：《政府绩效评估：美国的经验与中国的实践》，上海人民出版社，2006，第3页。
[②] 马国贤：《政府绩效管理》，复旦大学出版社，2005，第131页。
[③] 〔美〕普雷姆詹德：《公共支出管理》，王卫星等译，中国金融出版社，1995，第20页。
[④] 〔美〕安瓦·沙主编《公共服务提供》，孟华译，清华大学出版社，2009，第115页。
[⑤] 〔美〕阿里·哈拉契米主编《政府业绩与质量测评：问题与经验》，张梦中等译，中山大学出版社，2003，第35页。

80年代进行了主要针对政府支出绩效评价的改革，提出了政府绩效管理的概念。政府绩效管理是政府公共支出绩效管理的简称，指政府依据财政效率原则，采用相应的方法，围绕绩效目标的建立、实施、评价、反馈等基本环节构建起来的公共资金绩效管理制度。[①] 可见，政府绩效管理是以政府为绩效管理主体、以公共开支为管理对象的公共管理制度。政府绩效管理遵循财政效率原则，采用特有的方法。公共支出管理的核心和发展趋势是强化效果评价和绩效的提升。

基于上述理论，笔者认为，公共就业培训绩效是指公共就业培训资金投入与运行方式所产生的效果，包括其产生的人力资本效果、经济效果和社会效果等。公共就业培训管理的核心在于通过科学的绩效评价提升公共就业培训的质量、效率，增强培训效果。也就是说，探索科学的公共就业培训绩效评价体系和方法是提高我国公共就业培训水平的关键。公共就业培训是一种服务社会的非营利的技能培训，其绩效的认定有其特殊性，主要着眼于受训对象职业技能的提升及其带来的经济效果和社会效果。公共就业培训绩效评价应包括对培训机构培训效果的评价和对各级公共就业培训管理部门的工作绩效评价两方面。我国公共就业培训绩效评价应该关注培训资金的投入产出效果，尤其是应重视培训就业率等培训结果指标的评价。这是公共就业培训的主旨要求，也符合新公共管理和新公共服务的理念。同时，公共就业培训的过程监管难度大，过程评价指标可测性差，而就业率、技能鉴定通过率等结果指标的可测性更强。目前我国政府多项公共就业培训计划都为公共就业培训绩效评价体系的建立做出了有益的探索。但是，我国公共就业培训的绩效评价制度尚待完善，一些问题尚待解决。例如，如何客观地评价我国公共就业培训的绩效，绩效评价的指标如何设置（如培训机构的硬件

---

① 马国贤：《政府绩效管理》，复旦大学出版社，2005，第127页。

建设、软件建设，教学培训的环节和过程等）才能既有针对性和效度性，同时又能提高评价指标的可测度性（如受训对象受训后的就业率和增收率等）。再如，我国公共就业培训绩效受到哪些因素的影响，如何兼顾绩效评价的激励性、约束性，以选择更有效的培训模式。如何提高绩效评价和监管的规范性和科学性，以提升公共就业培训的绩效等。概括起来就是三个核心问题亟待解决：我国公共就业培训绩效如何评价，绩效如何，受哪些因素影响？哪些公共就业培训模式的效果更好？如何提升公共就业培训的绩效？

本书将在新公共管理理论、公共经济学理论、新经济增长理论、人力资本理论等的指导下，借鉴发达国家的公共部门绩效管理经验，结合我国的实际，探索有效的评价方法，对我国公共就业培训的绩效进行评价，分析影响绩效的因素，构建绩效提升的制度体系。

四 本书的主要内容和特色

本书全面梳理我国公共就业培训主要项目，运用新公共管理和公共经济学等理论分析了我国公共就业培训的主要运行环节和运行模式的状况和特点，总结了我国公共就业培训的作用，揭示了我国公共就业培训绩效评价的问题，在此基础上，采用逻辑分析法、柯克帕特里克评估模型、层次分析法、模糊综合评价法、因子分析法等，分别对江西省公共就业培训的总体绩效及其影响因素、江西省公共就业培训机构的绩效及其影响因素进行研究；对湖北省政府购买培训成果的两种方式的绩效进行评价与比较；对与工业园区企业不同对接方式的公共就业培训效果进行评价；探索我国公共就业培训的绩效提升与制度创新的路径，构建我国公共就业培训的规范运行与监管体系。此外，为了深化对当前公共就业培训重点领域的研究，本书还对农民工的培训、工人技能提升、上海市的职业培训政策进行了专题研究。本书的逻辑思路如图 0-1 所示。

```
┌─────────────────────────────────────┐
│ 1.我国公共就业培训的主要项目和运行模式 │
└─────────────────────────────────────┘
            （现状分析）
                ↓
┌─────────────────────────────────────┐
│ 2.我国公共就业培训的作用和绩效评价现状 │
└─────────────────────────────────────┘
            （问题的提出）
                ↓
```

  3.江西省公共就业　　3、4、5、6、7、8　　4.江西省培训机构的
  培训的总体绩效及　　章解决三个核心问题：　公共就业培训绩效及
  影响因素研究　　　　绩效如何评价，绩效如何，　影响因素研究
  5.湖北省政府购买　　受哪些因素影响？哪些公共　6.与工业园区企业不同
  培训成果的两种形　　就业培训模式的效果更好？　对接方式的公共就业
  式及效果评价与比较　如何提升公共就业　　　　培训及效果评价
  　　　　　　　　　　培训的绩效？

```
┌──────────────────────────┬──────────────────────────┐
│ 7.我国公共就业培训的绩效提升与制度创新 │ 8.我国公共就业培训的规范运行与监管创新 │
└──────────────────────────┴──────────────────────────┘
```

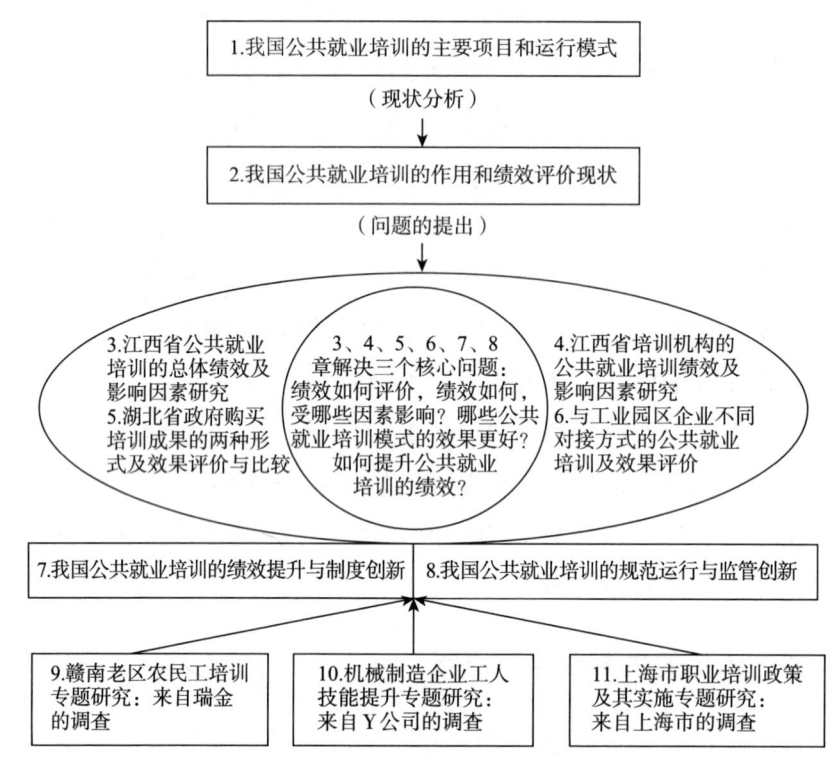

  9.赣南老区农民工培训　10.机械制造企业工人　11.上海市职业培训政策
  专题研究：来自瑞金　　技能提升专题研究：　及其实施专题研究：
  的调查　　　　　　　　来自Y公司的调查　　　来自上海市的调查

图 0-1　本书的研究思路

本书的主要研究内容如下。

（1）我国公共就业培训的主要项目与运行模式研究

注重从发展的视角对 1998 年以来的我国公共就业培训各个项目进行梳理，在回顾我国公共就业培训发展的基础上，总结和概括我国公共就业培训的主要项目与运行模式。首先探讨我国公共就业培训的主要项目。我国公共就业培训项目主要包括：针对下岗职工的"再就业培训计划"与"能力促创业计划"；针对企业职工的"特别职业培训计划"和"高技能人才振兴计划"；针对农村劳动力的农村劳动力转移培训"阳光工程"、农民工职业技能提升计划——"春潮行动"、"农村劳动力技能就业计划"和"新型职业农民培育工程"等，以及面向城乡全体劳动者的终身职业培训体系。其次探讨我国公共就业培训的主要运行环节和运行模式。本书设计了我国

公共就业培训四个相关主体的关系图，据此，概括了我国公共就业培训的主要运行模式：政府－培训机构之间的运行、政府－受训者－培训机构之间的运行、政府－企业之间的运行（包括政府向企业购买培训成果）、培训机构－受训者－企业之间的运行等，并分析了上述各种模式的运行特点。

（2）我国公共就业培训的作用和绩效评价体系的现状研究

首先，对我国公共就业培训的作用进行概括，认为我国的公共就业培训在完善公共就业服务体系、探索公共服务新模式、提升人力资本方面取得了一定的效果。其次，对我国公共就业培训绩效评价的现状进行分析，讨论各地对公共就业培训绩效评价的探索，分析我国公共就业培训存在的影响绩效发挥和绩效提升的主要问题。

（3）江西省公共就业培训的总体绩效和培训机构公共就业培训的绩效及其影响因素研究

江西省是农村劳动力转移大省，具有一定的代表性，因此本书采用逻辑分析法对江西省的公共就业培训总体绩效和培训机构公共就业培训的绩效进行总结和评价，并分析影响江西公共就业培训绩效的主要因素，为提出解决的办法提供依据。

（4）湖北省政府购买培训成果的两种方式的效果评价与比较

目前，我国政府对农民工的公共就业培训主要采用政府购买培训成果的方式，具体形成了政府向培训机构购买培训成果与政府向企业购买培训成果两种方式。以湖北省为例，采用柯克帕特里克评估模型、层次分析法、模糊综合评价法对上述两种培训方式的绩效进行评价和比较，探讨影响其绩效发挥的主要因素，提出解决问题的对策。

（5）与工业园区企业不同对接方式的公共就业培训及效果评价

工业园区是我国工业发展的主战场和集聚地，也是公共就业培训的重要阵地，公共就业培训与工业园区企业培训的对接因而成为一项重要工作。目前，公共就业培训与工业园区企业培训的对接主要采用两种方式：一是园区企业-农民工-培训机构对接的方式，二是园区企业-职校学生-职业学校对接的方式。本书采用柯克帕特里克评估模型、因子分析法对这两种培训方式进行了分析，对其效果进行了评价。

(6) 我国公共就业培训的绩效提升与制度创新研究

公共就业培训是一项系统工程，其绩效问题不仅和绩效评价本身有关系，还与公共就业培训资金的供给方式、培训补贴的支付方式有密切的关系，本书在准确把握我国公共就业培训绩效和影响因素的基础上，基于公共就业培训绩效提升的目标，对公共就业培训的供给方式、支付方式、绩效评价的制度创新进行了探讨。

(7) 我国公共就业培训的规范运行与监管创新研究

公共就业培训是政府公共服务体系中的有机组成部分，应当纳入政府公共服务总体系之中进行规范化管理。加强公共就业培训的监管不仅有利于其健康运行，而且有利于其绩效提升。因此，有必要探讨我国公共就业培训的规范运行和监管创新问题。针对我国公共就业培训目前存在的监管欠缺，本书借鉴发达国家公共就业培训监管的有益经验，对我国公共就业培训的监管组织、监管手段、监管制度的完善和创新进行研究。

(8) 从三个角度进行专题研究

为了深化对公共就业培训绩效问题的探讨，本书对公共就业培训的重点项目进行了专题研究。首先对赣南老区农民工培训进行了专题研究。中国是一个农业大国，农村劳动力总数超过 2 亿人，因此，加强对新型农民和农民工的培训，是我国公共就业培训的重要内容。这不仅是关系到我国农业发展和农村现代化的全局性问题，而且是关系到我国农民脱贫致富和实现全面小康的大问题。本书以江西赣南老区瑞金市的农民工培训为例，通过对瑞金服装行业的农民工进行问卷调查，分析其培训绩效及存在的问题，并提出相应的建议。

企业工人的技能培训也是我国公共就业培训的主要任务之一，企业工人的技能培训不仅关系到受训职工本身的能力提升和职业提升，而且直接关系到企业的核心竞争力的提升和产品质量的提升，关系到我国工业化、现代化的发展全局。本书选择了江西省 Y 公司作为个案，通过访谈、问卷调查等手段收集数据，对该公司工人的技能现状进行了分析，对如何建立更加符合企业需要和产业发展方向的员工技能提升体系提出了具体的建议。

上海市在公共就业培训中采用了个人培训账户的形式，创新了管理方式，具有特殊的研究价值，本书对上海市职业培训的特点、存在问题及新进展进行分析，以对其他地区公共就业培训的完善提供可借鉴的经验。

本书在以下几个方面形成了自己的特色。

（1）在研究视角上，从公共就业服务、公共管理的视角进行全方位研究，紧扣绩效评价这一关键。将分散于政府各个管理部门的多项公共就业培训计划置于公共就业培训的分析框架之下，强调以绩效评价为公共就业培训研究的切入点，科学地评价公共就业培训项目的绩效，得出令人信服的结论，进而准确反映我国公共就业培训实际效果，把握我国公共就业培训的关键所在。

（2）在理论借鉴方面，综合了多学科的前沿理论。本书试图借鉴国外一些相关理论，如新公共管理理论、新公共服务理论、公共经济理论、教育培训理论、人力资源管理理论、新经济增长理论、政府绩效管理理论以及公共项目评估理论等，并结合中国当代经济社会发展需要和公共就业培训的实践，对上述理论进行语境化修正，以期更符合中国的实际需要。

（3）在研究内容上，从理论分析到方法选择运用，再到结论阐释和建议提出，紧紧围绕绩效评价这一主题。本书在运用多个理论对我国公共就业培训进行分析的基础上，对多种绩效评价方法进行筛选，并将其运用到对公共就业培训项目的评价中，以准确把握公共就业培训的绩效及其影响因素，进而提出了我国公共就业培训绩效提升的创新路径和政府监管的初步设想。这些研究都为政府的公共就业培训绩效评价提供了科学的工具和决策依据，拓宽了公共服务和劳动就业管理的研究领域。

（4）在研究方法上，定量研究和定性研究相结合，探索和运用了多种绩效评价方法。公共就业培训的绩效评价有很强的技术性，难度也很大，本书在对国内外绩效评价方法进行梳理、比较的基础上，结合我国公共就业培训的特点，选择了逻辑分析法和柯克帕特里克评估模型作为最基本的绩效评价方法，辅之以层次分析法、模糊综合评价法、因子分析法等，力图使评价方法科学、合理、易行。同时，由于我国公共就业培训缺乏统一的数据库，本书进行了大量的问卷调查和现场访谈，取得了许多宝贵的第一手资料。

（5）在研究结论上，得出了一些有价值的结论，并提出了一些具有创新意义的观点。①第一次分析了我国公共就业培训的主要运行环节和运行模式，构建了我国公共就业培训的利益相关者关系图。②认为强化效果评价和绩效的提升是公共就业培训的核心，我国公共就业培训的绩效还不高，我国公共就业培训长效机制中的重要组成部分——科学的公共就业培训绩效评价制度尚未建立。③从实证研究可以看出，公共就业培训课程的满意度、师资的满意度都与受训人员的就业能力具有显著的正相关关系。教学条件、台账管理、培训时间、培训内容对受训者的就业率和就业的稳定性有显著影响。④根据对政府购买培训成果的两种方式的绩效比较研究，得出由企业组织的在企业内部进行培训的效果要好于由社会培训机构组织的培训效果的结论。⑤公共就业培训是一项系统工程，必须从公共就业培训的供给方式、支付方式、绩效评价等方面进行制度创新，才能使我国公共就业培训的绩效得以提升。研究表明，公共就业培训宜采用混合供给的方式，应建立政府主导的多元化的公共就业培训投入机制。我国公共就业培训资金补贴方式的创新必须考虑相关利益者的行为特征和行为目标，并把重点放在协调企业和受训者个人的利益上，应选择向个人和企业直接补贴的方式。绩效评价主体多元化是提升公共就业培训绩效评价客观性、有效性的重要保障，聘请独立的第三方组织如会计师事务所或审计师事务所作为评价主体，对增强我国公共就业培训的效果具有重要的意义。主张采用逻辑分析法来构建某一区域的公共就业培训绩效评价体系，采用柯克帕特里克的培训评估模型来构建培训机构的公共就业培训绩效评价体系。把培训就业率等结果指标作为培训效果评价的重点，符合公共就业培训的主旨，也具有较强的针对性。⑥主张把法律作为我国公共就业培训监管的依据，以公平竞争为培训机构准入的基本原则，以多重监控手段来增强培训效果。

第一章 我国公共就业培训的主要项目和运行模式

公共就业培训是政府整个公共就业服务体系的重要组成部分，公共就业培训对促进公民就业与经济发展有重要的意义。20世纪90年代后期，我国政府先后推出了面向下岗职工的"再就业培训计划"和"能力促创业计划"；面向农村劳动力的农村劳动力转移培训"阳光工程"、"农村劳动力技能就业计划"、"新型职业农民培育工程"和农民工职业技能提升计划——"春潮行动"；面向企业职工的"特别职业培训计划"和"高技能人才振兴计划"，以及面向全体城乡劳动者的终身职业培训体系等。公共就业培训是一项综合运作的系统工程，有四个运行主体，即政府、受训者、培训机构和用工企业，它们四者之间的关系相互交错，构成复杂的运行模式。不同的运行模式决定着公共就业培训效果的不同。

第一节 我国公共就业培训的主要项目

一 城镇职工的公共就业培训项目

（一）下岗职工"再就业培训计划"

1998年以后，随着国有企业改革的逐步深入，企业实施岗位优化组合，以提高生产率，一大批下岗职工出现了。为帮助下岗职工再就业，需要对企业下岗职工进行再就业培训，以帮助他们转变择业观念，树立新的就业观念，掌握和提升职业技能，提升就业能力，实现转岗就业或自谋职业，顺利地实现再就业。正是在这种新的发展形势下，劳动和社会保障部于1998年、2001年先后两次在全国范围内组织实施了下岗职工"再就业培训计划"，即第一期《"三年千万"再就业培训计划》（1998～2000年）与第二期《"三年千万"再就业培训计划》（2001～2003年）。每期计划的培训目标都是三年培训下岗职工和失业人员1000万人，两期累计共培训下岗职工和失业人员2000万人。在总结和吸取这两期下岗职工再就业培训计划的工作经验的基础上，劳动和社会保障部又于2004年组织实施了一项新的下岗职工就业培训计划，即主题为"提高你的再就业能力"的再就业培训计划，计划两年培训800万名下岗失业职工，而且对培训合格率、再就业率、创业率等各项培训业绩指标提出了更具体、更细致、更明确的要求。

自1998年劳动和社会保障部推出下岗失业职工再就业培训计划以来，我国政府就开始注意探索适应中国经济社会发展需要和适合中国国情的公共就业培训运行模式，逐步探索出由社会培训机构负责组织具体培训，政府负责购买培训成果的方式，在提升下岗职工和失业人员的职业技能、促进其顺利再就业方面取得了良好的效果，同时为以后组织实施其他各项公共就业培训积累了初步经验。据《中国的劳动和社会保障状况》白皮书统计，第一期"三年千万"再就业培训计划期间，各地共组织了1300万名下岗职工和失业人员参加培训，培训半年后的就业率为65%。第二期"三年千万"再就业培训计划期间，各地共组织了1535万名下岗失业职工参加再就业培训，培训后再就业率为63%。第二期"三年千万"再就业培训计划期间，全国共筹集再就业培训经费29.84亿元，支出25.72亿元，其中用于补贴劳动保障部门所属培训机构的约占65%，补贴其他教育培训机构的约占35%，人均培训费支出168元。[①] 2004年，全国共有530万名下岗失业人员参加再就业培训，培训合格率为93%，培训后70%的人员实现了再就业。2005年参加再就业培训的失业人员和下岗职工共有610万人。具体见表1-1。

表1-1　1998~2005年中国下岗职工再就业培训情况

时间	再就业培训人数（万人）	培训后就业率（%）
1998~2000年	1300	65
2001~2003年	1535	63
2004年	530	70
2005年	610	

资料来源：根据劳动和社会保障部发布的各类报告整理。

1998年开始的下岗职工"再就业培训计划"形成了特色，为以后的公共就业培训计划的实施提供了可借鉴的经验。

第一，强化责任担当。各级政府把下岗职工再就业培训纳入劳动就业工作总体规划之中，作为年度考核的重要内容，逐级签订责任书，强化目标责任。有的地方将其纳入"民心工程"，按月统计、按季检查、按年度考核，由市委、市政府两办督察培训进展，结果通过媒体向社会公开，接受社会的监督。

第二，优化资源配置。在开展下岗职工再就业培训中，劳动保障部门打开闸门，允许其他部门以及社会力量办学机构按照"条件公开、申请自愿、公平竞争、合理布局、择优认定"的原则参与竞争，为开放式、社会化再就业培训格局的形成奠定了基础，吸引了一批培训软硬件条件齐备、培训效果好的培训机构的加入。至2003年底，全国的再就业培训定点机构有5068个，其中，劳动保障部门

[①] 谢瑗：《第二期"三年千万"再就业培训计划取得新进展》，《中国培训》2004年第3期。

直属的培训机构占36%，其他教育培训机构占64%。①

第三，加强培训的针对性。各地在开展下岗职工再就业培训时，关注劳动力市场的需求。湖北、海南、重庆等省区市采用问卷调查、跟踪调查的形式，了解市场用工需求信息，根据下岗职工的工作兴趣和意愿，选择合适的培训机构，努力实现培训与市场的对接。江西省根据再就业培训的特点，引导定点培训机构向具有培训、鉴定、职介职能的三位一体的综合性培训集团发展，将再就业培训与劳务输出有机结合，提高再就业率。河北省将社区就业岗位开发、就业安置、技能培训有机结合起来，实施社区再就业服务工程。湖南省兴建再就业基地，根据基地项目经营的需要，组织下岗职工参加相应的技能培训。厦门市推出"你出岗位我培训"的"1+1"订单式培训，南京市推出"1+X"复合型技能培训，即计算机+某种相关的技能培训，深受用人单位和下岗失业人员的欢迎。北京、陕西等省区市组织实施了由社会培训机构与企业再就业服务中心合作开展的"再就业培训伙伴计划"。

第四，完善激励制度。充分发挥培训机构和下岗失业人员参与培训的主动性、积极性，是再就业培训实施的重要环节，为此，各地积极探索建立了各种激励机制。重庆市制定政策，对社会培训机构的再就业培训所获得的培训收入，可以免征营业税和附加税费。宁波市的下岗失业人员除了可免费参加再就业培训外，还可以在培训结束获得职业资格证书后，得到500元以下的资金补贴。作为资源枯竭型地区的云南省东川地区，企业转型、破产多、职工再就业压力大，因此在培训政策上向再就业困难的职工倾斜。下岗职工除了可以享受常规培训外，再就业困难的职工还可以享受3次以上的培训。青岛市规定"4050"失业人员可享受两次培训补贴，并可按

---

① 谢瑷：《第二期"三年千万"再就业培训计划取得新进展》，《中国培训》2004年第3期。

失业保险的标准提供最长 3 个月的生活补贴。①

(二)"能力促创业计划"

1. 1998~2007 年创业培训

为了充分发挥创业培训促进就业的倍增效应，形成以培训促进创业、以创业带动就业的联动机制，1998 年劳动和社会保障部在城镇还同时组织实施了"能力促创业计划"。这个计划首先在北京、上海、苏州进行试点，培训的目的是帮助创业者掌握自谋职业和创办小企业的技能和方法，政府同时对创业活动给予政策支持。为了促进创业培训与落实再就业优惠政策的整体联动，形成创业培训和促进就业有机结合的模式，2003 年，北京、天津、青岛、乌鲁木齐、苏州、成都、南昌、宜昌、长沙、鞍山等 10 个城市建立了一批国家创业示范基地。劳动保障部门规定，国家创业示范基地每年的培训任务是培训下岗失业人员 2000 人，培训合格率在 80% 以上，创业成功率在 60% 以上，创业带动就业率达到 1∶3。

根据统计，2002 年全国参加创业培训的有 31 万人。2003 年全国参加创业培训的有 27.7 万人，其中，13.6 万人培训后实现了创业或自谋职业。2004 年全国参加创业培训的有 41 万人，其中 10 万人在培训结束后成功创业，占培训合格人数的 26%；有 13 万人自谋职业，占培训合格人数的 34%，11 万人在市场上找到了工作，占培训合格人数的 29%。2005 年全国参加创业培训的有 51 万人。2006 年劳动保障部门要求 5 年内开展创业培训的人数为 200 万人，培训合格率达到 80% 以上，提高创业的成功率和稳定性。2007 年劳动保障部门制定了《全国 100 个重点联系城市创业促就业工作方案》，要求 100 个重点联系城市中，直辖市每年至少要对 3000 人进行创业培训，其他城市每年至少要对 1500 人开展创业培训，培训合格率达 80% 以

---

① 谢瑷:《第二期"三年千万"再就业培训计划取得新进展》,《中国培训》2004 年第 3 期。

上，经政府提供创业服务，受训者半年内开业成功率达到50%以上，带动就业率达到1∶5，开业企业中，一年以上的稳定经营率要达到80%。

这一阶段创业培训主要有以下几种模式。①

（1）SYB培训模式。SYB是"创办你的企业"（Start Your Business）的简称，是国际劳工组织专门为培养小微型企业创办者而开发的培训项目，目前世界上有80多个国家在采用。2001年劳动保障部门与国际劳工组织共同组织SYB培训试点，将SYB培训引入中国。据不完全统计，2004～2007年，全国参加SYB培训的人数共76万人，其中，下岗失业人员占91%，农村富余劳动力占7%，大学生占1%，其他群体占1%。SYB培训合格率在90%以上，创业成功率在60%以上，累计创造就业岗位近200万个，创业带动就业率达到1∶4.8。②

（2）三段式培训模式。三段式培训模式是指将创业培训过程分为理论学习阶段、咨询辅导阶段、后续扶持阶段。在第一个阶段，即理论学习阶段，重点对受训者进行创业意识、创业基础知识、法律法规的培训和教育。在第二个阶段，即咨询辅导阶段，受训者要学习制定《创业计划书》，培训机构会请教师或咨询委员会专家对受训者的《创业计划书》进行分类指导和咨询。前两个阶段的培训时间为3～6个月。在第三个阶段，即后续扶持阶段，受训者开始创办企业，培训机构将根据学员创办企业的实际需要对其进行指导和服务，帮助他们解决创业过程中的问题，比如办理人事档案管理、开业登记手续、申请政府和银行贷款、缴纳社会保险、制定经营战略等，第三个阶段培训时间视实际情况而定。

（3）远程创业培训模式。在这一创业培训模式中，各地充分利

---

① 游钧主编《2005年：中国就业报告》，中国劳动社会保障出版社，2005，第187页。
② 宋建：《在全国创业培训经验交流暨"创办和改善你的企业"项目总结大会上的报告》，中国创业培训网，2007年8月23日。

用互联网技术,探索远程创业培训。

上述三种模式的创业培训,虽然在培训内容和方式上各有特点和有所侧重,但是都尽可能地将创业培训与开业指导、贷款申请等其他创业活动有机结合起来,力图为创业者提供全方位、有针对性的服务。

2. 2008~2017 年创业培训计划

在经济新常态下,大众创业、万众创新需要更大规模创业培训,为了满足这种需求,2014 年以来人力资源社会保障部进一步加强了创业培训计划的实施。这一阶段的创业培训有如下特点。

第一,创业培训对象和内容更加明确。创业培训对象是立足创业实践,有明确创业意愿、创业培训需求的城乡各类劳动者,同时建立培训对象甄选制度和创业意愿识别、能力短板诊断机制;培训内容围绕企业家综合素质培养、企业创办和经营管理中需要的技能训练来进行。失业人员和转岗职工、返乡农民工、高校毕业生、科技人员、留学回国人员、退役军人等是创业培训的重点。

第二,创业培训制度更加健全。在这一阶段的创业培训中,对创业培训的相关制度进行了一定的创新。首先,将创业培训纳入逐步建立的覆盖全体劳动者的终身职业技能培训制度之中。其次,规范政府购买培训成果制度和资金管理制度,按购买服务的方式将创业培训项目列入财政补贴范围。对参加创业培训并获得合格证书,进而实现创业或就业的受训者,政府按规定支付创业培训补贴,创业培训补贴资金在就业专项资金中列支,探索引入第三方评估。最后,建立健全培训主体报告制度,明确责任,强化财政补贴培训项目实施主体的报告义务。

第三,创业培训模式进一步创新。根据创业培训的特点,各地大力开展能力训练、知识讲述、政策指导等服务,在培训中积极探索互动式教学、模拟实训、实地考察、创业指导等教学方式,同时,针对不同创业群体、不同阶段创业活动开发不同的创业培训项目。

采用互联网、信息化实训平台等现代技术手段，探索推广"慕课""互联网＋"等新的创业培训模式，进行开放式在线培训。为了调动受训者的积极性，增加他们的选择权，一些地方在创业培训中探索发放"创业券""创新券"等方式。大力组织返乡农民工的创业培训，实施农民工返乡创业三年行动计划。积极引导和支持大学生创业，实施大学生创业引领计划，同时，将高等院校、职业院校、技工院校学生在校期间开展"试创业"实践等活动纳入政府创业培训政策的支持范围。

（三）特别职业培训计划

1. 金融危机下的特别职业培训计划

2008年的全球金融危机对我国经济产生了重大影响，大批职工下岗失业，为此，人力资源社会保障部、国家发改委、财政部等三部委于2009年联合实施了"特别职业培训计划"。主要任务是从2009年到2010年集中对四类劳动者进行技能培训。该计划广泛依托技工院校和各类职业培训机构，依据受金融危机影响的各类劳动者的就业需求，有针对性地开展技能培训，进一步提高劳动者就业和创业能力。

第一，对困难企业职工开展在岗培训和转岗培训。人力资源社会保障部、财政部等发布了《关于采取积极措施减轻企业负担稳定就业局势有关问题的通知》，规定了具体的可以减轻负担的企业的条件，凡符合通知中规定的条件的困难企业，可以支持其组织在岗人员进行岗位技能、转业转岗能力、安全教育等方面的培训。第二，对失业返乡农民工开展实用技能培训。各地劳动保障部门根据返乡农民工的转移就业和劳务输出的意愿，对他们进行转岗实用技能培训。对部分有创业意愿、掌握了一定技术和资金的农民工开展创业培训，帮助他们自谋职业和自主创业。第三，对城镇失业人员开展就业技能培训。对包括城镇失业农民工在内的城镇失业人员，各地劳动保障部门组织开展3~6个月的再就业培训。对城镇有创业需求的人员，组织他们参加创业培训，以促进其顺利创业。对还没有找到工作的大学生，为了提高其就业能力，组织他们参加相关领域的技能培训，并突出实际操作能力的训练。第四，对新成长劳动力开展劳动预备技能培训。为了提高劳动预备人员的技能水平和就业能力，组织农村应届初、高中已经毕业但未能继续升学的学生参加6~12个月的劳动预备技能培训。

2. 化解过剩产能企业职工特别职业培训计划

在2016年供给侧结构性改革中，积极稳妥化解过剩产能是首要任务。化解过剩产能对企业职工的就业会产生直接的影响。为此，2016年人力资源社会保障部实施了化解过剩产能企业职工特别职业培训计划，要求从2016年到2020年五年的时间里对有培训愿望和需求的企业失业和转岗职工进行一次政府补贴性职业技能培训。目的是提高失业人员和转岗职工的职业转换能力和创业能力，帮助失业人员和转岗职工顺利实现再就业和稳定转岗。

特别职业培训计划主要包括三类培训。第一类是针对企业失业职工开展的再就业技能培训。这一类培训应符合当地发展的需求，围绕当地产业政策支持的行业的相关职业来展开，重点对高新技术产业，先进制造业，生产服务业，以及包括旅游休闲、健康养老、家庭服务在内的生活服务业开展职业技能培训。在培训中采取市场化的培训模式，把培训项目、培训方式和培训机构的自主选择权交给失业人员，由政府进行引导。要求对培训进行科学规范管理，采取灵活多样的培训形式。第二类是针对企业转岗职工开展的转岗能力提升培训。对已经在新岗位就业但技能有欠缺的人员进行有针对性的不同层次的岗位技能提升培训，凡符合企业新型学徒制或技师培训等培养计划的转岗职工都可以列入。可在企业培训中心、社会职业培训机构、技工院校（职业院校）选择合适的培训机构，充分利用全社会的培训资源。第三类是针对有创业意愿的失业和转岗职工开展创业培训。为有创业意愿的失业和转岗人员开展针对不同产业类型的、不同创业发展阶段的创业培训，并将创业培训与创业的其他环节有机结合起来，政府除了进行培训外，还实行税费减免、创业担保贷款、场地安排等创业扶持政策。充分利用各类社会培训资源，针对不同行业、企业类型以及创业企业不同阶段特点，开发出多种创业培训项目，供创业者进行选择。

两项特别职业培训计划与其他的公共就业培训计划相比，呈现以下特点。其一，实施背景、目标具有特殊性。两项特别职业培训计划分别是在金融危机和供给侧结构性改革背景下实施的，实施特别职业培训计划总的目标是：扩大培训规模，延长培训期限，增加培训投入，提升培训能力，保持就业稳定。其二，培训项目更有针对性。金融危机下的特别职业培训计划首次同时囊括四类不同的培训对象，尤其是突破了城乡界限，把农民工包含到城镇职工的培训之中，提出以就业专项资金补贴农民工技能培训。化解过剩产能企业职工特别职业培训计划也包括三类不同情况的人员。其三，培训时间长，覆盖面广，管理难度大。2009 年特别职业培训计划规定，对城镇中包括失业农民工在内的失业人员，进行 3~6 个月的再就业培训。培训时间越长，培训费用支出越多，因此管理难度加大。

二　农村劳动力的公共就业培训项目

农村劳动力向非农产业和城镇转移，是现代化发展的一种必然，也是解决"三农"问题的有效途径。但伴随着转移，一个值得关注的问题出现了，即农村劳动力的技能很难满足企业的需要，农民工素质亟待提高。在这一背景下，农业部、劳动和社会保障部等六部委于 2003 年 9 月颁发了《2003—2010 年全国农民工培训规划》。《规划》认为农民工培训应坚持三个面向，即面向工业化、面向现代化、面向城镇化，以农民工转移就业前的引导性培训和职业技能培训为重点，运用财政扶持政策和竞争、激励手段，调动农民工、用工企业、培训机构、行业的积极性，多渠道、多层次、多形式地开展农民工培训工作，形成政府统筹、行业组织、重点依托各类教育培训机构和用人单位开展培训的格局。面对农民工进城中的各种问题，2006年国务院颁发《国务院关于解决农民工问题的若干意见》。《意见》对我国农民工职业技能培训问题进行了专门论述，强调为了提高农民工转移就业能力和外出适应能力，要认真落实全国农民工培训规划，为农民工开展职业技能培训和引导性培训。在培训实施中，要强化用人单位对农民工的岗位培训责任，劳动保障、农业、教育、科技、建设、财政、扶贫等相关部门要各司其职。

另外，在现代化农业的建设中，需要大量的具有综合素质和技能的现代农民，但我国农业劳动力供求已进入结构性、区域性短缺的新阶段，现代农业人才短缺的问题凸显。加强农业劳动力的职业培训，提升农民素质和技能，推进农民职业化进程，已成为发展现代农业、推动城乡一体化、促进传统农业向现代农业转型的重要途径。21世纪以来，农业部、人力资源社会保障部、教育部、科技部、建设部、财政部等独立或联合组织了各种针对农村劳动力的技能培训计划。

（一）农业部实施的培训计划

1. 农村劳动力转移培训"阳光工程"

进入21世纪后，随着我国农业科技水平和农业生产力的提高，我国农村产生了数以亿计的富余劳动力，无论是粮食主产区还是贫困地区和革命老区，都有大量富余农村劳动力需要输出。面对数量如此巨大的亟待向城市和非农产业转移的农村劳动力，如何对他们进行职业培训，提高他们的素质、劳动技能和就业技能，成为我国公共就业培训的一个重中之重。为了更好地开展农村劳动力转移培训，2003年农业部等六部委联合制定了《2003—2010

年全国农民工培训规划》的具体实施方案。2004年，中共中央和国务院发布关于农业工作的1号文件，其中明确提出"要高度重视农村劳动力转移培训工作"。在此背景下，2004年农业部等部委开始组织实施农村劳动力转移培训"阳光工程"。"阳光工程"是由政府公共财政支持开展的农村劳动力转移前的职业技能培训。"阳光工程"的运作按照"政府推动、学校主办、部门监管、农民受益"的原则来进行，既要体现政府引导和公共培训服务的性质，又要以市场需求为导向，以受训农民转移就业为目标。政府根据那些有转移就业意愿的农民的具体需求，对他们进行各类职业技能培训，以提高他们的职业能力，畅通他们转移就业的渠道，增强他们外出务工的适应性。"阳光工程"的组织实施对提升农村转移劳动力职业技能、促进我国农村剩余劳动力向城镇和非农产业转移、实现广大农民的稳定就业和稳定增收、推动全国城乡经济社会协调发展、加快全面建成小康社会都起到了积极的作用。在我国农村劳动力公共就业培训各项工程中，"阳光工程"无疑是影响最大的。

"阳光工程"分三个阶段实施。2004年至2005年为第一阶段，主要对农村地区亟待转移的剩余劳动力开展短期技能培训，每年培训250万名农村劳动力；初步探索建立农村转移劳动力培训工作机制，为下一步开展大规模的农村劳动力培训提供可借鉴的经验。2006年至2010年为第二阶段，在全国范围内开展大规模的农村劳动力转移培训，建立比较健全的农村劳动力转移培训机制，培训3000万名农村转移劳动力。2010年以后为第三阶段，为了使农村劳动力的科技文化素质总体上与我国现代化发展水平相适应，统筹全国城乡经济社会协调发展，开展更大规模、更大范围、更高层次的培训。"阳光工程"的实施收到了良好效果，截至2008年，"阳光工程"共补助资金32.5亿元，共培训农民2000多万人，同时，带动地方投入农民培训资金30多亿元，培训人数达3000多万人。[①]"十一五"期间农村劳动力转移培训"阳光工程"和新型农民科技培训工程共培训农民1900多万人，是"十五"期间培训人数的2.3倍；资金投入快速增长，中央财政投入"阳光工程"和新型农民科技培训工程专项资金56亿元，是"十五"期间投入资金的6.5倍。[②]"阳光工程"不仅资助了农民职业培训，提高了农民的职业技能水平，有效地帮助了农民增收，而且为探索我国公共就业培训模式积累了有益经验。此外，"阳光工程"起到了良好的示范带动作用，推动了各政府职能部门对农村富余劳动力转移就业培训工作的重视。政府其他相关部门也纷纷仿效"阳光工程"，出台了自己的培训规划，推进了农村劳动力转移培训工作在全国范围内的开展。但是"阳光工程"也出现一些问题，如培训内容的针对性不够，培训效果不佳，一些培训机构以及主管部门甚至弄虚作假和套取、挪用培训补助资金。在这种背景下，从2009年起，农村劳动力转移培训"阳光工程"实施内容和管理机制做了较大调整，在继续搞好农村劳动力转移就业培训的基础上，增加了农业职业技能、农村发展带头人和农民创业等培训内容，同时在培训方式、组织管理等方面也有很大变化。农业部于2014年开始对"阳光工程"进行全面转型升级，整合各类培训资源，将培训重点转向新型职业农民的培训。

2004~2013年"阳光工程"培训任务数见表1-2。

表1-2 2004~2013年"阳光工程"培训任务数

单位：万人

指标	2004年	2005年	2006年	2007年	2008年	2011年	2012年	2013年
培训任务数	250	280	350	350	350	300	330	316

资料来源：根据农业部公开信息整理。

---

① 曹茸：《阳光工程累计培训全国农民1230万人》，《农民日报》2008年12月12日。
② 农业部：《全国农民教育培训"十二五"发展规划》，2012年1月5日。

除"阳光工程"之外，我国政府还实施了"跨世纪青年农民科技培训工程"，该工程由农业部、财政部和团中央于1999年共同组织实施。"跨世纪青年农民科技培训工程"（以下简称"跨培工程"）在全国31个省份展开，覆盖了全国1256个县（市、区、旗及团场）。那些接受过培训的青年骨干农民成为我国农民中高素质的、善经营的科技致富带头人。"跨培工程"从1999年持续到2006年，中央财政共投入专项资金2.5亿元，带动地方财政配套投入5亿多元。① 此外，为了提高我国留在农村继续从事农业产业的农民的农业职业技术水平和农业技术能力，农业部、财政部于2006年开始启动一项新的培训工程，即"新型农民科技培训工程"。该培训工程按照"围绕主导产业、培训专业农民、进村办班指导、打造村品"的原则，对农民开展产前、产中、产后关键技术、经营管理知识等的培训，以提高农业生产率，增加农民收入。培训主要采取进村办班、现场指导和技术服务等更为有效、灵活的形式，"跨培工程"和"新型农民科技培训工程"等的组织实施，对提高农民的科技素养和能力起到了一定的作用。

2. 新型职业农民培育工程

　　为推动"阳光工程"全面转型与升级，农业部、财政部等部委于2012年开始启动新型职业农民培育工程试点，将农民培训重点由培训转向培育，由转移就业培训转向新型农民培育和农业教育培训，实行全程跟踪、全程培养。培训对象转向新型职业农民及其后继农民，培训内容转向粮食等主要农产品生产以及促进农民增收的特色产业发展所需要的技能。新型职业农民培育工程旨在重点培养一批"有文化、懂技术、会经营"的新型职业农民。经过不断的探索创新和试点实验，该工程基本上建立了一个较为完备的新型职业农民培育制度框架，该制度框架可概括为"三个三"，即教育培训、规范管

---

① 师晓京：《"跨培工程"7年培训350万农民》，《农民日报》2006年2月7日。

理、政策扶持"三位一体",生产经营型、专业技能型、专业服务型"三类协同",初级、中级、高级"三级贯通"。[①] 规范化和系统化的、综合创新的新型职业农民培育体系的建立,为我国培育新型职业农民的工作奠定了坚实的基础。

在新型职业农民培育工程具体实施过程中,要求从需求出发,围绕国家、产业以及农民的需求来进行,做到"二重视",即重视新型职业农民培育工程的规范性、针对性、有效性,重视职业农民培育手段的创新性,尤其是要善于利用信息化手段。把提升农业教育培训的质量作为工作目标,切切实实为粮食增产、农业增效和农民增收做出贡献。采用分级管理、分层负责的管理原则,加强省级绩效考评,建立约束和激励机制,将绩效考评结果与培训资金的分配挂钩。

各地加大组织实施力度,创新机制、建立制度、健全体系,新型职业农民培育工作取得明显进展。"十二五"期间全国1500多个县实施了新型职业农民培育工程,共培育新型职业农民200万人,培养青年农场主1万人。[②]

2017年农业部发布《"十三五"全国新型职业农民培育发展规划》,该规划对未来五年我国新型职业农民培育工作提出了目标和具体措施。规划指出,到2020年,我国新型职业农民总量应超过2000万人,新型农民职业化程度要有明显提高;新型职业农民在总体文化素质、技能水平和经营能力等方面有显著改善;农业职业培训的各种具体形式(包括线上和线下培训)普遍开展、融合发展;新型农业经营主体带头人应实现普遍轮训一遍,新型职业农民培育工作覆盖全国所有农业县市区;要建立一个较为完善和健全的培育制度,

---

[①] 农业部:《2014年农业部新型职业农民培育和农业职业教育工作思路及要点》,《农业科教动态》2014年第8期。

[②] 张桃林:《在2016年全国农业科技教育工作会议上的讲话》,http://www.kjs.moa.gov.cn/dongtai/201606/t20160613_5168750.htm,2016年6月13日。

培育机制灵活有效,培育能力适应我国农业发展的新需要;全面确立一个"一主多元"的新型职业农民教育培训体系,即以政府公益性教育培训机构为主体、其他多种市场主体和培育机构有序参与的全面发展、协调发展的新型农民培育体系(见表1-3)。

表1-3 "十三五"期间新型职业农民培育发展主要指标

指标	2016年	2020年	指标属性
新型职业农民队伍数量	1272万人	2000万人	预期性
高中及以上文化程度占比	30%	≥35%	预期性
现代青年农场主培训数量	1.3万人	≥6.3万人	约束性
农村实用人才带头人培训数量	6.7万人	16.7万人	约束性
农机大户和农机合作社带头人培训数量	以示范性培训为主	≥5万人	约束性
新型农业经营主体带头人培训数量	以示范性培训为主	新型农业经营主体带头人基本接受一次培训	预期性
线上教育培训开展情况	试点性开展	完善在线教育平台,开展线上培训的课程不少于总培训课程的30%;开展线上跟踪服务	预期性

资料来源:农业部《"十三五"全国新型职业农民培育发展规划》,http://www.moa.gov.cn/zwllm/ghjh/201701/t20170122_5461506.htm,2017年1月22日。

(二)人力资源社会保障部实施的培训计划

1. 农村劳动力技能就业计划

为贯彻《国务院关于大力发展职业教育的决定》、《国务院关于进一步加强就业再就业工作的通知》和《国务院关于解决农民工问题的若干意见》三个文件的有关要求,提高我国农村劳动力技能,劳动和社会保障部于2006年开始实施农村劳动力技能就业计划,对农村各类劳动力进行技能和就业培训。其中包括:组织农村初、高中毕业未升学人员,农村退役士兵及其他青年农民参加劳动预备制培训，组织有外出务工意愿的农村富余劳动力参加相应的劳务输出培训，组织已经进入城镇务工的农民工参加技能提升培训。通过3～6个月的培训，使接受培训的农村劳动力至少掌握一项技能，并且能达到用人单位的上岗要求。2006～2010年，对4000万名农村劳动者进行非农技能培训，年均培训800万人；要求达到90%以上的培训合格率、80%以上的就业率。① 逐步形成一个以就业为导向、国家政策扶持、社会共同参与的农村劳动力技能培训运行机制，充分发掘社会资源参与培训，使得向非农产业转移的农村劳动者普遍得到相应的就业技能培训，明显提升其技能水平，促进全体接受培训的农村劳动者实现顺利就业。

农村劳动力技能就业计划与其他部委组织实施的农村劳动力转移培训计划相比，有如下几个特点。第一，更加强调培训与企业的岗位技能对接，更重视实际岗位操作技能的提高，以对农村劳动力进行岗位技能培训为主，面向就业市场，把培训与劳动者就业、企业生产结合起来，注重对参训者实际操作能力的培训。与此相配合，在农村扩大推行职业能力证书。根据农村劳动力自身的实际需要和个人特点，给那些按要求掌握单项职业技能并通过单项职业能力考核的农村劳动者颁发职业能力证书。第二，创新培训工作模式，充分发挥劳动保障部门的综合优势，推行"三位一体"，即培训、就业、维权三者统一的工作模式，切实解决农民最为关心的培训、就业、维权等问题，进而实现农民进城求职有门路、上岗就业有技能、个人权益有保障的工作目标。

2. 农民工职业技能提升计划——"春潮行动"②

为了进一步提高已转移至城镇和非农产业就业的农民工的就业创业技能，促进农村转移劳动力顺利地实现市民化，人力资源社会

---

① 劳动和社会保障部：《农村劳动力技能就业计划》，2006年5月12日。
② 人力资源社会保障部：《农民工职业技能提升计划——"春潮行动"实施方案》，2014年3月30日。

保障部于2014年组织实施了一项新的农民工职业技能提升计划，即"春潮行动"。该计划以对农村新成长劳动力的职业技能培训为基本任务，以培训高素质技能劳动者为基本目标。"春潮行动"提出，每年面向农村新成长劳动力和愿意转移就业的农村劳动者开展政府补贴培训700万人次；至2020年，实现对全体新进入劳动市场的农村转移就业劳动者的普遍培训，使得每人都有机会接受一次相应的就业技能培训。力争使企业技能岗位的农村转移就业劳动者得到一次岗位技能提升培训或高技能人才培训，每年面向在岗农民工开展政府补贴培训300万人次。力争使已创业的农村转移就业劳动者或具备一定创业条件的农村劳动者都有机会接受创业培训，实现每年开展创业培训100万人次。2015年全国共开展农民工职业技能提升培训967万人次，2016年培训2422万人次。

"春潮行动"针对农村新成长劳动力和愿意转移到非农产业就业的农村劳动者开展专项就业技能或初级技能培训。主要依托各类技术学校和培训机构，充分发挥职业院校、技工院校、就业训练中心、企业培训机构、民办职业培训机构等教育培训机构的作用，采取政府购买培训服务的培训方式，以实现就业为培训导向，以实际操作技能训练和职业素质培养为重点，使他们达到上岗要求或掌握初级以上职业技能，着力提高培训后的就业率。

针对农村未继续升学并准备进城务工或进入非农产业就业的应届初、高中毕业生，农业户籍退役士兵，开展储备性职业技能培训。主要依托技工院校，采用政府购买服务的培训方式，对其开展1~2个学期的基本职业技能培训，使其掌握基本的就业技能，基本消除农村新成长劳动力无技能从业现象，并按照一定的条件，给予培训对象一定数量的职业培训补贴、技能鉴定补贴和生活费补贴。

针对与企业签订半年以上劳动用工合同的在岗农民工，开展提高其技术技能水平的培训。企业根据其行业特点和岗位技能需求，依托企业所属培训机构或政府认定的培训机构，结合企业技术进步要求和产业升级要求，有针对性地开展职工技能培训，提升其技能水平。对新录用农村转移就业劳动者开展岗前培训或学徒培训，对已在岗农民工开展岗位技能提升培训。培训经费由企业职工教育经费列支，并且按照一定的条件给予企业一定数量的职业培训补贴及职业技能鉴定补贴。

3. 农民工返乡创业培训五年行动计划（2016~2020年）[①]

2016年，人力资源社会保障部等五部门推出了一项旨在资助和支持农民工返乡创业培训的五年行动计划（2016~2020年）。该计划提出，为进一步推进农民工、农村建档立卡贫困人口、农村大学生和农村退役士兵等人员返乡创业，激发他们在大众创业、万众创新热潮中实现创业就业的热情，特别开展该培训计划。培训计划的根本目标旨在提升上述人员的创业能力，促进他们成功创业；该计划以开展符合上述不同群体实际需求的创业培训为主要抓手，形成创业培训、创业教育、创业考评、试创业、创业帮扶、创业成效第三方评估等六环联动，政府、院校和相关企业携手推进，并与政府的精准扶贫和脱贫行动紧密结合，形成全覆盖、多层次、多样化的农民工创业培训体系。该培训计划提出，到2020年，力争使有创业意愿和培训意愿、具备一定创业条件或已创业的农民工等人员都能参加一次创业培训，有效提升创业能力。

开展有针对性的创业培训。以生产性农业服务业和生活性农业服务业创业为重点，针对返乡农民工等人员不同创业阶段的特点、不同性别、不同需求和地域经济特色，开展内容丰富、针对性强的创业培训。该培训工作特别强调真实性、实战性和实践性，尽量依托真实项目来设计培训内容，使该创业培训成为试创业的过程，从而真正增强培训效果。对有创业意愿和培训愿望、具备一

---

① 人力资源社会保障部等：《关于实施农民工等人员返乡创业培训五年行动计划（2016—2020年的通知）》，2016年7月16日。

定创业条件的人员，结合或选择一些适合创业的具体产业项目开展创业培训，例如，着力开展绿色农产品经营、民族传统手工艺、乡村旅游、家庭农家乐或与输出地资源和输入地市场有效对接的项目的创业培训；重点开展创业意识教育、创业项目指导等培训。对创业初期人员，结合该区域专业市场发展需求，主要开展企业经营管理等培训；对已成功创业的人员，则结合发达地区的产业发展需求，主要开展产业组织形式和经营管理方式等培训。积极开展互联网创业培训。依托电子商务进农村综合示范县建设、农村电子商务百万英才计划以及农村青年电商培育工程等，积极开展农村电子商务培训，提升培训对象运用互联网与电子商务手段拓宽产品销售渠道的能力。

（三）教育部实施的培训计划

1. 农村劳动力转移培训计划

为了将《2003—2010 年全国农民工培训规划》和《2003—2007 年教育振兴行动计划》的培训计划落到实处，教育部于 2004 年提出了具体的培训计划，制订并实施了教育系统的农村劳动力转移培训计划。该计划把农村职业技能培训作为工作重点，培训对象主要是初、高中毕业未升学的新增劳动力，力求使新增农民工都有机会接受职业技能培训。该计划的实施已取得一定的成效。2004 年全国教育系统开展的农村劳动力转移培训人数为 3198 万人次，其中技能型培训 1580 万人次。2005 年培训人数为 3270 万人次，其中技能型培训 1085.75 万人次。此外，教育部还组织实施了农村实用技术培训工程，力求使每户有一个劳动力掌握 1~2 项实用技术。2005 年共有 4793 万人参加全国实用技术培训。[①]"十一五"期间，全国职业教育对农村劳动力转移培训 1.85 亿人次，年均培训进城农民工 2000 万

---

① 教育部：《教育部农村劳动力转移培训计划实施情况》，《中国教育报》2006 年 3 月 10 日。

人次。①

各地教育部门还在创新农村劳动力培训模式、提高就业和创业培训质量上做出了努力。主要采取的培训模式如下：一是为当地企业培训技能型、实用型人才，进行就地转移培训；二是与职业学校联合企业、中介机构合作开展培训；三是利用县职业教育中心和乡镇成人教育中心对回乡初、高中毕业生进行职业技能培训；四是以新增劳动力自主创业培训为重要内容的创业培训；五是运用互联网技术和现代远程教育手段开展培训，及时把信息和技术送到培训对象手中。

2. 农民工学历与能力提升行动计划——"求学圆梦行动"

为了提升农民工学历层次、技术技能及文化素质，畅通其发展上升通道，更好地服务于国家发展的各项新战略，教育部和中华全国总工会于2016年联合组织实施农民工学历与能力提升行动计划——"求学圆梦行动"。计划提出，到2020年，在有学历提升意愿且符合入学条件的农民工中，资助150万名农民工接受学历继续教育；面向全体农民工开展技术技能培训，并使之能通过免费开放课程的学习来提升自身文化素质与职业能力。

各类高校（如普通高校、开放大学、成人高校）建立择优录取和企业推荐相结合的公开遴选机制。在现有政策框架下，统一全国成人高教的考试方式和招生方式，实行自主择优录取。开发与岗位紧密对接的专业课程，努力实现学历教育和培训课程紧密对接行业需求、岗位要求、职业标准和生产过程。探索校企合作培养模式，推行基于信息化的混合式教学模式，促进校企合作与产教融合，依据农民工的成长规律和岗位需要，校企共同制定工学结合人才培养方案，建立弹性学制与校企双导师制，加大实践性课程的比例。

---

① 教育部：《中国职业教育发展报告（2002—2012年）》，《农民日报》2012年10月31日。

(四) 国务院扶贫办实施的"雨露计划"

1. 2006~2010 年"雨露计划"

2001 年，国务院印发的《中国农村扶贫开发纲要（2001—2010 年）》提出，提高群众的综合素质特别是科技文化素质，是增加贫困人口经济收入的重要措施，也是促进贫困地区脱贫致富的根本途径，提出必须把农民科技文化素质培训作为扶贫开发的重要工作，切实加强基础教育，普遍提高贫困人口受教育的程度。《纲要》强调了农科教的结合，要求统筹普通教育、职业教育、成人教育，有针对性地开展各种不同类型的职业技术教育和短期培训，提升农民的技术能力。[①]

五年后，一项更为具体、更有针对性的农村扶贫培训计划开始实施。2006 年，国务院扶贫办联合财政部、解放军总政治部等单位，共同组织实施了这项被称为"雨露计划"的扶贫培训行动计划。该计划的宗旨是推进农村贫困地区人力资源开发，将贫困地区农村人口压力转化为人力资源优势，重点帮助贫困地区青壮年农民提升就业与创业能力，使之尽快脱贫致富。该计划提出，"十一五"期间要完成对 500 万名左右的青壮年贫困农民的职业培训任务（其中实现转移就业 90% 以上，且稳定就业率不低于 80%），完成 30 万名左右的贫困地区复员退伍士兵的职业培训和转移就业任务，带动 320 万名以上农村贫困人口脱贫。"雨露计划"以提升贫困地区农民文化素质、增强各种技能素质为目标，采用职业教育、创业培训和农业实用技术培训等多种形式，达到促进贫困地区经济社会协调发展、农民有效就业和创业、增加贫困农民收入之目的。"雨露计划"的实施，在培训对象、培训方式等方面探索了不少有益经验，各地

---

① 国务院：《中国农村扶贫开发纲要（2001—2010 年）》，《中华人民共和国国务院公报》2001 年第 23 期。

政府在具体实施过程中也创造了许多成功的做法，产生了多方面的积极作用。

"十一五"时期，为实施"雨露计划"，中央和地方共投入培训资金46亿元，其中用于劳动力转移培训34亿元，641万人受训；用于农业实用技术培训6.8亿元，700多万人受训。①

2. 2010 年以后"雨露计划"的改革、创新与发展

2010年，国务院扶贫办对"雨露计划"进行改革试点，在"十二五"期间，"雨露计划"围绕四个方面开展工作：对贫困家庭新成长劳动力实施职业技能教育培训，对农村留守贫困劳动力开展农村实用技术和产业发展技能培训，对贫困家庭成年劳动力实施中短期转移就业职业技能培训，培养贫困地区农业产业化发展急需的人才。②试点改革的重点在于，要求各地完善"雨露计划"实施政策和规划，对参加中高职教育或两年及以上职业技能培训的建档立卡贫困学生家庭发放生活补助，提供扶贫贴息贷款支持，提升贫困户新成长劳动力就业技能和创业能力，稳就业、拔穷根，阻断贫困代际传递。2015年，在试点的基础上，国务院扶贫办联合教育部、人力资源社会保障部制定和颁发了《关于加强雨露计划支持农村贫困家庭新成长劳动力接受职业教育的意见》，进一步创新和完善了"雨露计划"。意见提出，建档立卡贫困家庭子女，凡参加中、高等职业教育者，政府给予家庭扶贫助学补助，补助标准为每生每年3000元左右，该项资金从财政扶贫资金中列支。同时，在原有东西部扶贫协作的工作机制框架内，进一步鼓励帮扶省市加大对受帮扶省市的贫困子弟就读技工院校者的生活费补助，该项经费也由帮扶省市从财政专项资金中列支。

为更好地实施原"雨露计划"中的劳动力转移就业培训、农村

---

① 陈伟光：《"十一五"期间国家投入46亿元实施雨露计划》，《人民日报》2011年1月17日。
② 王国良：《全国扶贫培训工作会议上的讲话》，http://news.xinhuanet.com/2011－01/13/c_12974382.htm，2011年1月13日。

实用技能培训和贫困村致富带头人培训等培训计划，国务院扶贫办还开展了各地"雨露计划"实施的协调工作。自 2014 年 10 月至 2015 年 10 月，国务院扶贫办协调福建、甘肃、宁夏三省区市合作开展贫困地区农村创业致富带头人培训的闽、甘、宁三省区市试点。该项试点采取"1+11"的培训方式。2014 年底之前，400 名学员完成为期 1 个月的集中培训（培训分两批进行，每批 200 人）。受训学员在返乡后安排 11 个月的创业导师跟踪指导和电大远程网络教学辅导，为学员创业提供全程咨询服务，导师帮助学员解决在创业过程中遇到的困难和问题，取得了比较好的效果。

（五）其他部门实施的培训计划

1985 年，科技部提出了一项旨在以科学技术促进我国农村经济发展的科技发展计划，简称"星火计划"，意谓"用科技的星星之火照亮中国广袤的农村大地"，以一些短平快的科学技术和科技项目促进中国农村经济的发展。1986 年党中央、国务院正式批准了科技部"星火计划"。在"星火计划"的整个工作系统中，星火科技培训是一项极为重要的内容，"星火计划"的第十六条对星火科技培训提出了具体的指导性意见。为了更有针对性地开展科技培训，进一步提高劳动者的科学水平，2003 年科技部联合农业部等部门组织实施了星火科技培训专项行动。

星火科技培训的任务是：根据农村经济发展的实际需要，在各地农村开展科技知识传授和科学技术普及工作，开展农村人才培训，提高农民科技素质。星火科技培训的对象主要是农业生产者、农民工、农村乡镇企业人员、农村经纪人以及农村基层管理干部。星火科技培训的目标是培养农村技术和管理人才，造就农民企业家和技术能手。星火科技培训坚持"实际、实用、实效"的原则，综合运用传统培训与现代远程培训手段，实行技术培训与就业创业培训相结合，建立和健全国家与地方的星火科技培训体系。科技部以招标形式下达星火培训任务，进行高层次的技术、管理和师资培训。星火科技培训尤其重视农村科技教育和培训，强调要实现"县县有星火学校、乡乡有星火课堂、村村有星火带头人"的工作绩效。

与其他公共培训项目相比，星火科技培训是"星火计划"的重要组成部分，纳入了"星火计划"项目的规范化管理。星火科技培训项目的申报，尤其强调科学和公正。为了规范星火科技培训项目的申报、评审和遴选，确保星火科技培训项目的质量，科技部星火办特别制定了《星火科技培训专家评审手册》，该手册对项目评审制定了具体细则和评分标准，要求在星火科技培训项目评审过程中，必须聘请相关科技专家进行客观、公正的评审。项目完成后，还要加强星火科技培训项目监理和验收，并且把星火培训工作绩效与星火科技培训项目的评审立项结合起来。培训目标从单纯农村实用技术推广向提高农民科技致富能力转变；培训方式从传统的课堂教学向课堂教学、远程培训和田间指导多种方式的综合运用转变。此外，为了进一步方便跨省交流和资源共享，星火科技培训建立了跨省培训、培训调研、经验交流的区域协作平台，即星火培训协作网，其中具体包括东北片、东南片和西部片三个相互协作的星火培训网。

此外，全国妇联、团中央等也在各自领域实施了针对农民的培训计划。

三 覆盖城乡全体劳动者的职业培训计划

随着科技进步加快和我国产业发展的优化升级，各类技能人才尤其是高素质的熟练技术人才短缺问题较以前更为突出；部分地区、企业对技术工人的需求与劳动力供给之间出现结构性失衡；大学生、其他青年劳动者、农业剩余劳动力、失业人员与困难群体等各类人员就业难度依然很大。2010年10月，国务院印发了《国务院关于加强职业培训促进就业的意见》，意见提出要以服务就业和经济发展为宗旨，坚持"城乡统筹、就业导向、技能为本、终身培训"的原则，建立覆盖对象广泛、培训形式多样、管理运作规范、保障措施健全的职业培训工作新机制，加快培养大规模的高技能的劳动者，建立面向所有劳动者的职业培训制度。[1]

为了落实《国务院关于加强职业培训促进就业的意见》，人力资源社会保障部、国家发改委、教育部等制定了《促进就业规划（2011—2015年）》。该规划强调紧密结合市场需求和就业要求，强化职业培训。要统筹推动就业技能培训、岗位技能提升培训和创业培训等全社会各类职业培训的发展。创新职业培训模式，积极探索现代学徒制培训，使每一位有培训意愿的城乡劳动者都能得到有针对性的培训，加快构建劳动者的终身职业培训体系。[2] 加强职业培训管理，整合职业培训资源，建立社会化的职业培训网络。要遴选和认定一批具有较高培训质量的职业培训基地，并以之为依托，促进培训和就业的紧密结合，使之更好地在当地发挥示范带动作用，同时要重视建设职业技能实训基地。加强残疾人职业教育培训，落实培训补贴政策。

2016年人力资源社会保障部提出要加大职业培训力度，大规模开展职业培训，统筹实施新生代农民工职业技能提升计划、高校毕业生技能就业行动、化解过剩产能企业职工特别职业培训计划、"春潮行动"等项目。推动国家高技能人才振兴计划的深入实施，积极探索建立国家基本职业培训包制度。

2015年，全国参加社会保障部门补贴性就业培训的城乡劳动者达1908万人次，其中，1023万人次参加了就业技能培训，620万人

---

[1] 《国务院关于加强职业培训促进就业的意见》，http://www.gov.cn/zwgk/2010-10/25/content_1729591.htm，2010年10月25日。

[2] 人力资源社会保障部：《促进就业规划（2011—2015年）》，http://www.gov.cn/jrzg/2012-02/08/content_2061241.htm，2012年2月8日。

次参加了岗位技能提升培训，211万人次参加了创业培训，54万人次参加了其他培训。各类职业技能培训对提升我国城乡劳动者就业与创业能力、促进城乡劳动者就业、增强其就业稳定性起到了良好的作用。

（一）劳动者终身职业培训体系

"十二五"以来，我国开始探索建立贯穿劳动者从学习到工作各个阶段，适应劳动者多样化、差异化需求，覆盖城乡全体劳动者的职业培训体系。城乡劳动者的职业培训工作被各级政府列入重要的议事日程、纳入各地劳动就业和经济社会发展整体工作加以规划，重视完善职业培训的政策与制度建设。政府加大对职业培训的补贴资金投入，提高补贴标准，规范补贴资金使用。鼓励对职业培训模式的探索和创新，制定职业培训包开发的技术规程，加快开发突出劳动者职业素养和技能训练的职业培训包。

（1）实施青年技能就业培训工程。为适应产业结构升级、加快城镇化进程和促进青年就业及成才的需要，我国政府高度重视对青年劳动者的技能培训工作。青年技能就业培训工作是一项系统工程，上述各项培训计划中都把青年技能培训和就业培训列为各自工作的重点。全国城乡各类需要培训的青年群体得到了政府的各种培训计划的支持，政府在培训对象的课程学习、技术训练、生活补助、职业鉴定等方面给予了资金补贴。各类培训资源（如培训学校、实训基地等）得到有效整合，各地各级政府还建设了面向城乡青年劳动者的职业技能培训、咨询和鉴定等的各种公共服务平台。

（2）实施企业职工技能提升培训工程。为了提升企业竞争力，促进企业生产的发展，国家高度重视企业职工的技能培训和提升。政府鼓励和引导各类企业尤其是大型企业集团建立自己的培训机构，将企业职工培训制度作为现代企业制度的重要组成部分。支持企业根据岗位需求和职工特点，开展形式多样的岗位技能培训。通过脱产培训、半脱产培训、岗位练兵和培训、技能比赛、班组长培训等方式，提高企业职工的岗位技能；将企业职工的岗位技能培训与企业的技术创新、改造等结合起来，强化各种新技术、新工艺、新材料知识的学习和培训，重视名师带徒制度和技师研修制度，助推高技能人才的成长。在企业的工休时间、经费支出和工资福利待遇等政策上支持职工参加培训。

（二）高技能人才振兴计划

2011年，中央组织部、人力资源社会保障部组织制定了《高技能人才队伍建设中长期规划（2010—2020年）》，这是我国公共就业和人才培训发展史上的一个极为重要的标志性事件，标志着我国职业技术培训逐步进入了由初中级技术人才培训向高端技术人才培育发展的新阶段。同年，人力资源社会保障部联合财政部制定了《关于印发〈国家高技能人才振兴计划实施方案〉的通知》，对国家高技能人才队伍建设中长期发展规划的具体实施提出指导性意见。通知明确规定，到2020年，为培育造就大批高技术人才和培养一批高技能领军人才，组织实施高技能人才培训基地建设项目、技能大师工作室建设项目和技师培训项目。该项培训计划已取得初步成效，截至2015年末，全国已经培育了高技能人才4501万名，比2010年底增加了57%，为产业转型升级发挥人才支撑作用。"十三五"期间，供给侧改革、"中国制造2025"对高技能人才队伍建设提出了新的要求，为此，更需要根据先进制造业、战略性新兴产业、现代服务业等发展需要，深入开展国家高技能人才振兴计划，为推进发展提供技能人才支撑。[①]

（1）培训基地项目。"十三五"期间实施的重点项目包括：①从

---

① 人力资源社会保障部：《人社部职业能力建设司负责人就深入推进国家高技能人才振兴计划答记者问》，http://www.mohrss.gov.cn/SYrlzyhshbzb/zcfg/SYzhengcejiedu/201608/t20160822_245887.htm，2016年8月22日。

省级高技能人才培训基地和世界技能大赛集训基地中遴选新增的国家级高技能人才培训基地；②进一步做优做强原有的国家级高技能人才培训基地的项目单位，尤其是要重点支持那些绩效优良的项目单位，支持其扩大和提升培训能力。

（2）技能大师工作室项目。首先，应纳入技能大师工作室项目建设范围的是那些工作在生产一线的历届中华技能大奖获得者。其次，新增选各行业、各领域优秀的高技能、精技艺、影响大的人才，将其纳入技能大师工作室项目建设范围。

（3）技师培训项目。对于国家和地方经济发展紧缺的技师要加速培养，尤其是先进制造业、战略性新兴产业、现代服务业的技师培训更需重点扶持，并定期对实施范围进行动态调整。

综上所述，自 20 世纪 90 年代我国开展大规模公共就业培训事业以来，我国公共就业培训已经走过了 20 多年的发展历程，取得了重要的成果。我国实施的公共就业培训计划不断丰富，多个部委参与了各项培训工程，并制订了各项公共就业培训计划。具体涉及的政府公共部门有人力资源社会保障部、农业部、教育部、财政部、科技部、国务院扶贫办以及共青团中央、全国妇联、全国总工会等，具体见表 1-4。公共就业培训成为我国政府相关部门的重要工作，我国公共就业培训从无到有，得到较快的发展，并且正在从初级发展阶段向中级阶段迈进。

表 1-4 1998 年以来我国主要公共就业培训的主要项目

主要管理部门	项目名称	开始年份	培训对象
人力资源社会保障部	再就业培训计划	1998	下岗职工
人力资源社会保障部	能力促创业计划	1998	企业职工
农业部	阳光工程	2004	农村劳动力
人力资源社会保障部	农村劳动力技能就业计划	2006	农村劳动力
教育部	农村劳动力转移培训计划	2004	农村劳动力

续表

主要管理部门	项目名称	开始年份	培训对象
科技部	星火科技培训	2003	农村劳动力
国务院扶贫办	雨露计划	2006	农村劳动力
农业部	跨世纪青年农民科技培训工程	1999	农村劳动力
农业部	新型农民科技培训工程	2006	农村劳动力
农业部	新型职业农民培育工程	2012	农村劳动力
人力资源社会保障部	农民工职业技能提升计划——"春潮行动"	2014	农村劳动力
人力资源社会保障部	农民工返乡创业培训五年行动计划（2016~2020年）	2016	农村劳动力
教育部	农民工学历与能力提升行动计划——"求学圆梦行动"	2016	农村劳动力
人力资源社会保障部	特别职业培训计划	2009/2016	困难企业在职职工和失业人员
人力资源社会保障部	创业培训计划	2008	城乡各类创业者
人力资源社会保障部	高技能人才振兴计划	2011	企业职工
人力资源社会保障部	劳动者终身职业培训体系	2011	全体劳动者

资料来源：根据国家各部委的公开数据整理。

第二节 我国公共就业培训的主要运行环节和模式

公共就业培训的运行涉及四个利益相关者：政府、受训者、培训机构、用工企业。四者之间根据不同的培训任务流和补贴支付的资金流等形成不同的运行环节和模式，我们平时所说的招标模式、培训券、订单培训都只是概括了其中某个方面或环节的运行模式。为了更好地分析各种运行模式的特征，把握其内在的规律，笔者首先对各环节的运行状态进行分析，如图1-1所示，然后将各个环节组合起来就形成不同的运行模式。

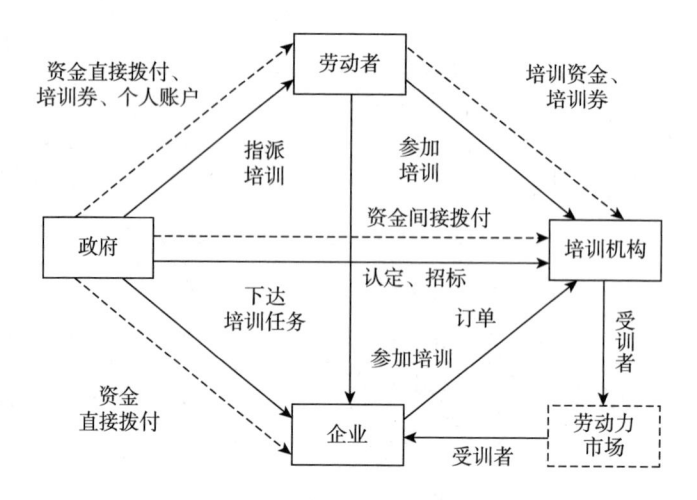

图1-1 公共就业培训运行模式

注：实线表示培训任务的完成过程，虚线表示培训资金的运行过程。
资料来源：何筠《公共就业培训管理》，科学出版社，2010，第138～139页。

一 政府-培训机构之间的运行

在我国公共就业培训中政府与培训机构之间的运行有两个重要的环节：一是政府对培训机构的选择，二是培训经费的拨付。

（一）政府对培训机构的选择：认定、招标

1. 机构认定

政府对培训机构进行认定，就是政府管理部门按事先制定好的条件对培训机构进行公开遴选和认定。从20世纪90年代末开始，我国城镇下岗职工再就业培训主要采用机构认定方法。《2012年农村劳动力培训阳光工程项目实施指导意见》也强调，各级农业主管部门要根据培训任务类别的不同，公开、公正、公平地择优确定培训机构。2012年实施的新型职业农民培育工程，采用的是按条件进行培训基地遴选的方式。《关于做好新型职业农民培育基地遴选工作的通知》规定，基地采取自愿填报或各级农业行政主管部门推荐填报的方式，同级农业科教部门审核入库，农业部建立统一的新型职业农民培育基地信息库，基地遴选全程在网上进行。在推荐的基地

中认定100个全国新型职业农民培育示范基地，统一编号授牌。加强对培育基地的考评和动态管理，农业行政主管部门建立培育基地的动态监测、考评、退出机制，每三年对全国新型职业农民培育示范基地进行一次动态调整，以培育对象满意度为核心指标，将不合格的基地及时从信息库中删除。

2. 招标

政府对培训机构进行招标，就是根据《中华人民共和国政府采购法》对公共就业培训项目进行公开招标，这是一种重要的对培训机构进行选择的办法。目前这种方式越来越多地被我国公共就业培训计划所采用。比如《湖南职业培训补贴标准目录（2017－2018年）》规定，经过政府招标采购的定点培训机构，提供补贴标准目录中的202项工种的职业培训，可以享受政府的职业培训补贴。

（二）政府对培训机构经费的拨付方式：直接、间接

政府对培训机构经费的拨付有两种方式：一种是政府通过培训券或直接拨付给受训者个人等形式形成对培训机构的间接补贴，另一种是由政府管理部门根据培训的效果，对培训机构进行补贴支付。这两种方式都普遍存在于城镇再就业培训、"阳光工程"和其他的培训项目中。"阳光工程"一开始就允许各地做出适合自己实际的选择。2005年颁发的《农村劳动力转移培训财政补助资金管理办法》强调，农民直接受益是培训补助资金支付方式的选择原则，既可采用培训券或现金等形式直接补贴给接受培训的农民，也可以采取降低收费标准的方式补贴给培训机构。[①] 近年来各地倡导结合当地培训实际，积极推广培训券制度。

不管采取何种支付方式，增强培训效果、提高转移就业率是关键，比如在城镇下岗职工的再就业培训中，各地探索建立了激励和

---

① 财政部等：《农村劳动力转移培训财政补助资金管理办法》，2005年12月30日。

约束机制，将财政的培训补贴与受训者培训后的就业率挂钩。综合各地做法，大致有三种：其一是将培训经费拨付与再就业率挂钩，其二是将培训经费拨付与再就业的人数挂钩，其三是将培训经费拨付与培训合格率和取得职业资格证书率挂钩。其中，绝大多数省区市采取第一种或第二种方式。

江西省再就业培训经费的拨付采用了第一种方式。具体如下：由经劳动保障部门认可的培训机构按其培训人数和经培训以后实际就业和再就业率（职业培训下岗、失业人员就业和再就业率达60%，创业培训下岗、失业人员就业和再就业率达50%以上的）提供相关材料，向当地劳动保障部门、财政部门申请职业培训补贴。

四川省成都市2006年制定的《定点培训机构认定和职业培训补贴实施细则》也规定，培训合格率在95%以上，具有比较稳定的就业渠道，培训学员结业后一年内就业率不低于60%，按以下流程支付培训补贴，见图1-2。

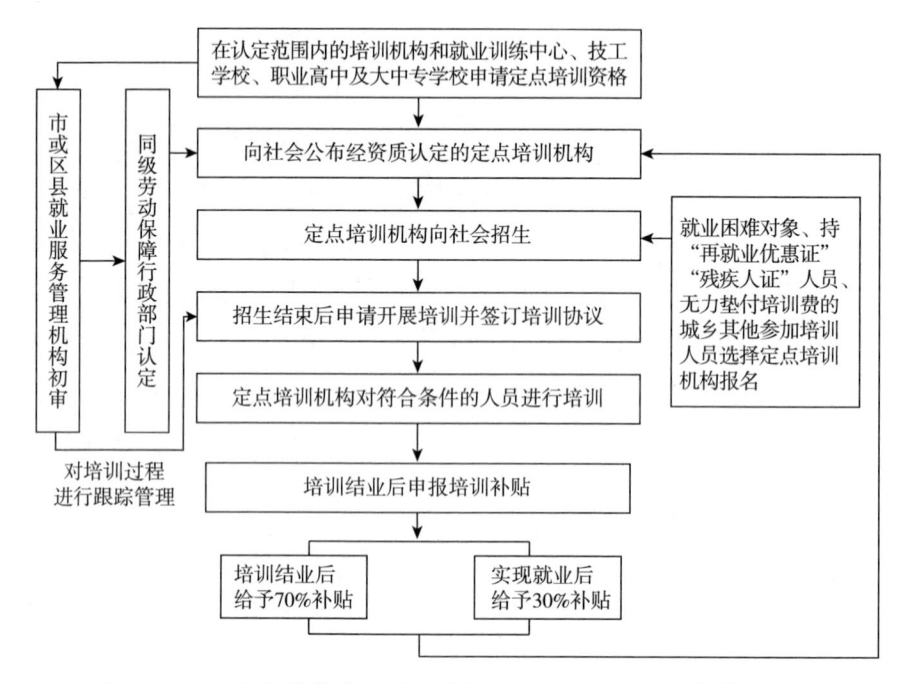

图1-2 四川省成都市定点培训机构认定和职业培训补贴流程

另外，从图1-3湖北省职业培训补贴审批流程可以看出湖北省再就业培训经费的拨付方式。

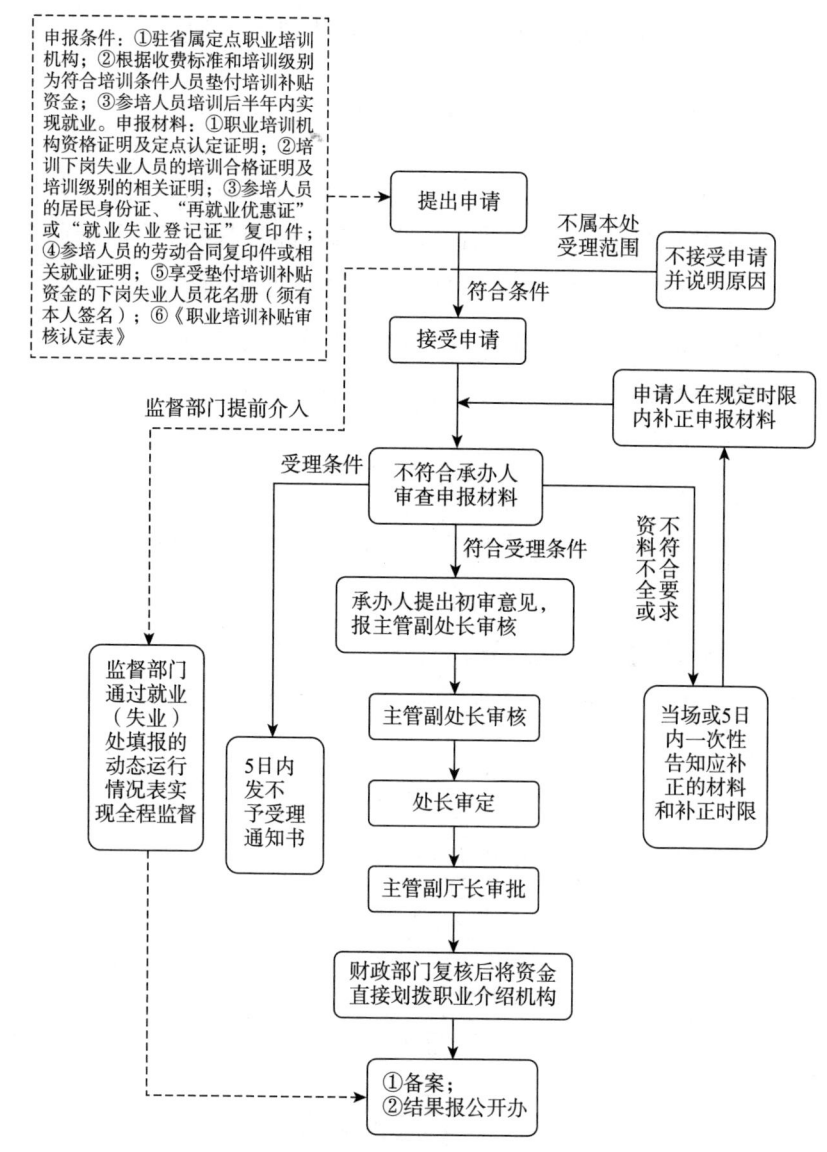

图1-3 湖北省职业培训补贴审批流程

财政部、人力资源社会保障部在2008年颁发的《关于就业专项资金使用管理及有关问题的通知》中规定，我国职业培训补贴可以采取个人报销、机构报销和用人单位报销等三种不同形式。在机构报销上，做出了不同于以往的制度安排，要求培训机构可以受训者代表的身份代为申请培训补贴。这一变化强化了受训者的权利和地位，也使得受训者与培训机构的关系受到法律的保护。

二　政府-受训者-培训机构之间的运行

公共就业培训中政府-受训者-培训机构之间的运行，根据受训者在培训中的主动权（主要是对培训机构的选择权），可以分为两种情况：第一种是受训者对培训机构没有选择权，由政府指派；第二种是政府将培训机构的选择权交给受训者，主要采取向受训者直接拨付培训资金、发放培训券、建立个人账户等方式。

（一）政府没有赋予受训者选择权：政府指派

政府指派是指由政府代替受训者进行培训机构和项目的选择，受训者没有选择培训机构的权利（实际上是一种一元选择）。我国早期公共就业培训主要采取这种运行方式。其具体运行流程，我们可以从1999年江西省再就业培训工作流程中看出（见图1-4）。

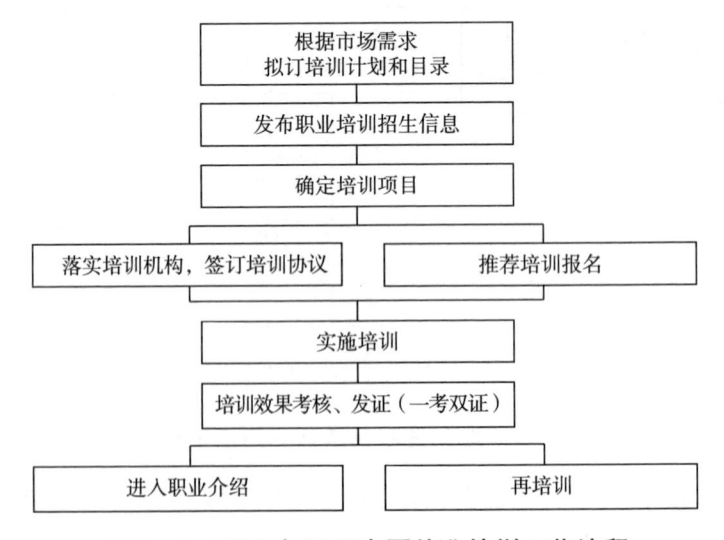

```
          ┌──────────────────┐
          │ 根据市场需求      │
          │ 拟订培训计划和目录│
          └────────┬─────────┘
                   ↓
          ┌──────────────────┐
          │ 发布职业培训招生信息│
          └────────┬─────────┘
                   ↓
          ┌──────────────────┐
          │  确定培训项目     │
          └────────┬─────────┘
          ↓                   ↓
┌──────────────────┐  ┌──────────────┐
│落实培训机构，签订培训协议│  │  推荐培训报名 │
└────────┬─────────┘  └──────┬───────┘
                   ↓
          ┌──────────────────┐
          │    实施培训       │
          └────────┬─────────┘
                   ↓
          ┌──────────────────────────┐
          │培训效果考核、发证（一考双证）│
          └────────┬─────────────────┘
          ↓                   ↓
┌──────────────┐      ┌──────────────┐
│ 进入职业介绍  │      │   再培训      │
└──────────────┘      └──────────────┘
```

图1-4　1999年江西省再就业培训工作流程

在政府指派形式下，下岗职工参加再就业培训按以下工作程序进行：第一，政府根据制定的政策确定可以参加培训人员；第二，根据培训对象的培训意愿和需求确定培训专业；第三，受训者被安排到企业的再就业培训基地或其他培训机构进行培训；第四，参加培训，培训过程要求规范有序；第五，培训结束，受训者参加考核，考试合格，领取下岗职工培训证，部分专业领取职业资格证书；第六，进行就业介绍。

（二）政府赋予受训者选择权：向个人直接补助、发放培训券、建立个人账户

在我国公共就业培训的实施中，各地结合本地的实际情况，进行了许多制度创新，比如为了提高受训者的主动性，赋予受训者更大的选择权，一些项目积极探索采用向个人直接补助、发放培训券、建立个人账户等方式支付培训补贴。

1. 直接补助、发放培训券

在20世纪90年代的再就业培训计划实施中，江苏、浙江、内蒙古等省区市比较早地对发放培训券进行尝试，探索更加多样化的培训资金补贴模式。2006年劳动保障部门等发布《关于贯彻落实国务院进一步加强就业再就业工作通知若干问题的意见》，进一步倡导采用向个人直接补助和发放培训券的方式。意见规定，政府支付职业培训补贴一般采取个人报销补贴的方式。对生活确有困难、无力垫付可报销补贴部分的，定点机构要充分发挥作用，采取帮扶措施。有条件的地方还可探索发放培训券等补贴方式。[1]受训者经各类职业培训机构培训后6个月内实现就业的，可向所在地劳动保障部门提供材料，申请职业培训补贴，补贴资金直接发给申请者。

---

[1] 《关于贯彻落实国务院进一步加强就业再就业工作通知若干问题的意见》，http://www.jincao.com/fa/04/law04.s56.htm，2006年1月20日。

关于农民工培训的补贴模式，2006年《国务院关于解决农民工问题的若干意见》认为，要完善农民工培训补贴办法，对参加培训的农民工给予适当培训费补贴，推广发放培训券等直接补贴的做法。[①] 在"阳光工程"的实施中，各地越来越多地采用发放培训券的方式。"阳光工程"对发放培训券补助方式的操作有详细规定，《农村劳动力转移培训财政补助资金管理办法》强调，在农村劳动力转移培训中采取培训券补助方式的，基层财政部门或阳光工程办公室直接将培训券发给受训农民，由农民作为学费交到培训机构。图1-5洛阳市阳光工程农民工培训的流程可以反映"阳光工程"的资金拨付方式。

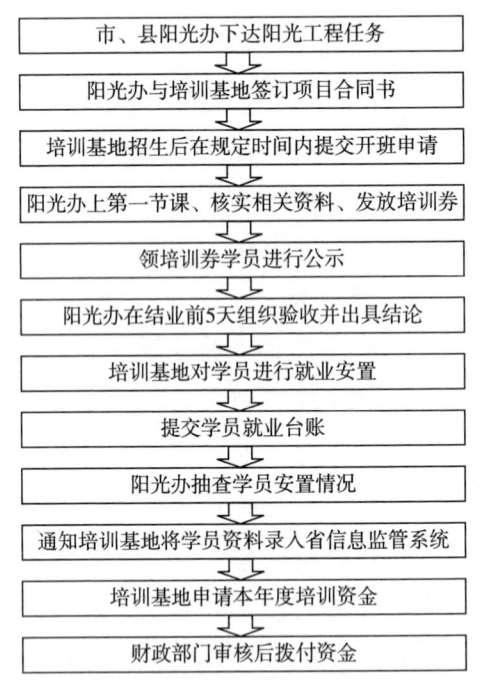

```
市、县阳光办下达阳光工程任务
         ↓
阳光办与培训基地签订项目合同书
         ↓
培训基地招生后在规定时间内提交开班申请
         ↓
阳光办上第一节课、核实相关资料、发放培训券
         ↓
领培训券学员进行公示
         ↓
阳光办在结业前5天组织验收并出具结论
         ↓
培训基地对学员进行就业安置
         ↓
提交学员就业台账
         ↓
阳光办抽查学员安置情况
         ↓
通知培训基地将学员资料录入省信息监管系统
         ↓
培训基地申请本年度培训资金
         ↓
财政部门审核后拨付资金
```

图1-5 洛阳市阳光工程农民工培训的流程

湖北省在"阳光工程"中，除了采用发放培训券的做法之外，还将各项公共就业培训资金捆绑使用。从2005年开始，湖北省阳光

---

① 《国务院关于解决农民工问题的若干意见》，http://china-laoling.gov.cn/n1561420/n13282649/n13282696/c17756666/content.html，2006年1月20日。

工程办公室严格按照"培训一人、转移一人、补贴一人"的原则，将国家和省级补助资金与地方政府配套资金捆绑使用，实行"培训券"一券通的形式，根据农民参加培训时间的长短，分类直补农民。培训券由湖北省各级阳光工程办公室和财政部门按省统一规定式样联合印制。农民自愿到培训机构报名并缴纳自己承担部分的培训费后，由属地阳光工程办公室到现场给每个参加培训的农民发放培训券。培训券实行实名制，不得转让使用。培训结束后，农民学员在培训券背面如实填写有关内容，并附上本人身份证复印件，交给所在培训机构，然后由培训机构制作《农村劳动力转移培训"阳光工程"台账》并递交资金补助申请，经当地阳光工程办公室审核后报当地财政部门验证拨付补助资金。

"雨露计划"在 2015 年之前原则上采取报账制的"培训券"形式，具体流程如下：扶贫部门、财政部门首先根据需求和财力确定培训规模、培训专业、补助标准，然后向贫困劳动力免费发放"培训券"，受训者持"培训券"到认定的培训机构参加技能培训。受训者经培训就业后，培训机构凭项目合同书、贫困学员签名的"培训券"、转移培训台账、项目实施验收资料，经扶贫部门审核后到财政部门报账。2015 年后"雨露计划"采用精准扶贫、直补到户的办法。明确规定，扶持政策与建档立卡工作紧密衔接，瞄准扶贫对象，支持农村贫困家庭子女接受职业教育，资金直补到户。

人力资源社会保障部等部委 2009 年发布的《关于进一步规范农村劳动者转移就业技能培训工作的通知》强调，职业培训补贴可以有三种不同的培训资金支付形式：个人报销、机构报销、用人单位报销。培训补贴必须与培训质量、就业效果挂钩，采取分段补贴的方式进行。各地在 2009 年开展特别职业培训计划时，也在探索各种补贴方式，其中包括发放培训券的方式，但其具体操作与洛阳市阳光工程有所差异。图 1-6 为大连市特别职业培训计划实施流程。大连市特别职业培训计划中培训券直接发放给培训援助对象，再由他们去选择培训机构，而洛阳市阳光工程是由培训机构先吸引生源，再在培训现场发放培训券。

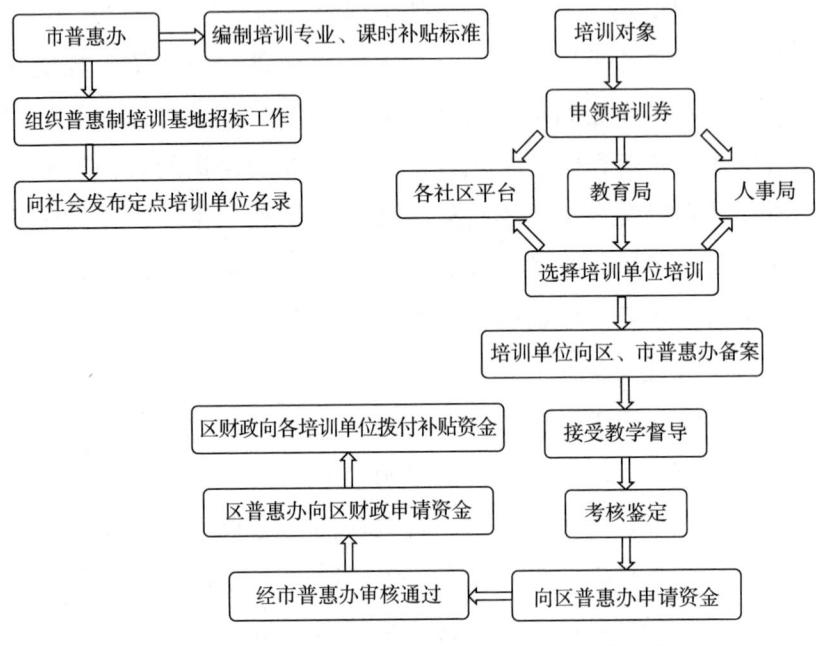

图 1-6　大连市特别职业培训计划实施流程

2. 建立个人账户

上海市自 1994 年在国内率先实施政府补贴培训制度，并于 2006 年对该制度进行改革和创新，建立了职业培训补贴个人账户制度。个人账户其全称叫"职业培训补贴个人账户"。"职业培训补贴个人账户"是上海市为法定年龄段内的劳动者建立的一个职业培训补贴资金账户，凡符合职业培训补贴要求的劳动者，参加市场急需的职业培训项目，个人可以自主选择有资质的培训机构参加培训，经鉴定合格后，政府给予一定比例的培训经费补贴，所需费用可以按规定从其培训个人账户中核销。①

---

① 上海市劳动和社会保障局：《关于在本市建立职业培训补贴个人账户若干意见的通知》，2006 年 2 月 8 日。

个人账户记录劳动者持卡参加培训的基本情况，以及培训经费核销的情况。账户卡不能以现金形式支取，不是储值卡，不可转让、套现、继承。个人账户在劳动者劳动年龄段内可长期使用，永不过期。超过劳动年龄段后，个人账户将自动封存。个人账户是有额度的，账户资金由失业保险基金注入，最初个人账户额度为2000元。对参加上海产业发展急需、符合上海市政府补贴规定项目培训，但费用超出账户额度的部分，可在劳动者取得职业资格证书后，再注入账户资金。① 劳动者对培训机构的选择，既可以由受训者个人自主选择培训机构，也可以采取以班级为单位进行招投标的形式来选择培训机构。培训内容以操作能力为导向来设计。在培训机构的认定上，向有能力、有条件的机构倾斜，同时建立退出机制，规范培训市场，对培养条件不足、运作不规范的机构，采取淘汰措施。

经费核销是有依据的。在培训项目范围内，个人参加培训并鉴定合格后，凭国家职业资格证书，按既定的培训指导价予以核销。2006年职业培训补贴政策规定，失业、农村富余劳动力等非在职从业人员，按培训项目费用全额予以核销；在职从业人员、高等院校毕业学年学生参加培训项目范围中级以上的培训，按50%~70%予以核销。所有费用的核销，依托网络平台实施，纳入网络化管理。上海市个人申请培训账户卡、参加培训的操作流程如图1-7所示，上海市社会培训机构参与个人账户制度操作流程如图1-8所示。

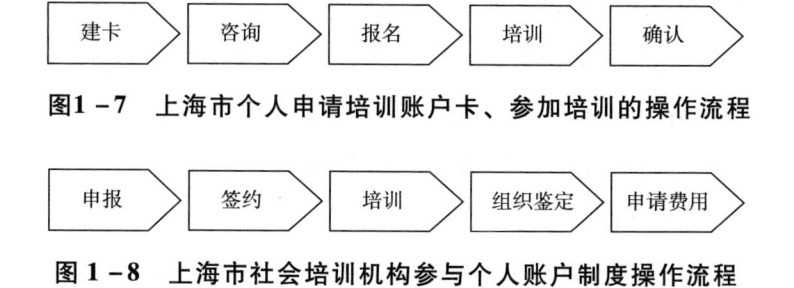

建卡 → 咨询 → 报名 → 培训 → 确认

图1-7　上海市个人申请培训账户卡、参加培训的操作流程

申报 → 签约 → 培训 → 组织鉴定 → 申请费用

图1-8　上海市社会培训机构参与个人账户制度操作流程

---

① 上海市劳动和社会保障局：《关于在本市建立职业培训补贴个人账户若干意见的通知》，2006年2月8日。

2009年上海职业培训特别计划也规定，参加职业培训特别计划的在职职工和2009年上海市高等院校毕业学年学生应按补贴培训相关规定建立培训个人账户，领取培训账户卡。

上海市职业培训补贴个人账户制度的实施，推动了上海职业培训工作的开展，效果比较显著。

第一，培训人数激增。为了提高岗位技能，劳动者愿意参加符合自己需求的培训项目。第二，培训对象向高学历、年轻化转变。30岁以下高学历者参加培训的人数增多，已占补贴培训总人数的70%以上。第三，对中高层次的培训项目需求增加。参加中高级培训的人已经占总人数的50%以上。新职业的培训大受欢迎，新职业培训和高技能人才培训已经成为含金量最高的两大板块。[①]

此外，从2006年起，天津市大规模开展农村劳动力技能培训，并首次设立个人账户，专款专用。与个人账户相类似的是，2015年的《雨露计划职业教育工作指南》也规定，"雨露计划"职业教育补助的对象是农村建档立卡贫困家庭，补助资金一律通过支农惠农"一卡（折）通"直接发放到贫困家庭。

与其他公共就业培训运行方式相比，个人培训账户制度具有以下优势。首先，更加关注公共就业培训的个人培训需求和选择，把参加培训的主动权交给劳动者。其次，更加强调在公共就业培训中引入竞争机制，把举办培训的主动权交给社会，使职业培训专业设置更加贴近市场需求，更加适应未来发展。再次，这种形式也有助于政府将各级培训资金统筹使用。最后，上海市"职业培训账户卡"制度，是利用计算机信息系统进行劳动保障事务管理的一种先进模式，所有相关的业务流程都通过"职业培训信息管理网"平台实现，有助于培训资金的监管。

2015年财政部、人力资源社会保障部制定的《就业补助资金管

---

① 仲晓云：《上海市职业培训补贴个人账户制度的主要做法和经验》，2008年7月15日。

理暂行办法》规定，职业培训补贴实行"先垫后补"的办法，人力资源社会保障部对符合条件的受训者和企业在职职工个人申请的培训补贴或生活费补贴资金，按规定支付到申请者本人个人银行账户；对企业和培训机构代为申请的培训补贴，按规定支付到企业和培训机构在银行开立的基本账户。[1] 这也意味着管理部门开始根据培训的类别，采用多元的培训资金拨付方式。

三　政府-企业之间的运行：政府向企业购买培训成果

政府向企业购买培训成果是指职工经过企业培训达到上岗要求，考核合格实现就业并达到一定就业时间后，所需培训费由政府直接向企业支付。这种方式由于能比较好地把培训与就业紧密结合在一起，调动了企业培训的积极性，减少了中间环节，增强了培训的实效，因而一些地方进行了探索。比如江西省樟树市2005年建立了"企业培训补贴制度"。制度规定，由企业组织新员工的培训，劳动部门全程参与指导。企业采取"理论知识请老师，实践操作师傅传"的方式组织培训。新员工经培训合格、与企业签订了一年以上劳动合同，并在企业工作满6个月的，政府按每人300元对企业进行补贴。

财政部、人力资源社会保障部2008年发布的《关于就业专项资金使用管理及有关问题的通知》也规定，对用人单位吸纳进城求职的农村劳动者并与其签订6个月以上期限劳动合同，从劳动合同签订之日起6个月内由用人单位组织到职业培训机构进行培训的，对用人单位给予一定的职业培训补贴。用人单位凭借职业培训补贴资金申请材料，向当地人力资源和社会保障部门提出申请，经人力资源和社会保障部门审核、财政部门复核后，由财政部门将资金直接拨入用人单位在银行开立的基本账户，并同时将资金支付情况抄送

---

[1] 财政部、人力资源社会保障部：《就业补助资金管理暂行办法》，http://www.mohrss.gov.cn/jycjs/JYCJSzhengcewenjian/201612/t20161207_261454.html，2015年12月30日。

人力资源和社会保障部门。[①]

在实施特别职业培训计划时，人力资源社会保障部、国家发改委等部门也强调，困难企业应根据企业自身的情况，制订职工的培训计划，组织职工进行培训，培训结束，接受培训的职工取得职业培训合格证书（职业技能资格证书）后，可凭参加培训人员名单、劳动合同复印件等材料，向当地人力资源和社会保障部门提出申请，经人力资源和社会保障部门审核、财政部门复核后，由当地财政部门按最高不超过培训费用50%的标准，将补贴资金直接拨入企业在银行开立的基本账户。

四　培训机构–劳动力市场–企业之间的运行

就业培训的最终目的是使受训者顺利就业，因此，培训机构与企业之间的合作关系就显得非常重要，订单培训是它们合作中采用比较多的一种方式，另外有些培训机构还借助人才中介来做好就业推介工作，与人才中介建立了一种合作伙伴关系。

（一）培训机构–企业之间的运行方式：订单培训

订单培训主要是指企业提出具体的技能要求，与培训机构达成协议，劳动者接受培训，达到技能要求后直接进入企业工作。这种方式一方面能使培训机构有的放矢，培养符合企业需要的劳动者，解决受训者就业的后顾之忧；另一方面可以充分发挥社会专业培训机构的优势，解决企业自己的培训机构师资不足、专业水平不高的问题，增强培训的效果。

订单培训早在再就业培训中就开始被采用。厦门市比较早地推出"你出岗位我培训"的"1＋1"订单式培训模式。在"阳光工

[①] 财政部、人力资源社会保障部：《关于就业专项资金使用管理及有关问题的通知》，http://www.chinalawedu.com/new/201309/xuhuijian2013091811073516285130.shtml，2008年11月19日。

程"、"雨露计划"、教育部农村劳动力转移培训计划等的实施中，订单培训也在各地被广泛采用。"阳光工程"鼓励开展"订单培训"，比如湖北省在农村剩余劳动力转移培训中，由培训机构按照企业用工需求和用工标准，在贫困地区招收劳动力，进行岗前技能培训后，直接输送到企业就业。黄冈电子信息学校分别与浙江人本集团、万向集团、富士康科技集团签订了订单培训协议。企业定期派专人到校讲课，将企业规章、企业文化教育前移至课堂进行培训，使学生在校期间对企业就产生认同感，毕业后上岗即能在技术上进行无缝对接，在文化上尽快融入。

为了应对2008年的金融危机，团中央在2009年实施进城青年农民工"订单式"技能培训项目。该项目要求培训机构根据用人企业的培训需求采用"订单式"培养，按照"订单式"技能培训的要求，采用课堂教学与现场见习、实习相结合的方式实施培训。具体运行流程见图1-9。

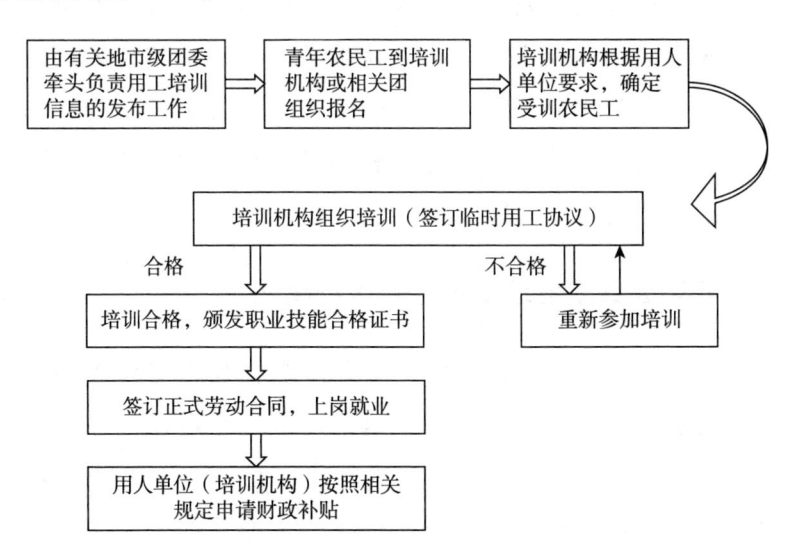

图1-9 2009年进城青年农民工"订单式"技能培训项目流程

2017年，南昌市人社局出台的《促进创业就业，助推产业发展工作方案》指出,将组织职业院校学生到园区企业顶岗实习,采取"定向班""冠名班"等订单培养方式,共同确立设置专业、培养计划和教学课程,共同参与技能人才培养,共建实训基地,实现招生即招工、上课即上岗、毕业即就业,力争全年开展校企对接定向培养就业 2000 人,顶岗实习 1000 人,三年内建立 5 个校企合作技能人才培养公共实训基地。①

（二）培训机构 – 劳动力市场 – 企业之间的运行方式：社会合作伙伴

在培训机构 – 劳动力市场 – 企业之间建立一种社会合作伙伴关系,是公共就业培训的另一种运行方式,尤其是在跨地区的劳动力输出中,劳动力市场作为中介具有重要的作用。

为了使受训农民工能顺利就业,我国《2003—2010 年全国农民工培训规划》已提出,要引导和鼓励教育培训机构与劳务输出（派遣）机构在自愿的基础上建立合作伙伴关系,通过签订培训订单或输出协议,约定双方责任和权益,实现培训与输出（派遣）的良性互动。对培训机构与输出（派遣）机构的合作,地方政府和有关职能部门要制定鼓励措施,加强业务指导。

五　我国公共就业培训的主要运行模式

如前所述,把公共就业培训各个环节组合起来就形成不同的运行模式,由于订单式培训是在就业这个环节,它可以在任何模式中运行,在实践中也是如此,所以,在此笔者就不一一加入各个模式中。笔者认为,我国公共就业培训有以下几种具体模式：①认定 + 指派培训；②认定 + 直接补助个人；③认定 + 直接补助机构；④认

---

① 李新红：《南昌市出台工作方案推进创业就业工作,助推产业发展》,《南昌日报》2017 年 4 月 19 日。

定+培训券；⑤招标+直接补助机构；⑥招标+直接补助个人；⑦招标+培训券；⑧认定+个人账户；⑨政府向企业购买培训成果。

依据政府在不同运行模式中的作用，我们可以把上述运行模式归为政府主导和市场主导两大类型。所谓公共就业培训运行模式的政府主导型就是，政府不仅承担主要的出资、监督责任，而且由政府直接安排或认定包括其附属培训机构在内的培训机构进行培训，受训者及用工企业没有培训选择权，公共培训经费拨付给培训机构。公共就业培训运行模式的市场主导型则是政府承担主要的出资、监督责任，通过市场机制筛选培训机构，受训者及用工企业有培训的选择权，公共培训经费直接拨付给个人和企业。

从表1-5可以看出，我国公共就业培训都是在发展的初级阶段，加之，我国国土面积大，经济社会发展不平衡，因此，基本上各个培训项目在运行模式上未做单一的规定，给了各个地方很大的创新空间。我国公共就业培训还处于探索期，政府主导型和市场主导型并存，但正逐步向市场主导型转变。

表1-5 我国公共就业培训的主要模式

运行模式	主要项目领域	主要培训对象	管理模式
认定+指派培训	人力资源社会保障部就业培训	城镇下岗职工	政府主导
认定+直接补助机构	人力资源社会保障部就业培训	城镇下岗职工	政府主导
招标+直接补助机构	人力资源社会保障部就业培训 新型农民科技培训工程 劳动者终身职业培训体系	城镇职工 农村劳动力 全体劳动者	政府主导
认定+直接补助个人	人力资源社会保障部就业培训 特别职业培训计划	城镇职工 农民工、职工、 大学生	市场主导
认定+培训券	国务院扶贫办"雨露计划" 人力资源社会保障部就业培训 特别职业培训计划	农村劳动力 城镇职工 农民工、职工、 大学生	市场主导

续表

运行模式	主要项目领域	主要培训对象	管理模式
招标+直接补助个人	农业部等"阳光工程" 国务院扶贫办"雨露计划" 劳动者终身职业培训体系	农村劳动力 农村劳动力 全体劳动者	市场主导
招标+培训券	农业部等"阳光工程" 特别职业培训计划	农村劳动力 企业职工、大学生	市场主导
认定+个人账户	上海、天津等地	上海、天津等地劳动者	市场主导
直接补助企业（即政府向企业购买培训成果）	特别职业培训计划 高技能人才振兴计划 劳动者终身职业培训体系	企业职工 企业职工 全体劳动者	市场主导

资料来源：笔者整理。

第二章 我国公共就业培训的作用和绩效评价现状

第一节 我国公共就业培训的作用

一 公共就业培训完善了我国公共就业服务体系

从劳动力市场理论来看，完整的劳动力市场体制应该由"一个核心体制，三个支撑体系"组成。①"一个核心体制"是指劳动力资源市场配置就业体制。市场化的就业机制对于社会主义市场经济体制的完善有重要的意义。通过市场化的就业机制的运作，劳动力市场的主体——企业和劳动者均按照市场规律来行事。企业可以按照生产经营发展变化的需要，通过劳动力市场自主聘用合适的员工；劳动者也可以根据自己的技能专长和就业意愿选择合适的企业。要使这一核心体制起到引导市场就业的作用，关键还在于构建公开、公平、公正的竞争机制，合理、灵敏、有效的劳动力价格引导机制，以及规范、有力、间接的政府宏观调控机制。

"三个支撑体系"则包括就业促进体系、社会保障体系和监督调控体系。其中，就业促进体系是劳动力市场的载体，社会保障体系是劳动力市场的基础，监督调控体系是劳动力市场的保证。这三大支撑体系相互配套、相互支撑、共同发挥作用，才能促进和维系劳

---

① 于法鸣主编《建立市场导向就业机制》，中国劳动社会保障出版社，2001，第44页。

动力资源市场配置就业体制，如图2-1所示。而其中的就业促进体系由职业介绍、职业培训和岗位开发（主要是就业托底）三大支柱组成，如图2-2所示。一个完善的就业促进体系，就是在政府的指导和参与下，动员社会各方面的力量，为劳动者就业、用人单位招工及其相关的方面提供服务，使劳动者能尽快在不断变化的劳动力市场上找到合适的工作，使用人单位能够招到满足发展需要的劳动者。在公共就业促进体系中职业介绍是核心，一般被称为有形的劳动力市场，职业培训则是基础和支撑。①

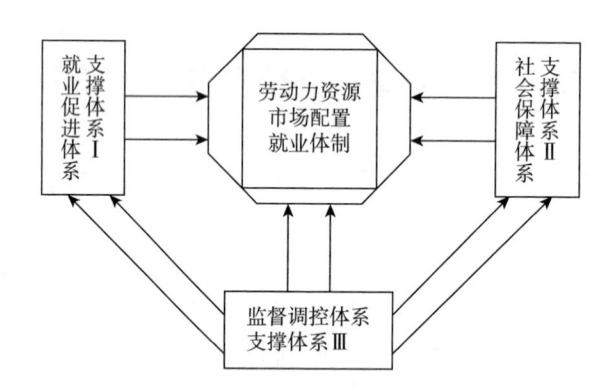

图2-1 劳动力市场体制基本框架

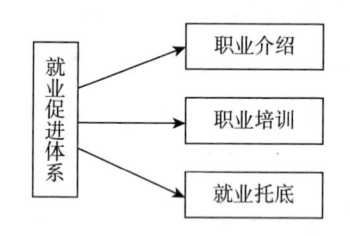

图2-2 就业促进体系的构成

20世纪80年代，我国开始从计划经济向社会主义市场经济转轨，随之逐步建设公共就业服务体系。以往的劳动就业服务工作的重心放在职业介绍及其服务网络的建设上，旨在为劳动力供需双方提供高效而规范的服务。但是，我国当前的经济社会发展进入了新

---

① 于法鸣主编《建立市场导向就业机制》，中国劳动社会保障出版社，2001，第44~48页。

的阶段，国家提出了供给侧改革、结构转型与产业升级等新的要求。改革传统的管理体制、淘汰落后的产能、引进先进生产技术、改造企业生产组织已成为必然。经济发展和产业结构的不断优化升级给劳动力市场带来了巨大挑战，同时也对公共就业服务提出了新的要求。在此新的发展背景下，企业的劳动力需求更加注重质量。劳动者如果缺乏更新、更为熟练的工作能力就难以稳定就业。同时，一些新项目的投资投产、重点产业的振兴，不仅需要通过培训适时输送一批有技能劳动者，也需要储备一批有技能劳动者。在落后产能的淘汰过程中，一大批企业职工或者面临由国有企业转到私营企业的问题，或者面临从夕阳产业转到新兴产业或服务业的问题，职业转换能力弱、面对新职业的能力不适应，是他们遇到的最大问题。所以，加强对劳动力的培训，以适应产业结构的调整显得尤为重要。再加上我国农村富余劳动力较多，市场就业压力更大。中国历来是一个农业大国，然而，随着我国农业生产率的不断提高，我国农村产生大量富余劳动力，这些农村富余劳动力形成了规模庞大的农民工。大量农民工进入城市就业，主要从事制造业和服务业，他们在择业的过程中遇到的最大问题就是缺乏职业技能。此外，世界经济起伏波动有加剧的趋势，各国经济的联动性增强，进而对我国的就业产生很大的影响，通过加强公共培训，提高劳动者就业、再就业和创业能力，能够积极有效地促进就业、减少失业，保持就业局势的稳定。在上述背景下，我国公共就业服务应与时俱进，将工作重点转到职业培训上来。我国公共就业服务不仅要为劳动者提供就业市场信息服务，而且要把促进劳动者的终身学习和提升劳动者职业能力发展置于更为重要的地位。因此，我国实施的"再就业培训计划"、"能力促创业计划"、农村劳动力转移培训"阳光工程"、"农村劳动力技能就业计划"、"特别职业培训计划"、"高技能人才振兴计划"、"劳动者终身职业培训体系"等公共就业培训计划，能积极改善和加强职业培训这个公共就业服务体系中的弱项，是完善我国公共就业服务体系的重要举措。

建立完善的组织管理机构，是建构完善的公共就业服务体系的重要支撑。我国在公共就业培训计划的实施过程中，逐步建立了相应的组织机构。例如，1999年劳动保障部门在全国主要大中城市开展劳动力市场科学化、规范化、现代化（简称"三化"）建设试点工作。2004年又在全国进一步推进就业服务制度化、专业化和社会化（简称"新三化"）工作。2017年，人力资源社会保障部和财政部强调在各地进一步健全覆盖城乡的公共就业服务体系，推进公共就业服务均等化、标准化、信息化。[①] 尤其强调加快公共就业服务信息化建设，推动大数据等新技术应用，提出到2020年要全面建成省级集中的公共就业服务信息系统和公共就业创业服务平台，充分运用网站、移动应用、自助终端、"12333"热线、微信等渠道，打造线上线下一体的服务体系。[②] 目前在全国大部分地区的街道、乡镇设立了劳动保障服务站，社区设立了劳动保障服务中心，并配备了村级劳动保障联络员。这些机构把公共就业培训看作一项越来越重要的工作。

结合我国政府推出的各项公共就业培训计划来看，我国公共就业服务的组织机构也是一个不断完善的过程。例如，"阳光工程"实施以后，各省均相应建立了阳光工程组织领导机构，设立了专门的阳光工程办公室，配备了专人和固定的办公场所，拨付了工作经费。"阳光工程"项目实施的地、县两级也建立了相应的组织领导机构和工作机构，建立和落实了具体的组织领导体系。新型职业农民培育工程则是在各级农业行政主管部门的领导下实施的，主要依托农民科技教育培训中心及农业广播电视学校等专门组织管理机构来进行。"雨露计划"也纳入各级扶贫开发部门重要议事日程，在"雨露计

[①] 人力资源社会保障部、财政部：《关于进一步做好2017年就业重点工作的通知》，2017年3月29日。

[②] 国务院：《"十三五"促进就业规划》，2017年2月6日。

划"实施过程中，从国家到省、市、县都有相应的机构，乡有扶贫专干，各级扶贫开发部门制订工作计划，明确工作目标，推进工作实施，加强部门协调监督。组织管理机构的健全为各类公共培训计划的进一步实施奠定了良好的基础。

二 公共就业培训探索了我国公共服务供给的多种模式

一般来说，公共产品的运行方式主要有政府主导和市场主导两种基本形式，或者说，主要有政府直接提供并生产与混合提供间接生产两种方式。纯公共物品和自然垄断性很高的准公共物品通常采用政府直接提供和生产的方式。混合提供间接生产是指政府利用预算安排和政策安排形成经济刺激，引导私人企业参与公共物品的提供和生产。混合型的实质是，在公共物品生产过程中引进市场和私人力量。我国的公共服务长期以来都是由政府独家供给，政府作为公共服务垄断经营主体，缺乏降低成本的市场竞争机制、激励机制和责任机制的刺激，导致城市政府在公共物品的供给方面不仅成本高、浪费大，而且在提供公共物品的生产过程中难以体现公民的需要和意愿。换言之，即政府生产了很多公民不需要的物品，或是其公共产品的供给不及时。总之，公民在公共产品的生产过程中处于被动接受的地位，公民对于公共产品的生产没有发言权和影响力，没有形成一个政府与公民互动互构的良性机制。因此，扩大公民对公共产品生产的主动性作用，是公共产品生产改革的一个关键。

公共就业培训作为公共产品的一种形式，在我国的实践中经历了一个由政府直接生产的提供方式到探索政府间接生产的提供方式的过程，多元的公共就业培训生产的提供方式在逐步形成，在这个过程中许多地方做出了有价值的摸索，为我国公共就业培训的生产提供了有意义的借鉴。

在城镇职工再就业培训计划实施中，各地采用委托、指定、招标等方式，把公共就业的培训交给包括社会培训机构在内的培训机构。北京市、陕西省则采取企业再就业服务中心和职工培训机构建立"伙伴关系"的办法,组织下岗职工开展再就业培训。

在"阳光工程"实施过程中,确立了"招标确定培训基地、财政资金补贴农民、培训保证农民就业"的工作原则。各省通过招标的方式择优选择培训基地,认定了一大批办学能力较强、有相对稳定的转移就业渠道、贴近农村和方便农民的教育培训单位为培训基地。在这些基地中,既有教育、劳动、农业等部门的公办培训学校,也有大批优质的民办培训机构,初步形成了一个较为完备的农村劳动力转移的培训体系。各省还在实践中探索出了各种行之有效、独具特色的培训模式,如"培训券"、"订单培训"、"定向培训"、"校企结合培训"和"校乡联合培训"等主要针对农民需求的模式。

2017年农业部发布《"十三五"全国新型职业农民培育发展规划》,对探索多元的公共就业培训生产的提供方式提出新的要求,强调要健全完善新型职业农民教育培训体系,统筹利用农广校、涉农院校、农业科研院所、农技推广机构等各类公益性培训资源,开展新型职业农民培育。强调充分发挥市场机制作用,充分发挥各类市场主体的作用。鼓励和支持有条件的农业企业、农民合作社等市场主体积极参与农民就业教育市场的竞争。通过政府购买服务和市场化运作等多种方式参与农村职业教育的培育工作。深化产教融合、校企合作,发挥农业职业教育集团的作用,支持各地整合资源办好农民学院,拓宽新型职业农民培育渠道。鼓励农业园区、农业企业发挥自身优势,建立新型职业农民实习实训基地和创业孵化基地,引导农民合作社建立农民田间学校。[①]

三 公共就业培训提升了我国城乡劳动力的人力资本

现代人力资本理论表明,教育投资是一种有效增值人力资本的

---

① 农业部:《"十三五"全国新型职业农民培育发展规划》,《农业科技培训》2017年2月1日。

投资方式，它有利于提高人力资本存量，提升个人能力和增进社会福利，促进经济协调发展和社会全面进步。通过教育投资来形成人力资本有两种途径：一种是通过正规的学校教育；另一种是通过非正规学校教育，即"边干边学"或在职培训。显然，公共就业培训基本属于后一种途径。

1998年以来我国通过实施多项公共就业培训计划，培训达上亿人次。公共就业培训计划的实施，产生了一系列积极的作用，提升了培训对象的就业技能，扩大了培训对象的就业范围，增强了他们的就业稳定性，也提高了他们的工资收入。以"阳光工程"为例，据2005年50个"阳光工程"跟踪联系县的统计，接受"阳光工程"培训转移就业的农民月均收入为800多元，比在家务农的农民收入高约400元，比未受训农民工高出约200元，"阳光工程"直接纯收益达57.6亿元。[1] 根据2008年的抽样调查，"阳光工程"转移就业学员月收入为983.5元，比2007年月收入高出131.3元，比没有接受培训的农民工高277.5元。[2]

又如，在"跨培工程"中，各地政府均把提高受训农民致富本领置于重要地位，作为该项目实施的重要目标。数据表明，参培农民有80%以上掌握了一门及以上的实用技术，近5%成为当地种、养、加能手和营销大户，近40%成为科技带头人。"跨培工程"有效提升了受训对象资源配置的能力和农业技术，使他们收入增加。广西2002年的抽样调查数据表明，90%的受训农民的家庭收入同比增加909元，比未参加培训的农民家庭收入高出30%以上。[3]

有研究者于2015年对云南、贵州和甘肃三省六个贫困县1368户农民进行调研发现，通过农民培训，被调查农户的家庭总收入提

---

[1] 李力:《阳光工程3年共培训农村劳动力830万人》,《经济日报》2006年11月9日。
[2] 朱江平:《加强农民培训造就新型农民——访农业部科技教育司副司长杨雄年》,《农村工作通讯》2008年第8期。
[3] 师晓京:《"跨培工程"7年培训350万农民》,《农民日报》2006年2月7日。

高了 17.5%，培训对农民收入的影响是极其显著的。①另有研究表明，无论是一般培训还是专门培训，都有助于农民工职业技能和收入水平的提升。如果农民工接受适度的一般培训和专门培训，其收入水平将分别提升 54% 和 21%，远超过一般教育回报率。因此，政府和企业实施一般培训项目和专门培训项目，将有助于农民工收入水平的提升。②

针对农民的各培训项目在培训内容上也注意结合农民职业特点和就业市场的实际需求，围绕农村劳动力就业量大的部分行业如制造、建筑、服务等行业开展短期职业技能培训。同时，各培训项目还注意开展农民的公民权益保护、法律知识、城市日常生活知识等引导性培训，有效地提升了农民的综合素质、法治观念和维权意识，提升了农民在各种非农产业领域的就业竞争力和城市生活的适应能力。

此外，2010 年后"雨露计划"还出台了支持农村贫困家庭新成长劳动力接受职业教育的政策，对建档立卡贫困家庭子女参加中、高等职业教育给予家庭扶贫助学补助。政府的这些专项资助，提高了大批贫困家庭新生代劳动力的就业能力。他们通过接受职业教育，掌握了一技之长，劳动力素质大为提升，从而为他们顺利就业甚至找到更高待遇的工作提供了必要的人力资本，进而实现了"一人就业，全家脱贫"。

第二节　我国公共就业培训绩效评价的现状

我国公共就业培训尽管有了一个比较好的起步，但随着资金规模的增加，一些问题也随之暴露，严重影响到公共就业培训的进一

---

① 聂凤英、熊雪：《新型职业农民培训：扶贫工作的发动机》，新华网，2016 年 10 月 21 日。
② 张世伟、武娜：《培训时间对农民工收入的影响》，《人口学刊》2015 年第 4 期。

步发展。如在一些公共就业培训计划的实施过程中出现了培训机构的认定不规范、对学员身份把关不严的现象；在资金拨付上有的地方没有严格实行报账制，一些主管部门甚至弄虚作假，套取、挪用培训补助资金；有的培训机构只把办班当作挣钱的手段，没有把提高质量摆到应有高度，不顾培训的效果，巧立名目，采用多头申报、虚报冒领等方式套取财政补贴资金。例如，2008 年以来，贵州省查处了 150 余起涉嫌农民工培训造假的案件，涉案公务人员中既有乡镇劳动就业部门的基层办事人员，也有位居省劳动和社会保障厅副厅长职务的官员。贪污少则数万元，多则上百万元，不法培训学校骗取国家补贴金额多的达上千万元。① 涉案人员在为他人取得农民工技能就业培训学校成立资格、农民工技能就业培训定点机构资格、增加培训指标等诸多环节利用职务贪污受贿。② 2015 年因虚报和骗取培训资金 23 万余元的安徽省岳西县技工学校培训处原副主任张金流，被该县法院一审以贪污罪判处有期徒刑五年，并处罚金 2 万元。③ 上述种种问题的出现，究其原因主要是我国公共就业培训的长效机制没有建立，其中，长效机制中的重要组成部分——科学的公共就业培训绩效评价更是属于薄弱环节。

一 我国公共就业培训的绩效评价尚在探索

"公共就业培训的绩效评价"是对公共就业培训工作效果的评价，其中，既包括对各类培训机构公共培训效果的评价，也包括对各级公共就业培训管理部门工作绩效的评价。目前各项公共就业培训计划管理办法或方案中，基本会提到加强绩效评价和督察工作，

---

① 《中国就业资金使用中存在的问题及对策》，中国社保网，2014 年 11 月 5 日。
② 吴红缨：《农民工培训补贴成部分官员敛财之源 08 年来贵州 170 余人涉案》，《21 世纪经济报道》2009 年 4 月 28 日。
③ 吴贻伙：《技校培训部门负责人贪污农民工培训资金被判刑》，正义网，2015 年 5 月 11 日。

但成熟的绩效评价制度还未建立，部分公共就业培训计划在逐步探索建立科学的绩效评价制度。比如国家级星火科技培训计划要求对培训项目进行监管，监管的内容包括项目基础条件的落实情况、项目的具体开展情况（例如培训内容、培训方式、培训人员、教材编写等情况）、目的培训效果情况（包括计划完成率、接受培训人员的成效、培训效率等）。但这些指标的科学性不够，数据和信息也很难获取。再如，《"十三五"全国新型职业农民培育发展规划》规定，各地要把新型职业农民培育纳入农业现代化和粮食安全的"省长责任制"、菜篮子工程的"市长负责制"考核指标体系。要制定新型职业农民培育工程项目绩效考核指标体系，自上而下建立逐级考核的体系，即建立中央对省、省对市县绩效考核评价机制，要运用先进的信息化技术手段进行考核，并且要将培育对象的满意度列为重要的考核指标。强化考评结果应用，当年考评结果和下年度任务资金安排直接挂钩。① 自 2016 年开始，国家将新型职业农民培育列入粮食安全的"省长责任制"范围考核，各相关省区市也采取了相应的管理措施。例如，《2016 年江西省新型职业农民培育工作实施方案》提出，要将新型职业农民队伍建设这项重要工作列为市、县农业现代化考核指标。加强新型职业农民培育工作的规范管理，做到分级管理、分层负责、逐级督察，全面推行新型职业农民培育工作的绩效管理。鼓励各地探索由第三方进行培育效果评价的模式。② 此外，自 2015 年起，"雨露计划"强调要创新工作方式，做到合理设置指标，掌握相关教育信息，对贫困家庭子女接受该职业教育后的效果情况（如就业状况、收入水平等）进行跟踪调查。积极引入第三方监测评估，确保评估数据的客观真实性，为政府管理部门不断完善相关政策措施提供参考，促进该培训工作的业绩提升和健康

---

① 农业部：《"十三五"全国新型职业农民培育发展规划》，《农业科技培训》2017 年 2 月 1 日。
② 江西省农业厅：《2016 年江西省新型职业农民培育工作实施方案》，2016 年 8 月 12 日。

发展。①

在各地绩效评价制度的制定探索中,绩效评价指标体系是讨论最多的,下面介绍两种有代表性的公共就业培训的绩效评价指标体系。

第一,2007年《湖北省农村劳动力转移培训阳光工程绩效考核办法》。为了进一步强化"阳光工程"运行管理,加大资金监管力度,使农村劳动力转移培训"阳光工程"实施工作逐步走向科学、规范和绩效结合的轨道,2007年湖北省制定并实施了农村劳动力转移培训"阳光工程"绩效考核办法。该办法对市(州)阳光办、县(市、区)阳光办和培训基地分别进行考核,具体评估指标见表2-1、表2-2、表2-3。

表2-1 湖北省农村劳动力转移培训阳光工程市(州)阳光办绩效评价考评

对象	评价指标		权重	评分标准	评价方式	评分
市(州)阳光办(20分)	基础建设(8分)	机构设置	1分	①成立了农村劳动力转移培训领导小组,领导小组下设办公室,办公室设在市农业局(0.5分);②制定领导责任制和部门联席会议制度(0.5分)	查阅相关文件、会议记录等	
		工作经费	3分	工作经费不少于5万元,纳入同级财政预算,并逐年有所增加的得满分,相差1万元扣1分,扣完为止	文件、拨款凭证等	
		人员配备	2分	①专兼职人员不少于3人,有固定的微机操作员(1分);②有信息员队伍,在外省建立有企业用工对接信息站(1分)	实地查看	
		办公条件	2分	有办公场所,有档案柜,有专用微机(0.5分);制度健全(含奖惩制度)(0.5分)	实地查看	

---

① 国务院扶贫办:《雨露计划职业教育工作指南》,2015年3月2日。

续表

对象	评价指标	权重	评分标准	评价方式	评分
市（州）阳光办（20分）	项目进展（12分）				
	工作部署	1分	舆论氛围浓厚，会议精神传达及时，培训任务分配合理，制定了实施方案（1分）	查阅资料	
	检查督办	1分	经常性地开展检查督办，每季度不少于1次，县（市、区）工作进展平衡（1分）	查阅资料	
	项目监管	2分	开展绩效评价，项目监管得力，辖区内项目运行规范，无举报案件（2分）	查记录	
	信息报送	2分	建立劳动力资源信息库和企业用工信息库，其他信息上报及时（2分）	查阅资料	
	培训任务	4分	按时完成本年度培训任务（4分）	查阅资料	
	工作绩效	2分	示范带动效果明显，对县域经济发展作用大，农民增收明显，其中工资性增收达200元以上；辖区内企业"招工难"在一定程度上有所缓解（2分）	查台账、报表等	

表2-2 湖北省农村劳动力转移培训阳光工程县（市、区）阳光办绩效评价考评

对象	评价指标	权重	评分标准	评价方式	评分
县（市、区）阳光办（30分）	基础建设（8分）				
	机构设置	2分	①有县党政领导任组长、相关部门负责人为成员的农村劳动力转移培训领导小组，领导小组下设办公室，办公室设在农业局（1分）；②制定领导责任制和部门联席会议制度（1分）	查阅相关文件、会议记录等	
	工作经费	3分	工作经费不少于5万元，纳入同级财政预算并逐年有所增加的得满分，相差1万元扣1分，扣完为止	文件、拨款凭证等	
	人员配备	1分	专兼职人员不少于3人，有固定的微机操作员、信息员（1分）	实地查看	
	内部条件	2分	有办公场所，有专用微机（1分）；制度健全（含奖惩制度）（1分）	实地查看	

续表

对象	评价指标		权重	评分标准	评价方式	评分
县（市、区）阳光办（30分）	宣传工作（4分）	政策宣传	2分	①有牌子和政策宣传栏（1分）；②通过报纸、广播、电视等媒体宣传阳光工程政策，宣传工作开展得有声有色（1分）	查阅资料	
		工作宣传	2分	①有地方工作动态或工作简报等（1分）；②积极开展"阳光行动"活动（1分）	查阅资料	
	项目监管（18分）	基地认定	2分	①基地认定符合基地认定原则、条件和程序，招标公告、申请、评审结果、认定书、合同书等资料齐全（1分）；②对基地实行了动态管理（1分）	查阅资料	
		第一节课	2分	①任务总数90%以上的学员参加了第一节课（0.5分）；②内容达到要求，有讲义（0.5分）；③学员身份、代金券发放符合要求（1分）	查阅资料	
		项目运行	6分	①纳入政府为民办实事的重要议事日程，制定了项目实施方案（1分）；②严格执行"五有"、"五公开"和"五种制度"，检查督办及时，监管登记表填写完整、真实（1分）；③按时完成本年度培训任务（4分）	查阅资料、台账等	
		资金管理	3分	①验收合格后，及时办理培训补助资金拨付手续（1分）；②无挪用、截留等违规现象（1分）；③资金使用效益高，会计资料齐全、合法（1分）	查阅台账、会计资料等	
		档案管理	2分	①建立劳动力资源信息库和企业用工信息库（1分）；②内容齐全，类别清晰；有专用档案柜，保管安全（1分）	查阅档案	
		转移效益	3分	①加大"就近培训、就地转移"力度，每年召开2次以上校企对接会（1分）；②农民增收明显，其中工资性增收达200元以上（1分）；③示范性带动效果好，"用工难"在一定程度上有所缓解（1分）	查阅资料，走访企业	

表 2-3　湖北省农村劳动力转移培训阳光工程培训基地绩效评价考评

对象	评价指标		权重	评分标准	评价方式	评分
培训基地（50分）	基础建设（6分）	教学条件	3分	①有必要的教学场所、设施、设备（1分）；②有实训基地（1分）；③师资力量雄厚，具备"双师"资格，有聘书（1分）	查阅资料，查看现场	
		基地资格	1分	①具有独立法人资格和职业教育或技能培训资质（0.5分）；②经过基地认定，认定资料齐全（0.5分）	查阅资料	
		制度建设	1分	①有教学管理制度（0.5分）；②有各种阳光工程管理制度（0.5分）	查阅资料，查看现场	
		就业渠道	1分	有相对稳定的转移就业渠道，有较大规模的企业作为劳务输出地（1分）	查就业协议	
	项目运行（15分）	收费许可	1分	培训岗位必要要有物价部门核准的收费许可证和收费标准（1分）	查阅资料	
		培训任务	4分	按时足额完成本年度培训任务（以阳光网登录的台账为准）（4分）	登录阳光网查台账	
		台账管理	2分	①符合"一账五据""一式三本"的标准，即台账内容真实、齐全，身份证清晰，代金券填写规范等（1分）；②装订成册，外表美观（1分）	查台账	
		资金使用	7分	①代金券填写规范、真实、齐全（2分）；②培训基地有专账，收入支出合理，票据合法、有效（2分）；③资金直补农民，无虚报冒领等违规现象，无查实的举报案件（3分）	查阅台账、会计资料等	
		档案管理	1分	①内容齐全，类别清晰（0.5分）；②有专用档案柜，保管安全（0.5分）	查阅档案	
	转移就业（4分）	转移就业率	2分	①有招生广告、企业用（招）工信息等（1分）；②与学员签订了就业协议书，培训转移就业率达到80%以上（1分）	查阅资料	
		就业稳定性	2分	①有就业回执单（1分）；②跟踪就业安置服务3次以上，学员就业稳定（1分）	查阅资料，走访学员	

续表

对象	评价指标		权重	评分标准	评价方式	评分
培训基地（50分）	培训质量（20分）	培训时间	5分	①制定了项目实施方案（1分）；②严格按照2007年1号公告的培训时间执行（1分）；③有教学大纲、培训计划、课程表等（1分）；④有学员出勤登记表（1分）；⑤教师有教案和授课记录（1分）	查阅资料	
		培训内容	4分	①符合企业用工需求（1分）；②能够服务地方特色产业和新农村建设（1分）；③培训内容针对性强，按照市场需求和用人单位具体要求开展培训（1分）；④有实践、实训课的内容及课时记载（1分）	查阅资料	
		培训模式	2分	符合9大主要培训模式，积极探索新的培训模式（2分）	查阅资料	
		引导性培训	3分	①内容全面，涉及阳光工程政策宣传、城市生活常识、基本权益保护、安全生产知识、艾滋病防治等方面内容（1分）；②培训时间不少于8课时（1分）；③《农民务工培训读本》发放率为100%（1分）	查阅资料，走访学员	
		专业设置	2分	①专业设置合理，结合本地特色产业（1分）；②符合《通告》中的专业设置（1分）	查阅资料	
		教材建设	2分	①有《农民进城务工读本》（0.5分）；②有技能培训教材（讲义）（0.5分）；③教材（讲义）内容与岗位要求相适应，符合技能培训的实际需要，有利于当地产业发展（0.5分）；④教材（讲义）通俗易懂，图文并茂（0.5分）	查阅资料	
		学员合格率	2分	结业证发放率、学员结业率达到100%（2分）	查阅资料，走访学员	

续表

对象	评价指标		权重	评分标准	评价方式	评分
培训基地（50分）	信息报送（5分）	基地信息	2分	①有信息员队伍（1分）；②培训基地信息全部登录阳光网（1分）	查阅资料	
		报送信息	3分	①月报、台账登录及时、准确（1分）；②工作总结、工作动态、信息报送及时（信息年不少于10篇）（1分）；③上传企业用工信息和学员求职信息（1分）	查阅网上资料	

第二，安徽省《2016年度新型农民培训民生工程项目绩效管理实施方案》。2016年，为规范新型农民培训民生工程实施和管理，提高项目资金使用效益，安徽省农委、省财政厅联合制定了《2016年度新型农民培训民生工程项目绩效管理实施方案》。该评估方案的各项指标力求量化，难以量化的定性指标也明确制定相应的评估标准。[①] 该评估方案共设置4个一级指标、11个二级指标，见表2-4。

表2-4 安徽省2016年度新型农民培训民生工程项目绩效管理指标体系

一级指标	二级指标	分值	评价内容及评分标准
项目组织（15分）	领导重视	4分	①市农委、县政府均成立新型职业农民培育工作领导小组，并定期或不定期召开领导小组会议研究部署工作各得1分，计2分 ②市、县分别有市、县级以上领导专门批示或指导项目工作各得1分，计2分
	方案制定	4分	①市、县均由农业和财政部门联合制定年度实施方案（办法），方案贯彻落实省实施办法精神、内容全面、重点突出、措施有力，并按时报送省农委备案各得1分，计2分 ②县制定分专业培训方案且方案内容全面得2分，少一个专业培训方案或有一个专业培训方案内容不全面扣1分，扣完为止

---

① 安徽省农委、省财政厅：《2016年度新型农民培训民生工程项目绩效管理实施方案》，http://msgc.ahsx.gov.cn/DocHtml/366/16/09/00075058.html，2016年9月21日。

续表

一级指标	二级指标	分值	评价内容及评分标准
项目组织（15分）	信息宣传	7分	①市及时准确报送月度报告得1分，少1次扣0.5分，扣完为止 ②市、县及时将培育对象、培训机构、培训教师、实训基地、培训教材、教育培训、认定信息、项目管理等培育信息录入新型职业农民培育信息管理系统各得2分，计4分 ③市在省级以上媒体宣传报道2篇（次）及以上得1分，每少1篇（次）扣0.5分；县在市级以上媒体宣传报道2篇（次）及以上得1分，每少1篇（次）扣0.5分
项目实施（38分）	对象遴选和机构认定	9分	①制定遴选对象标准、按程序遴选对象、培育对象符合规定条件各得2分，计6分 ②培训机构符合规定遴选条件且按时报送省农委备案，县农委与培训机构签订培训合同各得1分，计2分 ③按专业建立实训基地得1分，有一个专业未建立实训基地扣0.5分，扣完为止
	教育培训	13分	①市、县均建立新型职业农民培训师资库（讲师团）各得1分，计2分 ②每班培训教学管理方案规范且整体一次设计、分段实施，培训内容和课程设置规范，培训班人数符合要求各得1分，计3分 ③每班聘请1名及以上省级专家授课得1分，有1个班未达要求扣0.5分，扣完为止 ④每班培训教材遴选发放符合皖农办科函〔2016〕50号要求得1分，少1册扣0.5分，扣完为止 ⑤每班建立五项制度得1分，少一项扣0.2分 ⑥每班规范颁发培训证书得1分，对培训合格者有1人未发培训证书扣0.5分，扣完为止 ⑦每班遴选对象登记表、培训台账、培训考勤、满意度调查、教材发放、培训考核与证书颁发、授课教师情况、农技人员跟踪联系服务学员情况及培训过程影像等档案资料健全得3分，少一项或一项不完善扣0.5分，扣完为止 ⑧县建立认定后经常性培训制度得1分

续表

一级指标	二级指标	分值	评价内容及评分标准
项目实施 (38分)	认定管理	6分	①县政府出台新型职业农民认定文件得3分 ②新型职业农民证书由县政府颁发并加盖印章得3分
	政策扶持	10分	①县制定扶持政策、公布扶持政策清单达到80%的得3分，达到60%的得2分，达到40%的得1分 ②建立农技人员联系学员指导服务制度得3分 ③与金融机构联合开展扶持，并给予新型职业农民金融扶持得4分
项目监管 (15分)	检查验收	7分	①市、县均建立学员培训质量随机抽查机制和培训现场暗访机制各得1分，计2分 ②县制定验收办法且规范进行验收得3分，有一个培训班（期）未验收或验收不规范扣1分，扣完为止 ③市、县认真开展绩效评价，并按时上报绩效评价材料各得1分，计2分
	资金管理	8分	①按照省财政厅财农〔2016〕609号要求提出项目资金管理细则（办法），规范资金拨付和管理使用各得2分，计4分 ②项目审计报告规范，审计结论明确各得2分，计4分
实施效果 (32分)	任务完成	19分	①完成培训任务得7分 ②市完成推荐农机服务人员到芜湖培训的任务数得1分 ③100%学员参训时间达到要求得3分，有1人达不到要求扣0.3分，扣完为止。培训机构办班时间未达到要求直接扣3分 ④培训合格率达到90%及以上得4分，每少一个百分点扣1分，扣完为止 ⑤对生产经营型职业农民认定并颁发证书率达到60%及以上得4分，每少一个百分点扣1分，扣完为止
	培训效果	13分	①100%学员说出2项及以上培训内容得4分，有1人说不出扣0.3分，扣完为止 ②100%学员满意得4分，有1人不满意扣0.3分，扣完为止 ③100%学员知道培训是民生工程得2分，有1人不知道扣0.3分，扣完为止 ④100%学员参加培育后有收获得3分，有1人没有收获扣0.3分，扣完为止

纵观两地的绩效评价指标，它们首先在评价内容上有差异。湖北省根据市县在"阳光工程"中的责任分工不同，设立了有差异的评价指标。针对市（州）阳光办，主要考核阳光办的基础建设情况，培训任务完成情况，阳光工程工作贯彻执行、相互协调以及工作进展情况等。针对县（市、区）阳光办，主要考核阳光办的基础建设、培训任务完成、质量监管等情况。针对培训基地，主要考核培训基地基础建设、培训任务、资金运行、转移就业情况等。与湖北省不同，安徽省重点评估项目的组织实施、资金管用、任务完成、实施效果等。其次，在评价方法上也有差异。湖北省用的是加分的方法，而安徽省用的是扣分的方法。两种方法各具特点，前者倾向于激励，后者倾向于惩罚。此外，评价指标的权重也有差异。

二　我国公共就业培训的绩效评价存在的主要问题

（一）公共就业培训的绩效评价未得到足够重视

我国公共就业培训实施了二十多年，涉及的项目有几十个，管理的部门也很多，资金规模也非常巨大，但公共就业培训的绩效评价没有得到应有的重视，公共就业培训的效果如何，培训效果受哪些因素的影响，缺乏一个科学、权威的评价体系。同时，虽然在大多公共就业培训项目方案中提到了要加强绩效评价，但缺乏具体实施细则，大多还停留在文件上，即使是在某一年进行绩效评价，也是偶然事件，总体上还是倾向于通过临时性检查来完成绩效评价，缺乏常态化，评价的程序、标准、手段都不规范，处于随意性和无序化的局面。有的项目即使进行了绩效评价试点，也是与其他项目放在一起，评价不全面，评价指标的效度也不高，比如财政部、人力资源社会保障部为了进一步提高就业专项资金的安全性、规范性和有效性，从 2012 年开始开展的就业专项资金绩效评价试点工作就是如此。

(二) 公共就业培训绩效评价的主体和手段单一

如前文所述，目前有些公共就业培训在探索绩效评价，但绝大部分是采用自评或行政主管部门进行评价，采用具有独立性的第三方评价的少之又少，这样很难保证绩效评价结果的客观公正。

此外，公共就业培训分布广、类别多，评价手段的技术难度比较大，虽然各公共就业培训项目也在逐步利用技术手段进行管理，但尚未建立起全方位的、可以进行实时监测的信息管理系统。比如2007年建立了"阳光工程"网上监管系统，2008年进行了进一步的完善。该系统是为了满足国家、省、市、县四级用户录入劳动力转移培训"阳光工程"相关管理信息，便于各级政府对劳动力转移培训"阳光工程"的成效进行统计、分析、监管而开发的。人力资源社会保障部等部委要求完善培训信息管理系统的建设，在农村劳动者转移就业技能培训工作中，应逐步建立统一的省级信息管理系统，对定点培训机构实行有效的动态管理，并且对培训对象实行实名制管理。但目前我国公共就业培训绩效评价的手段大多还是传统的手段，建立台账、现场考察成为获取信息的主要方式，而通过这些方式获取的信息的真实性值得深究。为此，《"十三五"全国新型职业农民培育发展规划》强调，要完善新型职业农民信息管理系统，建立健全新型职业农民培育信息档案和数据库，及时录入与此相关的各种基本信息和重要数据。同时，要随着年度情况变化及时补充和更新相关数据信息。要提高新型职业农民培育的信息化管理服务水平，加强各种相关信息的数据采集、申报审核、过程监控、在线考核等工作的科学性和规范性。①

---

① 农业部：《"十三五"全国新型职业农民培育发展规划》，《农业科技培训》2017年2月1日。

（三）公共就业培训的绩效评价方法和指标设置的科学性有待提高

公共就业培训属于政府公共服务范畴，是政府公共就业服务的重要组成部分。因此，政府公共服务的各种绩效评价方法，如逻辑分析法、"3E"评估模式、平衡计分卡等都可以应用到公共就业培训绩效评价中去。此外，公共就业培训是一种培训，一般培训效果的评估办法，比如柯克帕特里克评估模型、CIPP评估模型也可以应用到公共就业培训的绩效评价中去。虽然上述方法有的在公共就业服务或公共就业培训研究中被采用，但从实践来看，目前极少有尝试进行绩效评价的公共就业培训项目，其绩效评价方法随意性也很大，科学性亟待增强。

在指标的设置上也存在一些普遍性问题。首先，绩效评价指标的效度不够，缺乏针对性。一是过于关注培训过程，而培训过程的监控难度大、成本高；二是有些评估指标设置不合理，如将培训机构本应具备的正常教学条件和教学设施列为评价指标；三是自设目标，这些自设的目标很难与公共就业培训的最终目标相一致。例如，新型职业农民培育项目采用认定管理，由县级（含）以上人民政府制定认定管理办法，以职业素养、教育培训情况、知识技能水平、生产经营规模和生产经营效益等为参考要素，根据不同产业、不同地域、不同生产力水平等因素，分产业确定认定条件和标准，按照初、中、高三个级别，由县级人民政府开展认定，颁发新型职业农民证书。[1] 其次，评价指标的可测性不够。比如，有的地方农村劳动力转移培训项目设计如下评价指标。转移效益指标：农民增收明显，其中工资性增收达200元以上。培训内容指标：符合企业用工需求，

---

[1] 农业部：《关于新型职业农民培育试点工作的指导意见》，http://www.chinalawedu.com/new/201306/wangying2013060611211185034546.shtml，2013年5月24日。

能够服务地方特色产业和新农村建设。最后，指标没有兼顾激励性和约束性。

面对上述问题，本书将尝试采用多种科学的方法对公共就业培训项目的绩效进行评价，分析影响绩效的主要因素，以把握我国公共就业培训项目的绩效状况，同时对不同运行模式的公共就业培训绩效进行研究，探究不同公共就业培训模式的绩效差异，为优化公共就业培训模式、提高公共就业培训项目的绩效提供依据。

第三章　江西省公共就业培训的总体绩效及影响因素研究

目前，江西省并没有形成一套完整的公共就业培训绩效评价体系，各种培训项目主要是通过学员的到课率和合格率来判断公共就业培训的绩效。这样的评价方法关注了培训过程，但是没有充分考虑培训的结果以及其他的相关因素，本章通过访谈和问卷调查，对江西省公共就业培训的总体绩效进行研究，并分析公共就业培训绩效的影响因素。

第一节　江西省公共就业培训的总体绩效评价

一　公共就业培训总体绩效的评价指标设计

本章主要从公共就业培训的总体绩效出发，考察现行的公共就业培训是否达到预期要求。政府实施公共就业培训的目的是提高劳动力职业技能水平，使更多的劳动力顺利就业，做到"培训一人，就业一人"。公共就业培训的最终目标是提升劳动者的就业率、提高劳动者的就业稳定性。

就业问题一直是我国社会经济发展面临的大问题，特别是对于江西省这样一个农业大省，农村人口多，技能水平低下，稳定就业成了江西省社会经济发展的重中之重。故在设置公共就业培训的总体绩效评价指标时，主要针对培训的效果进行设置，也就是针对培训产出进行设置。职业技能证书的获取反映了受训者接受培训后的技能提升状况，同时考虑到数据获取的可行性，本章在进行公共就业培训的总体绩效评价时，选取职业技能证书的获取作为总体绩效指标。除了关注培训结果外，本章还考虑到公共就业培训最终的目的是提升受训者的人力资本，促进就业，增加收入，因此选取了就业的时间间隔以及收入的增加两个指标。江西省公共就业培训总体绩效的指标设计如表3-1所示。

表3-1 江西省公共就业培训总体绩效指标

目标层	潜变量	可测变量
产出指标	受训人员就业能力	职业技能证书的获取
		就业时间间隔
		培训后年收入增加

二 数据采集

2014年到2016年课题组主要通过走访江西省10个市、县进行问卷数据采集，这10个市、县主要包括南昌市、南昌县、新建县[①]、进贤县、吉安市、新干县、宜春市、铜鼓县、九江市、永修县等地区，主要针对各市、县18~45周岁的公共就业受训人员进行问卷调查。本次调查一共发放问卷500份，最终收回有效问卷453份，有效率达到了90.6%。

在设计问卷前，通过大量文献阅读，借鉴国内外的一些研究成果，并结合江西省培训特点，同时考虑到数据的可获得性，设计出相应的调查问卷，通过实施小范围试问卷，对信息进行进一步整合，形成最终问卷。最终问卷共分为两个部分，A部分是受训人员基本信息调查，B部分是其职业培训效果调查。在拟定问卷后，我们对访问员进行一定的专业培训，就调查的目标及内容等细节与访问员进行了充分沟通，以确保问卷调查及其结果的可靠性，见附录1。

---

① 2015年改为新建区。

三 调研结果分析

根据上述指标，对调查问卷进行数据分析。

(1) 职业技能证书的获取。本次有效问卷总计453份，在收回的个人问卷中，获得职业技能证书的人数为296人，职业技能证书的获取率约为65%。这些获取的职业技能证书，包括拖拉机证、焊工证、电工证等。

(2) 就业时间间隔。本次问卷针对就业时间间隔的调查分为6个阶段：①培训后立刻就业；②1个月以内；③1~3个月；④3~6个月；⑤6~12个月；⑥12个月以上。从统计结果可知，有65.3%的受训者在接受培训后3个月内就业（见表3-2）。

表3-2 江西省公共就业培训受训人员就业时间间隔

单位：%

指标	立刻	1个月内	1~3个月	3~6个月	6~12个月	12个月以上
人数所占比例	13.7	17.7	33.9	20.2	9.1	5.4

资料来源：问卷调查。

(3) 培训后年收入增加。在453份有效问卷中，培训后年收入增加的人员比例为37%，收入增加幅度为10%~30%，其中收入增加10%的人数比例最多，占到了收入增加人数的70%。

从总体来看，江西省公共就业培训还是有一定效果的，但其效果主要受哪些因素影响呢？值得进一步研究。

第二节 江西省公共就业培训总体绩效的影响因素分析

一 总体绩效影响因素指标设置

本章根据公共就业培训项目的特点，选择逻辑分析法（Logic

Analysis Method）来进行研究。逻辑分析法是绩效分析的一个重要方法。它通过逻辑推理，来寻求事物之间的内在联系，找出公共投入资金与产出效果之间的内在联系。[①] 本章把投入－产出作为分析的逻辑，从两个方面进行其影响因素的研究。在投入方面，主要设计了受训者自身状况、培训期望等因素。受训者的自身状况，又细分为年龄、受教育程度、受教育年限、工作年限等因素，考虑到数据的可获性原则，受教育程度与受教育年限在一定程度上可以相互替代，最终选取了受教育年限作为变量；培训期望，着重考量学员对场地、课程安排、教师等因素的期望。在产出方面，主要考虑受训人员就业能力和受训人员满意度。受训人员就业能力，选取职业技能证书的获取、就业时间间隔以及培训后年收入增加三个指标；受训人员满意度则包括对课程、师资以及培训场地的满意度。

根据上述影响因素的分析，整合江西省公共就业培训总体绩效指标，设置了江西省公共就业培训总体绩效的影响因素指标，见表 3-3。

表 3-3　江西省公共就业培训总体绩效的影响因素指标

目标层	潜变量	可测变量
投入指标	受训者自身状况	年龄（A_1）
		受教育年限（A_2）
		工作年限（A_3）
	培训期望	对培训场地的期望（A_4）
		对课程安排的期望（A_5）
		对教师的期望（A_6）

---

① 马国贤：《政府绩效管理》，复旦大学出版社，2005，第 356 页。

续表

目标层	潜变量	可测变量
产出指标	受训人员就业能力	职业技能证书的获取（A_7）
		就业时间间隔（A_8）
		培训后年收入增加（A_9）
	受训人员满意度	对课程满意度（A_{10}）
		对师资满意度（A_{11}）
		对培训场地满意度（A_{12}）

二 影响因素数据分析

（1）受训者自身状况。根据453份有效问卷，受训者年龄多集中在25~35岁，占72.3%，18~25岁的占17.8%，35~45岁的占9.9%；由于江西省农村劳动力人口居多，教育水平较低，在这些受训人员中，32.5%为初中水平，46.1%为高中水平（中专），大专及以上水平的占21.4%；受训者的平均就业年限为10年。

（2）培训期望。对于公共就业培训，受训人员的期望值很高，大多希望能有好的培训场地、教师以及实训设备，但也有17%的受训人员对于政府提供的免费培训期望不大，认为政府是为了完成上级任务而进行的培训，不能从中学到技能知识。

（3）满意度。依据问卷信息，得出受训者满意度结果，见表3-4。

表3-4 江西省公共就业培训受训者满意度情况

单位：%

满意度	非常满意	满意	一般	不满意
对场地的满意度	19.8	41.8	28.1	10.3
对师资的满意度	28.4	57.6	11.3	2.7
对课程的满意度	12.5	58.4	17.8	11.3

资料来源：问卷调查。

从表 3-4 的数据可以看出，受训者对于公共就业培训的满意度均达到了 60% 以上，其中，对师资的满意度则达到了 86%，说明广大受训人员对于培训教师的配置普遍满意，课程安排的满意度也达到了 70.9%，但是对于场地的满意度相对较低，只达到 61.6%，刚刚通过合格线。

三　江西公共就业培训总体绩效影响因素的实证研究

本章把受训人员的就业能力作为因变量，把受训者自身状况、对培训的期望、培训满意度等作为自变量，分析自变量对受训人员的就业能力的影响，有显著影响的自变量则是公共就业培训绩效的主要影响因素。

（一）假设分析

根据上述分析，受训人员就业能力，即职业技能证书的获取（A_7）、就业时间间隔（A_8）以及培训后年收入增加（A_9），是江西省公共就业培训总体绩效评价的主要指标。在进行回归分析时作为因变量，据此假设受训者自身状况——年龄（A_1）、受教育年限（A_2）以及工作年限（A_3）与职业技能证书的获取（A_7）、培训后年收入增加（A_9）呈正相关关系，与就业时间间隔（A_8）呈负相关关系，即受训者自身状况越好，就业时间间隔越短。假设受训者在培训之前对于培训的期望——对于培训场地的期望（A_4）、对于课程安排的期望（A_5）以及对于培训教师的期望（A_6）均与受训人员的就业能力具有正相关的关系。同样，假设受训者满意度——对课程（A_{10}）、师资（A_{11}）、场地（A_{12}）的满意度与职业技能证书的获取（A_7）以及培训后年收入增加（A_9）呈正相关关系，与就业时间间隔（A_8）呈负相关关系，即满意度越高，就业时间越短。

（二）信度检验

所谓问卷的信度即问卷的可靠性，指的是采用同一方法对同一对象重复测量时所得结果的一致性程度。或者说，问卷信度就是问卷调查数据反映实际情况的程度。对数据进行信度检验，是为了明确问卷调研数据的可靠性以及了解问卷数据的质量是否能够进行下一步的数据分析。测验信度是通过信度系数的大小来表示的。如果信度系数低于0.6，就表明数据不达标；如果信度系数为0.6~0.7，则表明数据达到了基本要求，可对此进行分析；如果信度系数高于0.7，则表明数据较好，充分反映了实际情况，具有较高的可靠性。

本章应用SPSS 18.0对数据进行分析。表3-5是使用SPSS 18.0得到的数据总体信度系数。

表3-5 总体信度系数

Cronbach's 系数	N
0.787	12

由表3-5可知，通过问卷收集的数据总体信度系数为0.787，大于0.7，数据信度检验结果较好，在可接受范围之内，其结果具有可靠性。在对数据整体做了信度检验后，进一步研究每项数据的可靠性，表3-6是对单个指标项进行的信度检验，均能达到数据的基本要求，信度越大，说明数据越有效。

表3-6 单个指标信度系数

变量	项目删除后合计的均值	项目删除后合计的方差	项目得分与项目删除后合计分的相关系数
A_1	23.8477	14.696	0.286
A_2	22.3907	15.734	0.259
A_3	23.0000	14.912	0.166
A_4	24.6755	16.525	0.231
A_5	24.7748	13.336	0.516
A_6	24.5166	12.204	0.856

续表

变量	项目删除后合计的均值	项目删除后合计的方差	项目得分与项目删除后合计分的相关系数
A_7	24.6424	13.006	0.785
A_8	24.7285	13.478	0.612
A_9	24.5629	13.261	0.791
A_{10}	24.6755	13.075	0.682
A_{11}	25.3576	15.262	0.455
A_{12}	25.2384	14.723	0.462

根据上述信度检验可以得知，本章所做的调研问卷达到了数据分析的基本要求，可以对数据进行进一步分析，故可以进行回归分析。

（三）模型分析

简单分析每一个变量的描述性统计量，是对每一个数据进行数据的标准化分析，消除数据因其自身度量因数对后续构建模型及数据分析的影响，但仅仅只做描述性分析，无法判定一个自变量是否对总体描述或预测有效。因此，在数据分析过程中就需要从全部数据的自变量中进行筛选，构建相应回归模型，观察自变量和因变量之间的相关性。

本章采取对调研数据进行线性回归分析，同时采用逐步（向后）寻找变量法，逐步剔除显著性相对较低的变量，达到最终的相关关系。

1. 职业技能证书的获取（A_7）

将受训人员的职业技能证书的获取（A_7）作为函数的因变量，将其他除了就业时间间隔（A_8）和培训后年收入增加（A_9）外的指标作为自变量，运用 SPSS 18.0 进行线性回归，采用向后寻找变量法，逐步剔除显著性相对较低的变量，选择模型总体数据如下（见

表 3-7、表 3-8)。

表 3-7　模型汇总^d

模型	R	R^2	调整的 R^2	估计值的标准误差
1	0.787^a	0.619	0.611	0.36801
2	0.787^b	0.619	0.612	0.36764
3	0.786^c	0.619	0.613	0.36729

注：a. 预测变量：（常量），A_{12}, A_2, A_4, A_5, A_{10}, A_3, A_{11}, A_1, A_6；
　　b. 预测变量：（常量），A_{12}, A_2, A_5, A_{10}, A_3, A_{11}, A_1, A_6；
　　c. 预测变量：（常量），A_{12}, A_2, A_{10}, A_3, A_{11}, A_1, A_6；
　　d. 因变量：A_7。

表 3-8　方差分析^d

模型		平方和	df	均方	F	Sig.
1	回归	97.395	9	10.822	79.907	0.000^a
	残差	59.995	443	0.135		
	总和	157.391	452			
2	回归	97.380	8	12.172	90.060	0.000^b
	残差	60.011	444	0.135		
	总和	157.391	452			
3	回归	97.358	7	13.908	103.098	0.000^c
	残差	60.032	445	0.135		
	总和	157.391	452			

注：a. 预测变量：（常量），A_{12}, A_2, A_4, A_5, A_{10}, A_3, A_{11}, A_1, A_6；
　　b. 预测变量：（常量），A_{12}, A_2, A_5, A_{10}, A_3, A_{11}, A_1, A_6；
　　c. 预测变量：（常量），A_{12}, A_2, A_{10}, A_3, A_{11}, A_1, A_6；
　　d. 因变量：A_7。

通过逐步（向后）寻找变量法，分三步对数据进行了分析，得到判定系数数据和方差分析数据，如表 3-7 和表 3-8 所示。由表 3-7 和表 3-8 可以看出，三次的判定系数 R^2 均为 0.619，第三次的调整判定系数（Adjusted R^2）为 0.613，估计值的标准误差为 0.3673，调整判定系数（Adjusted R^2）大于 0.4，由此可知数据的拟合优度较为理想，符合数据的分析要求；方差分析数据反映了回归方程的整体有效程度，其 F 统计量的相伴概率值为 0.000，小于显著水平 0.05，说明进行回归分析的数据在 95% 的显著性水平下都是高度显著有效的。

通过逐步（向后）寻找变量法得出，第三次的分析为最终数据，通过分析数据可以看出，受训者自身状况中的年龄（A_1）、受教育年限（A_2）以及工作年限（A_3），培训期望中的对教师的期望（A_6），受训人员满意度中的对课程满意度（A_{10}）、对师资满意度（A_{11}）以及对培训场地满意度（A_{12}）是职业技能证书的获取（A_7）的显著相关因素（见表 3-9）。

表 3-9 回归分析结果[a]

模型		非标准化系数		标准化系数	T	Sig.
		B	标准误差	Beta		
3	（常量）	-0.316	0.142		-2.226	0.027
	A_1	-0.047	0.025	-0.078	-1.927	0.055
	A_2	0.065	0.020	0.111	3.191	0.002
	A_3	0.083	0.016	0.203	5.242	0.000
	A_6	0.130	0.030	0.168	4.306	0.000
	A_{10}	0.508	0.034	0.538	14.745	0.000
	A_{11}	0.375	0.054	0.266	6.952	0.000
	A_{12}	0.089	0.045	0.072	1.965	0.050

注：a. 因变量：A_7。

由表 3-9 可以看出，对教师的期望（A_6）、对课程满意度（A_{10}）及对师资满意度（A_{11}）是对职业技能证书的获取（A_7）影响最为显著的三个因素，参数分别为 0.130、0.508、0.375。从表 3-9 中还可以看出，年龄（A_1）的参数为 -0.047，为负数，即年龄越大，学习能力越低，职业技能证书的获取率越低。

2. 就业时间间隔（A_8）

将受训人员的就业时间间隔（A_8）作为函数的因变量，将其他除职业技能证书的获取（A_7）以及培训后年收入增加（A_9）外的指标作为自变量，运用 SPSS 18.0 进行线性回归，对就业时间间隔（A_8）的逐步回归共做了 6 次，其模型总体数据如表 3-10、表 3-11 所示。

表 3-10 模型汇总[g]

模型	R	R^2	调整的 R^2	估计值的标准误差
1	0.753[a]	0.567	0.558	0.42226
2	0.752[b]	0.566	0.558	0.42211
3	0.752[c]	0.565	0.558	0.42214
4	0.751[d]	0.563	0.558	0.42255
5	0.749[e]	0.561	0.556	0.42306
6	0.749[f]	0.560	0.556	0.42309

注：a. 预测变量：（常量），A_{12}，A_2，A_4，A_5，A_{10}，A_3，A_{11}，A_1，A_6；
　　b. 预测变量：（常量），A_{12}，A_4，A_5，A_{10}，A_3，A_{11}，A_1，A_6；
　　c. 预测变量：（常量），A_{12}，A_4，A_5，A_{10}，A_{11}，A_1，A_6；
　　d. 预测变量：（常量），A_{12}，A_5，A_{10}，A_{11}，A_1，A_6；
　　e. 预测变量：（常量），A_{12}，A_5，A_{10}，A_{11}，A_1；
　　f. 预测变量：（常量），A_{12}，A_{10}，A_{11}，A_1；
　　g. 因变量：A_8。

表 3-11 方差分析[g]

模型		平方和	df	均方	F	Sig.
1	回归	103.397	9	11.489	64.433	0.000[a]
	残差	78.988	443	0.178		
	总和	182.384	452			

续表

模型		平方和	df	均方	F	Sig.
2	回归	103.275	8	12.909	72.454	0.000[b]
	残差	79.109	444	0.178		
	总和	182.384	452			
3	回归	103.083	7	14.726	82.637	0.000[c]
	残差	79.301	445	0.178		
	总和	182.384	452			
4	回归	102.753	6	17.125	95.916	0.000[d]
	残差	79.631	446	0.179		
	总和	182.384	452			
5	回归	102.380	5	20.476	114.403	0.000[e]
	残差	80.004	447	0.179		
	总和	182.384	452			
6	回归	102.188	4	25.547	142.714	0.000[f]
	残差	80.196	448	0.179		
	总和	182.384	452			

注：a. 预测变量：（常量），A_{12}，A_2，A_4，A_5，A_{10}，A_3，A_{11}，A_1，A_6；
　　b. 预测变量：（常量），A_{12}，A_4，A_5，A_{10}，A_3，A_{11}，A_1，A_6；
　　c. 预测变量：（常量），A_{12}，A_4，A_5，A_{10}，A_{11}，A_1，A_6；
　　d. 预测变量：（常量），A_{12}，A_5，A_{10}，A_{11}，A_1，A_6；
　　e. 预测变量：（常量），A_{12}，A_5，A_{10}，A_{11}，A_1；
　　f. 预测变量：（常量），A_{12}，A_{10}，A_{11}，A_1；
　　g. 因变量：A_8。

通过逐步（向后）寻找变量法，对数据进行了分析，由表 3-10、表 3-11 可以看出，判定系数 R^2 均在 0.56 左右，最后一次分析得到的判定系数 R^2 为 0.560，最后一次的调整判定系数（Adjusted R^2）为 0.556，拟合优度较为理想，估计值的标准误差均在 0.42 左右；方差分析数据反映了回归方程的整体有效程度，其 F 统计量的相伴概率值为 0.000，小于显著水平 0.05，说明回归分析数据在

95%的显著水平下都是高度显著有效的。

通过逐步（向后）寻找变量法得出，第六次的分析为最终数据，通过分析数据可以看出，受训者自身状况中的年龄（A_1），受训人员满意度中的对课程满意度（A_{10}）、对师资满意度（A_{11}）、对培训场地满意度（A_{12}）是就业时间间隔（A_8）的显著相关因素。

回归分析结果如表3-12所示（这里只展示最终数据结果，即第六次分析）。

表3-12 回归分析结果[a]

模型		非标准化系数		标准化系数	T	Sig.
		B	标准误差	Beta		
6	（常量）	0.355	0.095		3.749	0.000
	A_1	0.100	0.022	0.153	4.661	0.000
	A_{10}	-0.633	0.034	-0.622	-18.540	0.000
	A_{11}	-0.219	0.054	-0.144	-4.035	0.000
	A_{12}	-0.221	0.049	-0.166	-4.551	0.000

注：a. 因变量：A_8。

由表3-12可以看出，对课程满意度（A_{10}）是对就业时间间隔（A_8）影响最为显著的因素，其相关参数达到了-0.633。从表3-12中还可以看出，年龄（A_1）也是影响就业时间间隔（A_8）的重要因素，年龄越大，越难就业，就业时间间隔越长。

从对就业时间间隔（A_8）的分析中可以看出，影响就业时间间隔（A_8）的因素均是影响职业技能证书的获取（A_7）的因素。但是影响职业技能证书的获取（A_7）的因素中，如受教育年限、工作年限以及对培训教师的期望这几项因素对就业时间间隔（A_8）的影响就不显著。

3. 培训后年收入增加（A_9）

将培训后年收入增加（A_9）作为函数的因变量，将其他除职业技能证书的获取（A_7）以及就业时间间隔（A_8）之外的指标作为自变量，运用 SPSS 18.0 进行线性回归，分析共进行了 5 步，其模型总体数据如表 3-13、表 3-14 所示。

表 3-13 模型汇总[f]

模型	R	R^2	调整的 R^2	估计值的标准误差
1	0.775[a]	0.601	0.592	0.33281
2	0.775[b]	0.600	0.593	0.33243
3	0.775[c]	0.600	0.594	0.33214
4	0.775[d]	0.600	0.595	0.33192
5	0.774[e]	0.599	0.594	0.33207

注：a. 预测变量：（常量），A_{12}，A_2，A_4，A_5，A_{10}，A_3，A_{11}，A_1，A_6；
　　b. 预测变量：（常量），A_{12}，A_2，A_4，A_5，A_{10}，A_3，A_{11}，A_6；
　　c. 预测变量：（常量），A_{12}，A_2，A_4，A_{10}，A_3，A_{11}，A_6；
　　d. 预测变量：（常量），A_2，A_4，A_{10}，A_3，A_{11}，A_6；
　　e. 预测变量：（常量），A_2，A_{10}，A_3，A_{11}，A_6；
　　f. 因变量：A_9。

表 3-14 方差分析[f]

模型		平方和	df	均方	F	Sig.
1	回归	73.754	9	8.195	73.988	0.000[a]
	残差	49.067	443	0.111		
	总和	122.821	452			
2	回归	73.754	8	9.219	83.422	0.000[b]
	残差	49.068	444	0.111		
	总和	122.821	452			
3	回归	73.731	7	10.533	95.481	0.000[c]
	残差	49.090	445	0.110		
	总和	122.821	452			
4	回归	73.686	6	12.281	111.474	0.000[d]
	残差	49.135	446	0.110		
	总和	122.821	452			

续表

模型		平方和	df	均方	F	Sig.
5	回归	73.529	5	14.706	133.359	0.000e
	残差	49.292	447	0.110		
	总和	122.821	452			

注：a. 预测变量：(常量)，A_{12}，A_2，A_4，A_5，A_{10}，A_3，A_{11}，A_1，A_6；
　　b. 预测变量：(常量)，A_{12}，A_2，A_4，A_5，A_{10}，A_3，A_{11}，A_6；
　　c. 预测变量：(常量)，A_{12}，A_2，A_4，A_{10}，A_3，A_{11}，A_6；
　　d. 预测变量：(常量)，A_2，A_4，A_{10}，A_3，A_{11}，A_6；
　　e. 预测变量：(常量)，A_2，A_{10}，A_3，A_{11}，A_6；
　　f. 因变量：A_9。

通过逐步（向后）寻找变量法，对课程的满意度共进行了5次分析。由表3-13、表3-14可以看出，判定系数 R^2 均在0.600左右，调整判定系数（Adjusted R^2）均在0.594左右，在排除影响不显著的因素后，最后一次分析判定系数 R^2 为0.599，调整判定系数（Adjusted R^2）为0.594，估计值的标准误差为0.332，数据的拟合优度较为理想。通过方差分析数据，可获知和判断出回归方程的整体有效程度，其F统计量的相伴概率值为0.000，小于显著水平0.05，表明回归分析数据在95%的显著性水平下都是高度显著有效的。

通过逐步（向后）寻找变量法得出，第5次的分析为最终数据，从分析数据可以看出，受教育年限（A_2）、工作年限（A_3）、对教师的期望（A_6）、对课程满意度（A_{10}）、对师资满意度（A_{11}）是培训后年收入增加（A_9）的显著相关因素。其分析结果如表3-15所示（这里只展示最终数据结果）。

表3-15　回归分析结果[a]

模型		非标准化系数		标准化系数	T	Sig.
		B	标准误差	Beta		
5	(常量)	-0.131	0.122		-1.078	0.282

续表

模型	非标准化系数 B	非标准化系数 标准误差	标准化系数 Beta	T	Sig.
A_2	0.093	0.018	0.178	5.197	0.000
A_3	0.078	0.011	0.218	6.990	0.000
A_6	0.146	0.027	0.213	5.406	0.000
A_{10}	0.421	0.030	0.504	13.827	0.000
A_{11}	0.309	0.046	0.248	6.756	0.000

注：a. 因变量：A_9。

由表3-15可以看出，对课程满意度（A_{10}）是对受训人员培训后年收入增加（A_9）影响最为显著的因素，其相关参数为0.421，具有显著影响，对师资满意度（A_{11}）对受训人员培训后年收入增加（A_9）具有相对弱的影响。影响培训后年收入增加（A_9）的因素均为影响职业技能证书的获取（A_7）的因素，但是与影响就业时间间隔（A_8）的显著因素较为不同。

（四）实证结果分析

从以上实证分析可以看出，年龄与受训人员的就业能力具有负相关性，对课程的满意度、对师资的满意度都与受训人员的就业能力具有显著的正相关关系。对教师的期望、工作年限以及受教育年限与职业技能证书的获取、培训后年收入的增加都具有较弱的相关性。其他的影响因素，如对课程安排以及场地的期望与受训者的就业能力不具有相关关系。

1. 职业技能证书的获取

从数据分析结果来看，年龄对获取职业技能证书有影响，年龄越大，职业技能证书的获取率越低，这是由于随着年龄的增加，学习能力降低，考试能力也降低，技能证书的获取也就越困难。

对课程的满意度以及对师资的满意度对于职业技能证书的获取

有显著的影响，对场地的满意度对职业技能证书的获取影响不大。这反映出课程安排的合理性、教师的教学水平对职业技能证书的获取有重要作用。好的师资和课程安排能让受训者更好地接受知识，更顺利地获得职业技能证书，得到的培训效果也相对较好，但与培训场地的关系不大。

培训对象的受教育年限和工作年限与职业技能证书的获取具有相对弱的相关性。这说明职业技能证书的获取需要更专业的知识和技能，与一般的教育关系不够密切，同时也在一定程度上说明，职业技能证书考试与工作经验的积累关联性不够强。

在培训期望中，通过分析可以看到对教师的期望与职业技能证书的获取具有相对弱的相关性，对场地以及课程安排的期望与职业技能证书的获取不具有相关性。

2. 就业时间间隔

就业时间间隔的显著影响因素包括年龄、对课程的满意度、对师资的满意度以及对场地的满意度，就业时间间隔与年龄呈正相关关系，与其他的相关指标都呈负相关关系。

年龄对于就业的时间间隔具有显著影响，具有正的相关性，年龄越大，培训后再次就业的时间较长，主要是因为企业的用工需求倾向于年轻的、能为企业服务时间较长的员工。受教育年限与工作年限对于就业时间间隔不具有显著影响。对培训场地、课程以及师资的期望对就业的时间间隔不具有显著影响。

受训人员满意度对就业的时间间隔具有显著影响，且为负相关，其中对课程满意度的影响程度最高，对师资以及场地的满意度与就业的时间间隔具有相对较弱的相关性。对培训的满意度越高，反映培训机构课程、师资和场地的安排较合理，受训者越能从培训过程中学习到技能知识，技能越好，就能越快地找到工作，因此就业的时间间隔就越短。

3. 培训后年收入增加

培训后年收入增加与对培训课程的满意度、对培训师资的满意度、对教师的期望以及工作年限、受教育年限具有显著相关关系，且都是正相关关系，其中与对课程满意度的相关性最高，与对师资满意度、对教师的期望具有较高的相关性，与工作年限以及受教育年限具有较弱的相关性。

工作年限越长，具有的工作经验越丰富，如果职业技能也随之提升，所获得的收入也就更多。受教育年限与工作年限相似，受教育年限越长，相对的市场价值也就越高，但是工作年限以及受教育年限与培训后年收入增加具有较弱的相关性，说明工作年限以及受教育年限对于收入增加的影响不大，收入的增加还需要具有较高的技术能力。

对培训课程以及培训师资的满意度越高，说明培训课程内容的安排越好，教师的能力越高，受训者从培训课程中学习到的技能越多，就能为企业创造更多的价值，当然也就能获得更多的收入。

四 结论与建议

（一）结论

综上所述，江西省公共就业培训的绩效主要受年龄、对课程的满意度、对师资满意度、对教师的期望等的影响。

1. 受训人员自身状况

从数据分析结果来看，年龄对于职业技能证书的获取、就业的时间间隔都有影响。受教育年限和工作年限与职业技能证书的获取和培训后年收入的增加有显著相关性，却与就业时间间隔没有显著相关性。受教育年限和工作年限越高，其教育水平越高，对新技能的学习能力就越强，就能越快地获取职业技能证书；工作年限越长，工作经验越丰富，加之受教育年限长，职业技能越高，收入自然能得到提高。

2. 受训人员对培训的期望

这部分指标主要涉及的是针对培训前受训者对培训的期望。通过数据分析可以看出，只有对教师的期望是影响职业技能证书的获取和培训后年收入增加的显著因素，对教师的期望与受训人员的就业能力有正的相关性，其他课前对课程、场地的期望与受训人员的就业能力没有显著相关性。这说明受训人员认为教师对培训最为重要，好的教师能使得他们学习到更有用的技能，进一步实现就业。

3. 受训人员满意度

通过回归分析可知，对培训课程的满意度以及对师资的满意度与受训人员就业能力的三个绩效指标都有显著相关关系，即培训课程安排越合理，教师的教学越能被受训者所接收，进而使得受训者的就业能力大大提升。对课程满意度对职业技能证书的获取、就业的时间间隔以及培训后年收入增加的显著影响程度均是最高的，分别达到了 0.508、0.633、0.421，说明对课程满意度是影响受训者的就业能力的最重要因素。

（二）建议

1. 针对不同受训对象采用分类培训

就分析结果可知，年龄越大，工作年限以及受教育年限越低，其就业能力就越低，因此在进行公共就业培训时，应考虑到各年龄段和受教育程度的特点，合理界定目标群体，采用具有针对性的分类培训，更好地实现就业。对于年龄大、受教育程度不高的受训者，基础知识的培训尤为重要，同时加大技能培训力度，详细安排培训课程，延长培训时间；对于年龄小、受教育程度较高的受训者，他们的基础知识学习能力较强，相对时间可以缩短，但是他们的操作经验缺乏，在培训时要加大对实训能力的培训。

2. 引导企业进行培训

培训课程和师资的安排对于受训人员的就业能力有显著影响，课程安排越符合企业用工的要求，师资的理论和实践能力越强，越能使受训者找到工作，提高就业率。目前的公共就业培训大多以政府为主导，培训课程和内容由政府职能部门制定。一般情况下，政府对于公共就业培训课程的设置是在进行了市场调研后，发现市场上某一工种稀缺时才开始进行培训。这种模式的培训常常造成培训滞后，缺乏时效性，师资也很难达到要求。而实行以企业为主的培训方式，根据企业需求合理安排培训课程，更能实现"培训一人，就业一人"的目标。

第四章 江西省培训机构的公共就业培训绩效及影响因素研究

培训机构的公共就业培训绩效评价，主要是建立符合现代公共管理理念的科学评估指标体系，对培训机构的公共就业培训绩效进行科学的判断和分析。江西省公共就业培训项目大多依据信息公开、平等竞争、合理布局、择优认定、社会公示和公布等原则，确定社会信誉佳、专业特色强、培训质量高、就业效果好的教育培训机构作为公共就业培训的定点机构。本章在参考湖北省阳光工程培训基地考评指标基础上，对江西省培训机构的公共就业培训绩效进行评价，同时对影响培训机构公共就业培训绩效的若干因素进行分析。

第一节 江西省培训机构的公共就业培训绩效评价

一 培训机构公共就业培训绩效的评价指标设计

培训机构的公共就业培训绩效是公共就业培训绩效的重要组成部分，在很大程度上，公共就业培训的总体绩效取决于培训机构的公共就业培训绩效，但目前江西省不管是农业部门还是人力资源和社会保障部门对公共就业培训机构的绩效评价尚在探索中，还没有形成一套完整的培训机构绩效评价考评机制。

本章在参考湖北省农村劳动力转移培训阳光工程绩效评价考评指标基础上，从基础建设、项目运行、转移就业、培训质量等对江西省公共就业培训机构的绩效情况进行调查，进而对江西省培训机构的公共就业培训绩效进行综合评价，并对其影响因素进行分析。

二　数据采集

课题组于 2014 年对江西省 10 个县市公共就业培训机构进行了访谈和调查，调查对象包括南昌市职业培训中心、江西省实用技术职业学校、南昌市青山湖区职业技术学校、南昌县职业高级中学、新干县职业培训学校、丰城市职业中学等。本次调查共走访了 70 家培训机构，其中一部分数据获取不全，最终获得 58 家培训机构的有效数据。

三　调研结果分析

根据湖北省对于培训基地的绩效评价考核指标，对所选的江西省培训机构的绩效进行打分，总分为 50 分，58 家培训机构的总平均分为 34 分。其中，基础建设得分 4 分，总分 6 分；项目运行得分 10 分，总分 15 分；转移就业得分 1 分，总分 4 分；培训质量得分 17 分，总分 20 分；信息报送得分 2 分，总分 5 分。从对江西省公共就业培训机构的评价得分情况可以看出，江西省公共就业培训机构基础建设和培训质量的得分较高，这说明江西省公共就业培训机构的基础设施建设较好，有必要的教学场地、培训设施设备以及师资力量，培训质量管理制度较完善，培训时间及内容基本能按照要求执行，有适当的培训教材（讲义），学员结业率达到 100% 的培训机构约有 47 家。但是公共就业培训的台账以手工登记为主，公共就业培训网站的信息披露不完整，培训机构的转移就业工作不够完善，有些培训机构没有建立就业转移工作机制。

第二节　江西省培训机构公共就业培训绩效的影响因素分析

一　培训机构公共就业培训绩效影响因素的指标设置

本章根据湖北省阳光工程培训基地绩效考核指标，结合江西公共就业培训机构管理的现状，采用逻辑分析法，从投入-产出的角度设计指标，对培训机构的公共就业培训绩效进行分析，运用回归分析法对这些指标的相关性进行研究，探寻培训机构投入和产出之间的内在联系。

具体来说，我国公共就业培训的最终目的是提高就业率，使得每一个劳动者都能有稳定的工作。政府希望培训机构通过培训提高就业率，故本章主要针对转移就业率（B_{10}）和就业稳定性（B_{11}）的影响因素进行研究，把转移就业率（B_{10}）和就业稳定性（B_{11}）分别作为回归分析的因变量，将其他指标作为自变量进行研究，寻求它们之间的相关关系，具体指标体系如表4-1所示。

表4-1　公共就业培训机构绩效的指标体系

目标层	潜变量	可测变量
投入指标	基础建设	教学条件（B_1）
		基地资格（B_2）
		制度建设（B_3）
		就业渠道（B_4）
	项目运行	收费许可（B_5）
		培训任务（B_6）
		台账管理（B_7）
		资金使用（B_8）
		档案管理（B_9）

续表

目标层	潜变量	可测变量
产出指标	转移就业	转移就业率（B_{10}）
		就业稳定性（B_{11}）
	培训质量	培训时间（B_{12}）
		培训内容（B_{13}）
		培训模式（B_{14}）
		引导性培训（B_{15}）
		专业设置（B_{16}）
		教材建设（B_{17}）
		学员合格率（B_{18}）

二 培训机构公共就业培训绩效影响因素的实证分析

（一）研究假设

（1）假设基础建设、项目运行、培训质量与转移就业率以及就业稳定性具有正相关性。也就是说，假设教学条件（B_1）越好，基地获取了相应的资格（B_2），制度建设（B_3）越完善，具有好的就业渠道（B_4），转移就业率（B_{10}）以及就业稳定性（B_{11}）就越好。

（2）假设具有标准的收费许可（B_5），培训任务（B_6）完成的越多，台账管理（B_7）越完善，资金使用（B_8）的效率越高，档案管理（B_9）越完整，转移就业率（B_{10}）以及就业稳定性（B_{11}）就越好。

（3）假设培训时间（B_{12}）安排越合理，培训内容（B_{13}）越符合用工企业要求，培训模式（B_{14}）越适合，具有一定引导性培训（B_{15}），专业设置（B_{16}）越合理，教材建设（B_{17}）符合规定，学员合格率（B_{18}）越高，转移就业率（B_{10}）以及就业稳定性（B_{11}）就越好。

（二）信度检验

通过走访多家培训机构，与培训机构的工作人员进行沟通，对他们进行访谈和问卷调查，获取培训机构的问卷信息。为了确保获取数据的有效性，首先对这些数据进行信度检验，明确问卷调研数据的可靠性，了解问卷数据的质量是否能够进行下一步的数据分析。

本章应用 SPSS 18.0 对数据进行分析。表 4-2 是使用 SPSS 18.0 得到的数据总体信度系数。

表 4-2　总体信度系数

Cronbach's 系数	N
0.734	18

由表 4-2 可知，通过问卷收集的数据总体信度系数为 0.734，大于 0.7，说明问卷数据信度检验结果较好，调研访谈的数据结果具有可靠性，可以对数据进行分析。

表 4-3 是对单个指标项进行的信度检验，均能达到数据的基本要求，信度越大，则数据越有效，说明本课题的调研数据达到了数据分析的基本要求，故可以进行回归分析。

表 4-3　单个指标的信度系数

变量	项目删除后合计的均值	项目删除后合计的方差	项目得分与项目删除后合计分的相关系数
B_1	12.3245997	12.714	0.271
B_2	12.4369413	10.134	0.781
B_3	12.4242960	9.691	0.734
B_4	12.2607180	11.653	0.558
B_5	12.4238452	11.356	0.542
B_6	12.4977269	13.431	0.400

续表

变量	项目删除后 合计的均值	项目删除后 合计的方差	项目得分与项目删除 后合计分的相关系数
B_7	12.5219869	12.311	0.333
B_8	12.3291108	10.869	0.771
B_9	12.4816143	12.209	0.245
B_{10}	12.3782620	13.109	0.324
B_{11}	12.4777664	11.616	0.255
B_{12}	12.4051129	10.439	0.680
B_{13}	12.2711955	12.777	0.216
B_{14}	12.2967599	13.469	0.410
B_{15}	12.2861418	13.341	0.278
B_{16}	12.5834496	11.635	0.311
B_{17}	12.4892065	10.597	0.565
B_{18}	12.4256607	13.133	0.433

(三) 模型分析

与第三章一样，本章采取线性回归方法分析培训机构的绩效影响因素，同时采用逐步（向后）寻找变量法，逐步剔除显著性相对较低的变量，以达到最终的相关关系分析之目的。

针对以上两个就业率指标，本章为了消除这两个指标间的相互影响，分别对影响这两个指标的因素进行分析，即本章对培训机构绩效研究分为两个方面，分别对转移就业率（B_{10}）和就业稳定性（B_{11}）这两个指标进行回归分析，把这两个指标单独设为因变量，分析其他自变量对这两个因素的影响。

1. 转移就业率

将转移就业率（B_{10}）作为函数的因变量，将其他除就业稳定性（B_{11}）之外的指标作为自变量，运用 SPSS 18.0 进行线性回归分析，并采用向后寻找变量法，逐步剔除显著性相对较低的变量，模型总体数据如表4-4、表4-5所示。

表4-4 模型总体数据

模型	R	R²	调整的R²	估计值的标准误差
1	0.519ª	0.269	0.235	0.55295611
2	0.730ᵇ	0.533	0.486	0.45325482
3	0.806ᶜ	0.649	0.594	0.40276136
4	0.865ᵈ	0.748	0.691	0.35113078
5	0.895ᵉ	0.801	0.742	0.32087283

注：a. 预测变量：(常量)，B_{12}；
　　b. 预测变量：(常量)，B_{12}，B_{13}；
　　c. 预测变量：(常量)，B_2，B_{13}，B_{18}；
　　d. 预测变量：(常量)，B_{12}，B_{13}，B_{18}，B_1；
　　e. 预测变量：(常量)，B_{12}，B_{13}，B_{18}，B_1，B_7。

表4-5 方差分析ᶠ

	模型	平方和	df	均方	F	Sig.
1	回归	2.368	1	2.368	7.746	0.011ª
	残差	6.421	21	0.306		
	总和	8.789	22			
2	回归	4.680	2	2.340	111.391	0.000ᵇ
	残差	4.109	20	0.205		
	总和	8.789	22			
3	回归	5.707	3	1.902	11.727	0.000ᶜ
	残差	3.082	19	0.162		
	总和	8.789	22			
4	回归	6.570	4	1.642	13.322	0.000ᵈ
	残差	2.219	18	0.123		
	总和	8.789	22			

续表

模型		平方和	df	均方	F	Sig.
5	回归	7.039	5	1.408	13.673	0.000^e
	残差	1.750	17	0.103		
	总和	8.789	22			

注：a. 预测变量：（常量），B_{12}；
　　b. 预测变量：（常量），B_{12}，B_{13}；
　　c. 预测变量：（常量），B_{12}，B_{13}，B_{18}；
　　d. 预测变量：（常量），B_{12}，B_{13}，B_{18}，B_1；
　　e. 预测变量：（常量），B_{12}，B_{13}，B_{18}，B_1，B_7；
　　f. 因变量：B_{10}。

通过逐步（向后）寻找变量法，分五步对数据进行了分析，得到判定系数数据和方差分析数据。由表4-4、表4-5数据可以看出，通过五次数据分析，排除显著相关性不高的因素，最终得到的判定系数 R^2 为0.801，第五次的调整判定系数（Adjusted R^2）为0.742，估计值的标准误差为0.3209，调整判定系数（Adjusted R^2）大于0.4，由此可知数据的拟合优度较为理想，符合数据的分析要求。方差分析数据反映了回归方程的整体有效程度，其F统计量的相伴概率值为0.000，小于显著水平0.05，说明进行的回归分析的数据在95%的显著性水平下都是高度显著有效的，即与转移就业率是显著相关的。

在进行了数据的有效性分析后，排除了相对不显著有效的因素，通过逐步（向后）寻找变量法得出第五次的分析为最终数据。通过分析数据可以看出，教学条件（B_1）、台账管理（B_7）、培训时间（B_{12}）、培训内容（B_{13}）、学员合格率（B_{18}）与转移就业率（B_{10}）有显著相关关系（见表4-6）。通过回归系数（这里只展示最后一次分析数据的回归系数）可以了解每个指标与转移就业率（B_{10}）的相关系数大小，了解它们的显著程度。

表4-6 回归结果分析[a]

模型		非标准化系数		标准化系数	T	Sig.
		B	标准误差	Beta		
5	（常量）	1.424	0.184		7.721	0.000
	B_{12}	0.635	0.088	0.906	7.216	0.000
	B_{13}	0.606	0.111	0.637	5.435	0.000
	B_{18}	0.319	0.108	0.346	2.938	0.009
	B_1	0.300	0.098	0.339	3.053	0.007
	B_7	0.297	0.139	0.232	2.134	0.005

注：a. 因变量：B_{10}。

由表4-6可以看出，培训时间（B_{12}）是转移就业率（B_{10}）最为显著的影响因素，非标准化系数达到了0.635，培训内容（B_{13}）以及学员合格率（B_{18}）与转移就业率（B_{10}）显著相关。这说明培训时间较长，并具有详细的学员出勤登记表的培训机构的就业率相对较高，课程内容与企业用工需求相关的、内容针对性强的培训机构的培训效果好，学员合格率高，转移就业率相对较高。

2. 就业稳定性

将就业稳定性（B_{11}）作为函数的因变量，将其他除转移就业率（B_{10}）之外的指标作为自变量，运用SPSS 18.0进行线性回归分析，并采用向后寻找变量法，逐步剔除显著性相对较低的变量，如表4-7、表4-8所示。

表4-7 模型总体数据

模型	R	R^2	调整的 R^2	估计值的标准误差
1	0.468[a]	0.219	0.182	0.66876112
2	0.620[b]	0.384	0.322	0.60872903

续表

模型	R	R^2	调整的 R^2	估计值的标准误差
3	0.724[c]	0.524	0.448	0.54923543
4	0.800[d]	0.641	0.561	0.48999716

注：a. 预测变量：（常量），B_{12}，B_7，B_9，B_{13}，B_1，B_3，B_{17}，B_{14}，B_{16}，B_2，B_{15}；
　　b. 预测变量：（常量），B_{12}，B_7，B_9，B_{13}，B_1，B_3，B_{17}，B_{14}，B_{16}，B_2；
　　c. 预测变量：（常量），B_{12}，B_7，B_{13}，B_1，B_3，B_{17}，B_{14}，B_{16}，B_2；
　　d. 预测变量：（常量），B_{12}，B_7，B_{13}，B_1，B_3，B_{17}，B_{16}，B_2。

表 4-8　方差分析[e]

模型		平方和	df	均方	F	Sig.
1	回归	2.638	1	2.638	5.899	0.008[a]
	残差	9.392	21	0.447		
	总和	12.030	22			
2	回归	4.619	2	2.310	6.233	0.004[b]
	残差	7.411	20	0.371		
	总和	12.030	22			
3	回归	6.299	3	2.100	6.960	0.001[c]
	残差	5.732	19	0.302		
	总和	12.030	22			
4	回归	7.709	4	1.927	8.027	0.000[d]
	残差	4.322	18	0.240		
	总和	12.030	22			

注：a. 预测变量：（常量），B_{12}，B_7，B_9，B_{13}，B_1，B_3，B_{17}，B_{14}，B_{16}，B_2，B_{15}；
　　b. 预测变量：（常量），B_{12}，B_7，B_9，B_{13}，B_1，B_3，B_{17}，B_{14}，B_{16}，B_2；
　　c. 预测变量：（常量），B_{12}，B_7，B_{13}，B_1，B_3，B_{17}，B_{14}，B_{16}，B_2；
　　d. 预测变量：（常量），B_{12}，B_7，B_{13}，B_1，B_3，B_{17}，B_{16}，B_2；
　　e. 因变量：B_{11}。

通过（向后）寻找变量法，分四步对数据进行了分析，得到判定系数数据和方差分析数据，如表4-7、表4-8所示。可以看出，通过四次数据分析，排除显著相关性不高的因素，最终得到的判定系数 R^2 为0.641，第四次的调整判定系数（Adjusted R^2）为0.561，估计值的标准误差为 0.49，调整判定系数（Adjusted R^2）大于 0.4，由此可知数据的拟合优度较为理想，符合数据的分析要求。方差分析数据的 F 统计量通过 4 次运算排除，最终得到的相伴概率值为 0.000，小于显著水平 0.05，反映了回归方程的整体有效程度，说明进行回归分析的数据在 95% 的显著性水平下都是高度显著有效的，即与就业稳定性（B_{11}）是显著相关的。

在进行了数据的有效性分析后，排除了相对不显著有效的因素，通过逐步（向后）寻找变量法得出，第四次的分析为最终数据，通过分析数据可以看出，教学条件（B_1）、基地资格（B_2）、制度建设（B_3）、台账管理（B_7）、培训时间（B_{12}）、培训内容（B_{13}）、专业设置（B_{16}）和教材建设（B_{17}）与就业稳定性（B_{11}）有显著相关关系（见表 4-9），通过回归系数分析可以了解每个指标与就业稳定性（B_{11}）的相关系数大小，了解它们的显著程度（这里只展示最后一次分析数据的回归系数）。

表 4-9 回归分析结果[a]

模型	非标准化系数 B	非标准化系数 标准误差	标准化系数 Beta	T	Sig.
4 （常量）	0.032	0.144		0.224	0.009
B_{12}	0.691	0.018	0.374	4.965	0.000
B_7	0.571	0.013	0.197	5.621	0.000
B_{13}	0.330	0.026	0.040	1.165	0.045
B_1	0.014	0.030	0.020	0.454	0.006
B_3	0.142	0.037	0.207	3.873	0.000
B_{17}	0.428	0.032	0.513	13.480	0.000
B_{16}	0.306	0.049	0.246	6.268	0.000
B_2	0.025	0.040	0.023	0.620	0.035

由表 4-9 可以看出，培训时间（B_{12}）是对就业稳定性（B_{11}）

影响最为显著的因素，非标准化系数高达 0.691，同样，培训基地的资格（B_2）、制度建设（B_3）、台账管理（B_7）、培训内容（B_{13}）、专业设置（B_{16}）和教材建设（B_{17}）对就业稳定性（B_{11}）也有显著影响。

（四）实证结果分析

通过分析可以得出，对转移就业率有显著影响的因素与对就业稳定性有显著影响的因素有一部分是相同的，具有共同影响性。具体地说，对转移就业率（B_{10}）和就业稳定性（B_{11}）有共同显著影响的因素是：教学条件（B_1）、台账管理（B_7）、培训时间（B_{12}）、培训内容（B_{13}）。学员合格率（B_{18}）对转移就业率（B_{10}）有显著影响，但是对于就业稳定性（B_{11}）没有显著影响。相反，培训基地的资格（B_2）、制度建设（B_3）、专业设置（B_{16}）和教材建设（B_{17}）对于就业稳定性（B_{11}）有显著影响，但是对于转移就业率的影响较小。

1. 转移就业率

在培训机构的公共就业培训绩效研究过程中，教学条件、台账管理、培训时间、培训内容以及学员合格率与转移就业率具有显著相关性。

培训时间与转移就业率具有较高的正相关性。由此可见，培训时间越长，受训人员学习的技能越多，对技能掌握越熟练，成功就业率就越高。

培训内容与转移就业率具有显著相关性，其显著相关性仅弱于培训时间，说明只有课程内容安排符合企业要求，具有针对性，受训者才能更好地实现就业。

学员合格率是指受训人员参加培训后，通过培训机构考核，达到培训要求的比例，可以在一定程度上反映出受训人员学习效果，反映了培训机构的培训产出，学员的合格率越高，越说明受训者在培训中获得了职业技能，就业率也就越高。

教学条件与转移就业率具有正相关性，是影响就业率的弱相关因素。好的教学条件可以使受训人员更好地学习技能，成功就业。

台账管理与转移就业率具有显著相关性。台账是记录受训人员以及政府相关补助信息的资料，台账的管理反映出培训机构的整体管理水平，台账管理越认真，培训机构的责任心越强，学员学到的技能知识就越多，转移就业率就越高。

除了以上因素，其他的因素中，如资金使用、档案管理、基地资格、制度建设、就业渠道、培训模式、专业设置以及教材建设等与转移就业率关系不大。

2. 就业稳定性

从上述研究可以看出，对于培训机构的公共就业培训绩效来说，教学条件、基地资格、制度建设、台账管理、培训时间、培训内容、专业设置和教材建设与就业稳定性具有显著相关性。

培训时间对就业稳定性具有显著影响，其回归参数为 0.691，对就业稳定性有非常强的影响。培训对象的受训时间、技能掌握程度与受训者就业稳定性具有很强的相关性。培训时间越长，技能掌握熟练程度越高，就业稳定性也就随之越高。

台账管理对就业稳定性具有较强的影响，台账的管理反映出培训机构的整体管理水平，台账管理越认真，学员学习到的知识就越多，在工作的时候越能发挥自己的技能，工作就越稳定。

在培训时间和台账管理之后对就业稳定性具有显著影响的是教材建设、培训内容。加强教材建设，能提高教师的水平，加深教师对教材的理解和掌握，教师教学水平越高，受训者学到的技能就越多。培训内容安排越全面、越有针对性，受训者学习到的技能越系统，就能更好地掌握就业技能，就能更好地工作，工作也就越稳定。

此外，影响因素还有专业设置、基地资格、制度建设以及教学条件。专业设置是指培训机构为公共就业培训所提供的专业，基地资格是指培训机构具有职业技能培训的资质，制度建设是具有教学管理制度，教学条件是指具有完善的教学设施、师资等条件。培训机构具有合理的专业设置、完备的培训基地资格、完整的培训制度以及优良的教学条件，其培训效果就越好，学员学习到的技能越系统，就业后就越稳定。

三　结论与建议

（一）结论

综上所述，我们可以对影响江西培训机构公共就业培训绩效的三大因素进行总结。

1. 基础建设

在对培训机构的绩效研究过程中，基础建设对于培训课程的开展有非常重要的意义，基础建设主要从教学条件、基地资格、制度建设以及就业渠道这四方面考察。

基地资格对于就业稳定性有显著影响，具有相应的培训资格，同时有详细的机构认定资料，就业稳定性越好。

就教学条件而言，应着重从是否具备完善的教学场所、设备、设施、实训基地等方面考量，尤其要考量培训机构是否有足够的师资力量。教学条件与转移就业率以及就业稳定性具有显著正相关性。在走访的70家培训机构中，有80%具有必要的教学场所和培训的设施设备，其中有9家没有适当的培训实训基地，通过与企业或者职业技术学校合作，使用它们的实训基地进行实训；有部分培训机构的培训教师达不到标准，也会通过与高等教育机构合作，聘用高等学校的教师。

制度建设和就业渠道对于转移就业率以及就业稳定性的影响不显著。

2. 项目运行

项目运行主要涉及有关资金管理以及文档管理的工作，包括收费许可、培训任务、台账管理、资金使用以及档案管理。

收费许可是指培训机构必须要有物价部门核准的收费许可证和收费标准,这是对于一家培训机构运行的基本要求,因此,对培训机构绩效不具有显著相关性,对整体绩效的影响不大。

培训任务主要是政府下达到培训机构的受训人员的指标,从上述分析中可以看出,它对于转移就业率以及就业稳定性不具有显著影响。但培训任务是评估一家机构的重要因素,只有按时按量承担并完成政府安排的培训任务,才能被认为是合格的公共就业培训机构。

台账管理、资金使用以及档案管理主要是针对培训文档的管理,台账是记录受训人员以及政府相关补助信息的资料,在资金管理方面主要是对台账以及相关经费的管理,档案管理是教学档案管理。江西省对培训机构的公共就业培训管理主要是通过对台账信息的管理,故在上文分析中,只有台账管理与转移就业率和就业稳定性具有显著相关性,其他两项没有显著相关性。

3. 培训质量

培训质量指培训机构的培训工作之优劣及其效果,主要从培训的时间、内容、模式、引导性培训、专业设置、教材建设以及学员合格率等方面考量。

培训时间主要是指培训课时,可通过查看培训学员签到表以及课程安排等资料获得。在上文分析中,培训时间与转移就业率以及就业稳定性都具有显著相关性,由此可见,培训时间越长,受训人员学到的技能越多,对技能掌握越熟练,成功就业率越高,就业也相对稳定。

培训内容是指培训课程的安排和实训的安排。在上文分析中,培训内容与转移就业率以及就业稳定性也具有显著相关性,说明只有课程内容安排符合企业要求,受训者才能更好地实现就业。

培训模式、专业设置以及教材建设的内容,与转移就业率不具有显著相关性。引导性培训，是指对于基本维权知识以及安全生产等方面的培训，对转移就业率以及就业稳定性不具有显著影响。

学员合格率是指受训人员参加培训后，通过培训机构的考核比例，学员的合格率越高，就业率也就越高。

（二）建议

1. 政府应加强对培训机构的认定、评价、监管

规范培训机构的认定程序，做到公开透明。政府应及时对公共就业培训机构进行评价，定期检查，提高其服务水平。对于评价得分较低、受训者不满意的机构及课程进行整改。加强监管制度建设，保证公共服务绩效评价体系的有效运行，防止评估过程中的"暗箱操作"现象。通过政府的强化管理，提高受训人员的满意度，增强最终的培训效果，提高受训人员的总体技能水平，才能真正达到政府实施公共就业培训的目的。

2. 培训机构应加强内部管理

培训机构应加强管理，认真制订师资计划，了解受训者的需求，优化培训内容和培训方法，设置适当的培训时间，把培训期间的学习情况以及受训人员的到课情况纳入考核的范围，同时培训机构管理人员与培训教师要积极与学员进行沟通，了解学员的随堂学习情况，根据学员的不同情况，及时调整培训方案，使得学员能尽快掌握职业技能，顺利通过职业技能培训考核，成功就业。

应规范台账管理，充分利用信息化手段，及时记录台账，特别是要加强对受训者的就业回访，了解他们的就业情况，并及时将这些信息反馈给相关政府部门。

第五章　湖北省政府购买培训成果的两种形式及效果评价与比较

正如前文所分析的，公共就业培训有非常复杂的运行模式，目前我国大多数农民工的公共就业培训项目采用政府购买培训成果的方式。公共就业培训运行有两个重要的影响因素，一是政府对培训主体的选择，二是培训经费的拨付方式，由此形成了向培训机构购买培训成果和向企业购买培训成果两种主要的培训模式。本章依据柯克帕特里克培训效果理论和AHP-模糊综合评价法构建培训效果评价模型，通过访谈和问卷调查收集第一手资料，对两种培训模式的效果进行评价和比较。

第一节　湖北省政府购买培训成果的两种形式及效果评价

一　基于柯氏培训效果理论和AHP-模糊综合评价法的评价模型构建

（一）评价模型构建的理论依据

培训效果评价是检查培训质量的重要手段。本章在相关研究的基础上，依据柯氏培训效果理论和AHP-模糊综合评价法构建培训效果评价模型，对政府购买培训成果的两种主要模式的效果进行评价和比较。

美国现代管理学家柯克帕特里克提出了著名的柯氏培训效果理论，他依据评估的深度和难度，将培训效果评估区分为不断递进的四个层级（见表5－1）。第一层是反应层。这是指培训阶段结束之后，接受培训的人员对课程、内容、讲师的直观感受。这部分信息可以通过访谈的方式收集，也可以制定便于量化的、能反映满意度的指标进行问卷调查，为使收集的信息更加客观，最好是结合两种方法进行收集。第二层是学习层。从学习层面进行评估，关注的是在培训后受训者对所学知识的领悟和接受程度。这个层面比较好评估，评估者可以在培训后进行课程考试，从考试成绩即可直观了解受训者对相关理论、技能知识的掌握程度，也可以把受训者带到实训基地，根据受训者实际操作来评定其对于实训课程的掌握程度。第三层是行为层。这是培训评估最重要的部分，培训的目的就是通过有计划的培训来改善受训者的工作行为，提高工作的效率。评估者通过受训者培训前后的行为变化、任务完成情况来评定培训效果的好坏。第四层是结果层。培训的结果是企业管理者最想了解的方面，他们往往关注的是培训是否给企业带来收益，收益多大，是否能改善企业的经营状况，改善多少。对于受训者个人来说，他们也很看重培训后能否带来预期的收益。评估者对结果进行评估，可以从产品质量和数量、客户满意度、营业额、个人工作技能的提升、个人经济收入的提高等方面来判定。[①]

表5－1　柯克帕特里克的培训效果评估模型

层次	标准	重点
1	反应	受训者满意程度
2	学习	知识、技能、态度行为方式方面的发展
3	行为	工作中行为的改进
4	结果	受训者获得的经营业绩

[①] 赵步同：《企业培训效果评估的研究》，《科技管理研究》2008年第12期。

本章在参考其他学者 AHP-模糊综合评价模型的构建思路的基础上,[①] 采用层次分析法和模糊综合评价法来构建培训评价模型。AHP-模糊综合评价模型构建分为三个部分：第一部分是选定柯氏评估模型，确定评估层次和评估指标；第二部分是运用层次分析法对选定的指标层次进行重要性排序，算出权重向量；第三部分是在前两部分统计分析的基础上再利用模糊综合评价法对评判因素进行评价，得出模糊综合评价结果。[②]

(二) 评价指标的设置

评价指标的设置遵循以下原则。

(1) 系统性原则。培训效果评估是整个培训体系的有机组成部分，是培训体系的重要一环。培训效果的评估涉及整个培训过程，从培训项目的设立到结束，从原始数据的收集整理到培训效果的反馈，不仅要全面反映培训状态，还要对培训工作进行诊断。只有系统地对培训的各个方面进行科学评估，才能对培训工作起到指导作用，才能提升培训的整体质量，所以本章的指标设置尽可能覆盖培训的整个过程。

(2) 科学性原则。培训效果评估是诊断整个培训工作的有效手段，但要建立在科学合理的评估体系之上。合理的评估指标设置对培训评估有导向作用，在本章的指标设置过程中，应使各个指标能反映培训工作的重点，尽可能使指标相互独立，力求"精准"。

(3) 可行性原则。一个有效的培训效果评估不是纸上谈兵，要做到有理有据，有说服力，更要注重评估实施的成本和评估能力，这就要求我们在评估前考虑到培训效果评估实施的可行性，如何使评估有效且便于实施。评估成本过高，会造成"培训"与"评估"

[①] 张波：《企业培训效果评估体系及评估模型的构建》，《中国校外教育》2010 年第 8 期。
[②] 张凭博：《基于 AHP 模糊综合评价法的企业培训效果评估研究》，硕士学位论文，大连海事大学，2008。

的错位，使评估在培训体系中失去意义。而评估能力的考量，则关系到整个评估能否反映培训过程中的真实情况，能否有效地诊断出培训过程中的不足。本章的指标选择力图简便易行。

（4）定量分析与定性分析相结合的原则。在评估指标设定的过程中，有些指标是易于用具体数值来表示的，这些就可以用定量分析的方法来研究；但评估的部分指标是不能用具体数值来衡量的，如满意度等，这就需要定性分析划分等级后再进行定量分析，这也是本章定性指标采用划分等级的方法来获取信息的原因。①

在参考已有研究成果的基础上，经过和有关专家的访谈沟通，依照柯氏模型结合层次分析法，建立相应的培训评估指标体系（见表 5-2）。

表 5-2　公共就业培训评估指标体系

序号	层次名称	评价指标	评价方法
1	B_1 反应层	C_1 培训方法满意度 C_2 培训师资和课程满意度 C_3 培训内容满意度	问卷调查
2	B_2 学习层	C_4 互动能力的提高 C_5 技能的提高 C_6 理论知识的提高	问卷调查
3	B_3 行为层	C_7 同事对培训的评价 C_8 技术部门对培训的评价 C_9 主管对培训的评价	问卷调查，访谈
4	B_4 结果层	C_{10} 经济效益的提升 C_{11} 个人收入和发展的提升 C_{12} 工作质量的提升	问卷调查，访谈

资料来源：郝婷：《农民培训长效机制研究》，博士学位论文，西北农林科技大学，2012。

---

① 张凭博：《基于 AHP 模糊综合评价法的企业培训效果评估研究》，硕士学位论文，大连海事大学，2008。

二 对政府购买培训成果的两种形式的效果进行评价

本章调查对象分为两部分。第一部分选取的是 2014 年中标政府培训外包任务的湖北省 3 个培训机构的受训后农民工，这部分信息用来分析政府向培训机构购买培训成果的效果。第二部分是 2014 年湖北省 A 集团公司内部接受技能培训的农民工，这部分信息用来分析政府向企业购买培训成果的效果。调查主要采用访谈法、专家座谈法和问卷调查法。调查发放问卷 250 份，共回收问卷 213 份，有效问卷 194 份，其中在培训机构接受培训的农民工问卷 97 份，企业内部接受培训的农民工问卷 97 份，见附录 2。

（一）指标权重计算

首先构造比较矩阵。比较矩阵是反映准则层 B_i 在目标层 A 的相对重要程度以及子准则层 C_i 在准则层 B_i 的相对重要程度的数量矩阵表达形式。比较矩阵反映了在培训过程中学员对不同指标的重要性程度的认识。评价分值设定在 1~5 分及其倒数之间，$A = (a_{ij})_{n \times n}$，具有以下性质：$a_{ij} > 0$，$a_{ij} = 1/a_{ji}$，$a_{ii} = 1$。本章采用了访谈的方式来收集信息，根据 10 位专家和 10 位受训者的意见对评价要素的重要性进行判断，根据汇总的评价结果，得出各指标权重的分配结果如表 5-3、表 5-4、表 5-5、表 5-6、表 5-7 所示。

表 5-3 准则层权重分布

A	B_4	B_3	B_2	B_1	W_1
B_4	1	5	3	3	0.52
B_3	1/5	1	1/3	1/3	0.07
B_2	1/3	3	1	1/2	0.17
B_1	1/3	3	2	1	0.24

由表 5-3 可以计算出：$R_{max} = 4.07$，$CI = 0.023$，$CR = 0.026 < 0.1$。

表 5-4　反应层权重分布

B_1	C_3	C_2	C_1	W_2
C_3	1	2	3	0.54
C_2	1/2	1	2	0.30
C_1	1/3	1/2	1	0.16

由表 5-4 可以计算出：$R_{max} = 3.02$，$CI = 0.01$，$CR = 0.019 < 0.1$。

表 5-5　学习层权重分布

B_2	C_6	C_5	C_4	W_3
C_6	1	1/3	1/3	0.14
C_5	3	1	2	0.52
C_4	3	1/2	1	0.34

由表 5-5 可以计算出：$R_{max} = 3.04$，$CI = 0.02$，$CR = 0.038 < 0.1$。

表 5-6　行为层权重分布

B_3	C_9	C_8	C_7	W_4
C_9	1	3	5	0.64
C_8	1/3	1	3	0.26
C_7	1/5	1/3	1	0.10

由表 5-6 可以计算出：$R_{max} = 3.05$，$CI = 0.025$，$CR = 0.048 < 0.1$。

表 5-7　结果层权重分布

B_4	C_{12}	C_{11}	C_{10}	W_5
C_{12}	1	1/2	3	0.31
C_{11}	2	1	5	0.57
C_{10}	1/2	1/5	1	0.12

由表 5-7 可以计算出：$R_{max} = 3.01$，$CI = 0.046$，$CR = 0.089 < 0.1$。

(二) 模糊综合评价

本章采用模糊综合评价方法对两种形式的培训进行效果评价。首先确定评价因素集合，即在四个层次中选取可以反映培训效果的指标，构建评价因素的集合。

第一级（即目标层）：$A = \{B_1, B_2, B_3, B_4\}$。

第二级（即准则层）：B_1, B_2, B_3, B_4；

$$B_1 = \{C_1, C_2, C_3\};$$
$$B_2 = \{C_4, C_5, C_6\};$$
$$B_3 = \{C_7, C_8, C_9\};$$
$$B_4 = \{C_{10}, C_{11}, C_{12}\}。$$

第三级（即子准则层）：$C_1, C_2, C_3, C_4, C_5, C_6, C_7, C_8, C_9, C_{10}, C_{11}, C_{12}$。

根据层次分析法确定相应因素指标的权重（见表 5-8、表 5-9、表 5-10、表 5-11、表 5-12）。

表 5-8 二级四因素权重系数分布

因素	B_4	B_3	B_2	B_1
权重	0.52	0.07	0.17	0.24

表 5-9 三级权重系数分布（一）

因素	C_3	C_2	C_1
权重	0.54	0.30	0.16

表 5-10 三级权重系数分布（二）

因素	C_6	C_5	C_4
权重	0.14	0.52	0.34

表 5-11　三级权重系数分布（三）

因素	C_9	C_8	C_7
权重	0.64	0.26	0.10

表 5-12　三级权重系数分布（四）

因素	C_{12}	C_{11}	C_{10}
权重	0.31	0.57	0.12

利用问卷调查对每个指标因素进行评价，鉴于判断和评价的主观性和模糊性，通过对每层因素建立相应的评判分值，结合受训者、相关人员、专家进行模糊综合评判。

反应层因素集采用 $X_1 = \{x_{11}, x_{12}, x_{13}\}$，评判分值采用 5 分制（非常满意，满意，较满意，一般，不满意）；

学习层因素集采用 $X_2 = \{x_{21}, x_{22}, x_{23}\}$，评判分值采用 5 分制（非常大，大，较大，一般，不大）；

行为层因素集采用 $X_3 = \{x_{31}, x_{32}, x_{33}\}$，评判分值采用 5 分制（非常明显，明显，较明显，一般，不明显）；

结果层因素集采用 $X_4 = \{x_{41}, x_{42}, x_{43}\}$，评判分值采用 5 分制（非常大，大，较大，一般，不大）；

根据评价数据，构建两种培训模式效果评判向量。

首先，根据表 5-13 计算培训机构的农民工培训效果的评价向量：

表 5-13　培训机构对农民工培训效果的调查统计

单位：人

评价 指标	非常满意	满意	较满意	一般	不满意
培训方法满意度	7	13	23	34	20
培训师资和课程满意度	16	17	24	30	10
培训内容满意度	12	15	30	28	12

续表

评价指标	非常大	大	较大	一般	不大
互动能力的提高	12	23	13	38	11
技能的提高	24	20	17	21	15
理论知识的提高	15	23	10	40	9
	非常明显	明显	较明显	一般	不明显
同事对培训的评价	12	22	15	33	15
技术部门对培训的评价	18	18	26	25	10
主管对培训的评价	22	25	13	28	9
	非常大	大	较大	一般	不大
经济效益的提升	18	14	35	20	10
个人收入和发展的提升	14	15	24	29	15
工作质量的提升	10	14	23	41	9

资料来源：问卷调查。

$$R_1 = \begin{bmatrix} 0.07 & 0.13 & 0.24 & 0.35 & 0.21 \\ 0.16 & 0.18 & 0.25 & 0.31 & 0.10 \\ 0.12 & 0.15 & 0.31 & 0.29 & 0.12 \end{bmatrix} \quad R_2 = \begin{bmatrix} 0.12 & 0.24 & 0.13 & 0.39 & 0.11 \\ 0.25 & 0.21 & 0.18 & 0.21 & 0.15 \\ 0.15 & 0.24 & 0.11 & 0.41 & 0.09 \end{bmatrix}$$

$$R_3 = \begin{bmatrix} 0.12 & 0.23 & 0.15 & 0.34 & 0.16 \\ 0.19 & 0.19 & 0.27 & 0.25 & 0.10 \\ 0.23 & 0.26 & 0.13 & 0.28 & 0.10 \end{bmatrix} \quad R_4 = \begin{bmatrix} 0.19 & 0.14 & 0.36 & 0.21 & 0.10 \\ 0.14 & 0.15 & 0.25 & 0.31 & 0.15 \\ 0.11 & 0.14 & 0.24 & 0.42 & 0.09 \end{bmatrix}$$

由 $X_i = \{x_{i1}, x_{i2}, x_{i3}\}$ 可以得到各层的评价向量：$D_i = X_i \times R_i$。经计算可知四层次的因素隶属度：

$$D_1 = \begin{bmatrix} 0.12 & 0.16 & 0.28 & 0.31 & 0.13 \end{bmatrix}$$
$$D_2 = \begin{bmatrix} 0.19 & 0.22 & 0.15 & 0.31 & 0.13 \end{bmatrix}$$
$$D_3 = \begin{bmatrix} 0.21 & 0.24 & 0.17 & 0.28 & 0.10 \end{bmatrix}$$
$$D_4 = \begin{bmatrix} 0.15 & 0.15 & 0.28 & 0.29 & 0.13 \end{bmatrix}$$

根据 $D = X \times R = X \times \begin{bmatrix} D_1 \\ D_2 \\ D_3 \\ D_4 \end{bmatrix}$，$X = [0.24 \quad 0.17 \quad 0.07 \quad 0.52]$，可求出培训机构农民工的培训效果的评价向量：

$$D = [0.24 \quad 0.17 \quad 0.07 \quad 0.52] \times \begin{bmatrix} 0.12 & 0.16 & 0.28 & 0.31 & 0.13 \\ 0.19 & 0.22 & 0.15 & 0.31 & 0.13 \\ 0.21 & 0.24 & 0.17 & 0.28 & 0.10 \\ 0.15 & 0.15 & 0.28 & 0.29 & 0.13 \end{bmatrix}$$

经计算可得：$D = [0.15 \quad 0.17 \quad 0.25 \quad 0.30 \quad 0.13]$

同理，根据表5-14的调查数据，可以计算A集团农民工培训效果的评价向量：

表5-14 A集团公司农民工技能培训效果的调查统计

单位：人

评价指标	非常满意	满意	较满意	一般	不满意
培训方法满意度	8	23	32	24	10
培训师资和课程满意度	16	17	26	28	10
培训内容满意度	18	25	20	28	6
	非常大	大	较大	一般	不大
互动能力的提高	18	23	18	28	10
技能的提高	24	28	16	21	8
理论知识的提高	18	24	23	22	10
	非常明显	明显	较明显	一般	不明显
同事对培训的评价	14	20	28	23	12
技术部门对培训的评价	18	28	24	18	9
主管对培训的评价	18	25	23	21	10

续表

评价指标	非常大	大	较大	一般	不大
经济效益的提升	18	18	34	20	7
个人收入和发展的提升	22	15	14	31	15
工作质量的提升	20	18	23	25	11

资料来源：问卷调查。

$$R_1 = \begin{bmatrix} 0.08 & 0.24 & 0.33 & 0.25 & 0.10 \\ 0.16 & 0.18 & 0.27 & 0.29 & 0.10 \\ 0.19 & 0.26 & 0.21 & 0.29 & 0.06 \end{bmatrix} \quad R_2 = \begin{bmatrix} 0.19 & 0.24 & 0.18 & 0.29 & 0.10 \\ 0.25 & 0.29 & 0.16 & 0.22 & 0.08 \\ 0.19 & 0.25 & 0.24 & 0.22 & 0.10 \end{bmatrix}$$

$$R_3 = \begin{bmatrix} 0.14 & 0.21 & 0.29 & 0.24 & 0.12 \\ 0.19 & 0.29 & 0.24 & 0.19 & 0.09 \\ 0.19 & 0.26 & 0.23 & 0.22 & 0.10 \end{bmatrix} \quad R_4 = \begin{bmatrix} 0.19 & 0.19 & 0.35 & 0.20 & 0.07 \\ 0.23 & 0.15 & 0.14 & 0.33 & 0.15 \\ 0.20 & 0.19 & 0.24 & 0.26 & 0.11 \end{bmatrix}$$

经计算可知四层次的因素隶属度：

$$D_1 = \begin{bmatrix} 0.16 & 0.23 & 0.25 & 0.28 & 0.08 \end{bmatrix}$$

$$D_2 = \begin{bmatrix} 0.22 & 0.27 & 0.18 & 0.24 & 0.09 \end{bmatrix}$$

$$D_3 = \begin{bmatrix} 0.19 & 0.26 & 0.24 & 0.21 & 0.10 \end{bmatrix}$$

$$D_4 = \begin{bmatrix} 0.21 & 0.17 & 0.22 & 0.28 & 0.12 \end{bmatrix}$$

根据 $D = X \times R = X \times \begin{bmatrix} D_1 \\ D_2 \\ D_3 \\ D_4 \end{bmatrix}$，$X = \begin{bmatrix} 0.24 & 0.17 & 0.07 & 0.52 \end{bmatrix}$ 可求出 A 集团公司农民工技能培训效果的评价向量：

$$D = \begin{bmatrix} 0.24 & 0.17 & 0.07 & 0.52 \end{bmatrix} \times \begin{bmatrix} 0.16 & 0.23 & 0.25 & 0.28 & 0.08 \\ 0.22 & 0.27 & 0.18 & 0.24 & 0.09 \\ 0.19 & 0.26 & 0.24 & 0.21 & 0.10 \\ 0.21 & 0.17 & 0.22 & 0.28 & 0.12 \end{bmatrix}$$

经计算可得：$D = [0.20 \quad 0.21 \quad 0.22 \quad 0.27 \quad 0.10]$

本章将评价集合定义为 $V = (V_1, V_2, V_3, V_4, V_5) = \{$非常满意，满意，比较满意，一般，不满意$\} = \{5, 4, 3, 2, 1\}$。根据前面的综合评价结果我们可知：

培训机构农民工培训效果综合评判值：

$$A = 0.15 \times 5 + 0.17 \times 4 + 0.25 \times 3 + 0.30 \times 2 + 0.13 = 2.91$$

A集团公司农民工技能培训效果综合评判值：

$$A = 0.20 \times 5 + 0.21 \times 4 + 0.22 \times 3 + 0.27 \times 2 + 0.1 = 3.14$$

从上述评价数据来看，与培训机构农民工培训效果相比，A集团公司农民工培训效果更佳。

第二节 湖北省政府购买培训成果两种形式的效果比较及问题对策分析

一 湖北省政府购买培训成果两种形式的效果比较

通过比较湖北省的社会培训机构培训和企业内部培训的效果（3.14 > 2.91）可见，受训者更希望能结合相应的工作岗位技能要求来接受系统的职业培训，且培训所学内容可以在结束培训之后立即用到实际的工作中去，干中学的模式更能收到好的培训效果。

从湖北省的社会培训机构的培训绩效来看，其 $B_1 = 2.83$，$B_2 = 3.03$，$B_3 = 3.18$，$B_4 = 2.90$，即柯氏效果评估模型之下的反应层、学习层、行为层、结果层的满意度只停留在比较满意和一般之间，没有哪个层次的评价值是大于等于4的。这说明现行的培训机构并不能满足受训者提升职业技能的要求。受训者无论是对培训的方法、内容和师资（$C_1 = 2.50$，$C_2 = 2.99$，$C_3 = 2.83$），还是对互动能力的提高、技能的提高和理论知识的提高（$C_4 = 2.84$，$C_5 = 3.20$，$C_6 = $

2.95），以及对培训结果中的经济效益的提升、个人收入和发展的提升、工作质量的提升（$C_{10}=3.16$，$C_{11}=2.82$，$C_{12}=2.76$）都存在很多不满意的地方。

从 A 企业集团内部培训评价结果可知，反应层（$B_1=3.11$）、学习层（$B_2=3.29$）、行为层（$B_3=3.23$）、结果层（$B_4=3.07$）的满意度普遍比职业培训机构高，都是处于满意和比较满意之间。这说明这种培训模式更能调动企业和受训者的积极性，也更具有针对性。

上述实证分析的结果可以从培训机构和用人单位的培训动机、培训行为等方面进行阐释。培训机构是一个进行专门培训的企业法人，其服务内容除为政府提供公共就业培训，还可提供许多社会上的紧缺专业的培训。培训机构是面向市场的培训主体，以营利为其目标。培训机构在培训中会进行成本核算，力求尽可能规避风险，以最低成本获取最大利益。因此，如果政府监管不到位，培训机构就有可能为了追求自己的利益而忽视他人的利益，比如降低培训质量、减少培训时间等等。而企业作为用人单位是培训产品的最终消费者，是合格受训者的最终归属，是公共就业培训的直接受益者，如果政府能进行培训费用的补助，企业非常乐意参与，同时其培训内容将更有针对性，质量也能更有保证。

二 湖北省公共就业培训存在的问题分析

从前面对湖北省两种公共就业培训的效果评价中可以看到，湖北省两种公共就业培训的总体效果并不令人满意，经过课题组的调查发现，公共就业培训主要还存在下列问题。

（一）湖北省职业培训机构问题分析

1. 职业培训管理体系不健全

湖北省职业培训机构数量、结业生数量总体呈减少趋势。培训管理体系不健全，致使整个培训市场混乱，各种培训机构林立，优质的培训机构缺乏。培训机构的申办和筛选的程序不够严格，很多培训机构名不副实，它们以经济效益为导向，并不关注培训的质量和受训人员的满意度。培训机构在竞争激烈和并不宽松的政策环境下很难扩大规模，加大投入。

2. 职业培训机构规模仍然较小

从每万人拥有培训机构数、每万人拥有专任教师数、平均一个机构的结业生数可以看出，湖北省的培训机构大多是小中型培训机构，且运行方式比较落后，政府促进职业发展的培训政策并不完备，公众参加职业培训的积极性不高，参加职业培训的人数有限。

3. 培训师资缺乏

很多培训机构的经营目的是最大化获得经济效益，对培训教师的发展缺乏关注，加上福利待遇没有跟上，导致流动性比较大。而高职院校的教师由于教学工作任务繁多，很难拿出时间进行系统学习，适时提高专业素质。有些院校未能较好地制定师资队伍建设规划，其师资培养仍采用普通高校传统的师资进修方式，仅仅满足提升教师的学历层次，没有充分考虑高职院校教师对专业知识和技术技能的特殊要求。教师个人对自身教学水平的提高和专业知识的优化也缺乏重视。单一过时的专业知识和专业技能的欠缺，导致职业培训质量低下，很难满足受训人员的需求。

4. 培训内部管理体系混乱

培训机构和职业院校在职业培训的体系建设上都存在极大的不连贯性。高职院校的职业培训还是建立在学历教育的基础上，以学历教育为主，缺乏建设符合企业需求的职业培训课程体系的意识。一般职业培训机构的课程设立具有很大的市场适应性，但也导致培训体系的混乱。培训机构的品牌意识淡薄，没有形成自身特色课程。受训人员在培训之后无法改善工作状态，大大降低了参加培训的积极性。

（二）湖北省企业内部技能培训的问题分析

1. 管理层对职业培训缺乏重视

管理层对企业内部培训的认识还不足，他们关注的更多是成本投入后的收益，而对人力资本的提升过程和方法缺乏兴趣。企业内部培训的总负责部门主要是人力资源部，培训战略和培训计划的制定也主要由人力主管来负责。受所处的职位和层级的限制，人力主管制定的培训工作目标往往只是完成企业人力资源考核指标，没有真正意识到职业培训的重要性。对职业培训重视不够，造成员工接受培训的心理预期随之降低，对培训的满意度也很难提高。

2. 培训战略与组织战略脱节

高效培训体系的构建取决于科学培训战略的制定，作为指导职业培训发展方向的培训战略，需要根据企业的不同发展阶段和不同发展规模来制定。但由于职业培训战略的制定者并不完全具备企业发展阶段的敏感性，培训战略并不能很好地促进组织战略目标的实现。

3. 培训需求调查不够

很多企业内部培训存在对培训需求调查不够的问题，忽视企业用工的具体需求和企业员工的个体要求，缺乏对培训需求的了解和分析。在一些企业，由于课程都具有很强的连续性，当需要开展职业培训时，培训管理者对原有培训项目稍做调整，就去开展培训，企业培训已然形成一种制度式的流程，缺乏针对性。

4. 培训体系不健全

培训体系不健全表现为培训制度不完善，培训标准不明确，培训过程监控缺失，培训评估方法比较落后，培训师资和课程质量亟待提高，培训模式单一。大部分企业内部培训的投入非常有限，导致培训体系构建举步维艰。

5. 科学的培训效果评估缺乏

培训的效果显现具有长期性和滞后性，培训效果的度量和评价是一个持续的过程，培训效果的评估难度随之提高，培训评估专业性也随之变强。这也导致企业培训效果评估的难以操作和流于形式，进而影响受训人员的积极性，培训的满意度降低，培训的实效性也比较差。

三 提高湖北省公共就业培训绩效的对策

第一，完善对培训机构的调控。政府要加强政策调控，加强对培训机构的管理，在管理环节上严把质量关。对办学质量高、管理规范、富有社会责任感的培训机构予以适当的政策扶持，保证其正常运行，使其在获得良好发展的同时为社会不断输送高质量的人才。对办学不规范、教学质量差、名不副实的机构予以整改和取缔。鼓励个人和团体组织新办高质量的培训机构。对高职院校要加强政策引导，保证学生在完成学历教育、提高综合素质的同时，职业技能也有所提高。加大对高职教育经费的投入，保证高职教育的教学设施和师资力量的先进性。

第二，优化培训流程。培训流程涉及培训的管理层、制度层、资源层。培训流程不够清晰将导致培训项目的效果难以提升。培训流程设计的好坏，关系到职业培训的目标实现与否。培训机构和职业院校要设计合理的培训流程，以市场需求为导向制订培训计划，以培训计划为先导组建合理的培训组织体系，制定培训标准来保障培训质量，加大对培训项目的过程控制，利用优势资源打造特色专业和课程，以品牌效应加大培训机构的吸引力，保证培训目标的实现。

第三，引导企业重视培训，并将职工的技能培训与职业生涯管理相结合。培训是职业生涯管理的重要环节，只有将职工的技能培训纳入职业生涯管理，与技能评价、职位晋升等结合进来，才能真正发挥员工的潜能,调动他们的积极性,留住人才,企业才能真正受益。因此在鼓励企业加强培训的同时,还要鼓励它们积极进行职业技能鉴定和评价。政府可以在符合条件的企业设立鉴定所,由鉴定所来承担企业内鉴定申报、组织实施等工作。

第六章　与工业园区企业不同对接方式的公共就业培训及效果评价

近年来工业园区成为区域产业的集聚地，成为区域经济发展核心区，但招工难问题一直困扰着工业园区企业的发展，因此各地公共就业培训的一个重要组成部分是园区企业职工技能培训，通过公共就业培训与工业园企业需求的对接，解决工业园企业用工难问题。公共就业培训与工业园企业的用工对接有两种方式，即园区企业－农民工－培训机构对接、园区企业－职校学生－职业学校对接。本章将对这两种对接方式的公共就业培训的效果进行评价。

第一节　江西省园区企业－农民工－培训机构对接培训的效果评价

一　园区企业－农民工－培训机构对接培训项目的实施背景

为了科学研究园区企业－农民工－培训机构对接培训项目的效果，本节选取了江西省高安市陶瓷实训中心作为调查对象。高安市是地处赣中偏西北的一个县级市，市域面积2400多万平方公里，人口83万人，下辖22个乡镇（街道）。高安市地理位置优越，建材资源非常丰富，有"五土"（瓷土、耐火土、高岭土、红砖土、保温土）和"六石"（石灰石、大理石、花岗石、石英石、青石和红石）。这些独特的自然条件为高安市发展建陶业提供了极大的优势，建陶业成为高安市支柱产业。截至 2016 年，高安市建陶业实现产值 346 亿元、税收 3.57 亿元，成功创建首个陶瓷物流电子商务平台，全省建筑卫生陶瓷标准化技术委员会在高安成立，建陶基地获批国家新型工业化产业示范基地，成为建陶行业中全国唯一一家国家级示范基地。①

在建陶行业，产业工人的专业程度直接决定了建陶成品的质量。因此，对于高安市而言，当务之急是办好职业教育，为发展高安陶瓷产业培养优秀人才。为了向陶企输送足够的有技能的劳动力，高安市政府建立了全国唯一的建筑陶瓷专业的实训基地——中国建筑陶瓷实训基地。该基地是江西省建筑陶瓷产业基地的配套建设项目，其服务功能是为江西省建筑陶瓷产业基地乃至全国建筑陶瓷行业培训和输送中、高级管理人才及初、中、高级职业技能人才，是进行建筑陶瓷企业技能培训、岗前实训的专业性实训平台。

中国建筑陶瓷实训中心的主要特点是起点高、功能全、与产业对接性强。实训能力可同时容纳 400 人，年实训能力可达 3000 人以上，实训内容从建陶行业一般技能到中高级管理人才均有设置。实训中心设置实训部、住宿部、科研部、产品展示厅、就业和劳动保障综合服务大厅，参训人员可在实训中心享受"学技－取证－就业－就业后服务"等"一站式"服务。

二 评价方法和对象的选择

本章采用的评价方法主要基于柯克帕特里克教授的四级评估模型理论。笔者认为，四级评估模型理论中的一、二级评估（反应层评估和学习层评估）较为适合评估培训前的学员意愿和培训中的学习环节，三、四级评估（行为层评估和结果层评估）则较为适合考量培训后学员的工作表现及企业的业绩变化。这些数据均需要在培

---

① 《2017 年政府工作报告》，高安市人民政府网站，2017 年 3 月 1 日。

训结束后从企业内部获取。受客观条件的限制，本章研究主要采用了前两级评估指标。具体来说，主要运用一级评估指标（反应层评估）评估学员对培训项目的看法，诸如学员对教学内容、教学方法、学习资料、授课教师、环境和组织等要素的看法；运用二级评估指标（学习层评估）测量学员对知识和技能的掌握程度。本课题采用的测量方式主要有以下两种：其一，培训结束后，要求学员当堂准确填写调查问卷，以确保反应层评估的信息真实性与完整性；其二，培训结束后的两天内，依据培训内容，采用笔试和实际操作考核相结合的方式对学员进行考核，通过考核成绩对培训效果做出初步评价。

在高安市政府的支持下，陶瓷实训中心于2011年9月开办了农民工的培训活动，参加培训的农民工由高安市各陶瓷企业从已工作的农民工中进行挑选。参加培训的农民工由政府提供每人1500元的补贴，培训为期两周。本章调查对象就是参加该期高安市陶瓷实训中心培训的农民工学员，主要以发放调查表和访谈的方式进行调查，见附录3。本次调查共发放问卷161份，收回问卷161份，回收率为100%。其中，有效问卷151份，有效率为93.8%。对于本次调查结果及其数据，主要运用SPSS 18.0分析软件进行统计，并运用因子分析法，具体分析了问卷调查数据的5项指标。

三 问卷设计和实证分析

问卷从两个维度探讨高安市陶瓷实训中心农民工的培训效果：一是根据柯克帕特里克培训效果四层评价模型中的一级评估（反应层评估）和二级评估（学习层评估）来设置指标；二是根据李克特五级量表法的原理来设置评价等级，指标评价分为5个等级（其中，"1"表示很不满意，"2"表示不满意，"3"表示一般，"4"表示满意，"5"表示非常满意）。

首先根据调研情况，结合相关研究，选择了以下12个指标作为反应层的初拟指标，具体见表6-1。

表6-1 受训学员对培训项目满意度调查（反应层评估）数据分布状况

单位：人

调查问题 \ 评价等级	1	2	3	4	5	均值
所用教材与培训目标是否相符	0	0	22	8	45	4.152
教材的专业性程度	0	4	30	89	28	3.934
教材与现在的就业趋势是否相符	0	2	35	85	29	3.934
课程的安排和上课进度的合理性	0	3	33	82	33	3.960
课程内容编排的合理性	2	2	32	82	33	3.940
您认为教师的专业知识技能怎样	1	8	27	84	31	3.901
教师的课堂组织能力及表达能力怎样	0	7	27	67	50	4.059
您认为教师的培训水平及方式怎样	0	12	23	80	36	3.927
培训的参与性强吗	1	4	30	97	19	3.8541
您认为培训方式是否符合当前企业需求	0	6	30	81	34	3.947
您对培训过程中的实际操作设备满意吗	5	5	30	84	27	3.814
培训场所的设施和环境是否能满足您的培训需求	0	8	23	56	64	4.165

资料来源：问卷调查。

从表6-1可以看出，绝大部分的评估值均值集中在4左右，评估值相对较低的主要是培训的参与度、对培训实际操作设备的满意度等。

由于问卷设计的时候是假设上述各项指标彼此独立，现对以上各指标进行因子分析，将可能彼此有关的变量转化成少数有概念化意义而彼此独立性大的因素，进而分析多个因素的关系。根据统计学理论，因子分析通常使用的统计量为KMO指标。KMO值大小与观测变量间的共同因素多少有关。如果KMO值太小，则表明观测变量间共同因素较少,因而不适宜做因子分析。KMO值的判断标准是:0.9以上为非常好,0.8~0.9为好,0.7~0.8为一般,0.5~0.6为差,0.5以下为不能接受。结果见表6-2。

表6-2 KMO和Bartlett的检验

取样足够度的KMO度量		0.857
Bartlett的球形度检验	近似卡方	885.437
	df	66
	Sig.	0.000

资料来源:问卷调查。

从表6-2中可以得出,Bartlett检验值较大,相伴概率为0,因此,相关系数矩阵不是单位矩阵,而且KMO值为0.857,所以可进行因子分析(见表6-3)。

表6-3 公因子方差

项目	初始	提取
V_1	1.000	0.661
V_2	1.000	0.699
V_3	1.000	0.676
V_4	1.000	0.537
V_5	1.000	0.663
V_6	1.000	0.723
V_7	1.000	0.696
V_8	1.000	0.744
V_9	1.000	0.617
V_{10}	1.000	0.624
V_{11}	1.000	0.640
V_{12}	1.000	0.782

资料来源:问卷调查。

从表 6-4 中数据可以看出，左边 12 个成分因素的特征值总和等于 12。解释变异量为特征值除以题项数，依据统计数据，如表中第一个特征值的解释变异量为 46.678%，且表 6-6 中根据特征值大于 0.8 的原则提取了三个因子，这三个因子所解释的方差占整个方差的 67.187%，大体上能反映所有信息。

表 6-4 解释的总方差

成分	初始特征值 合计	初始特征值 方差贡献率（%）	初始特征值 累计方差贡献率（%）	提取平方和载入 合计	提取平方和载入 方差贡献率（%）	提取平方和载入 累计方差贡献率（%）	旋转平方和载入 合计	旋转平方和载入 方差贡献率（%）	旋转平方和载入 累计方差贡献率（%）
1	5.601	46.678	46.678	5.601	46.678	46.678	3.185	26.545	26.545
2	1.591	13.259	59.937	1.591	13.259	59.937	2.483	20.692	47.237
3	0.870	7.251	67.187	0.870	7.251	67.187	2.394	19.950	67.187
4	0.721	6.009	73.196						
5	0.638	5.316	78.512						
6	0.589	4.908	83.420						
7	0.464	3.865	87.285						
8	0.405	3.372	90.657						
9	0.380	3.167	93.824						
10	0.311	2.594	96.418						
11	0.223	1.859	98.277						
12	0.207	1.723	100.00						

注：提取方法为主成分分析。
资料来源：问卷调查。

图 6-1 是公共因子碎石图。其横坐标表示公共因子数，其纵坐标表示公共因子特征值。从图中我们也可以看出因子 1、2 和 3 之间连线的坡度要比其他点间的连线陡得多，说明前面 3 个因子是主要因子，因此提取 3 个公共因子可以在很大程度上反映原有变量的信息（见表 6-5）。

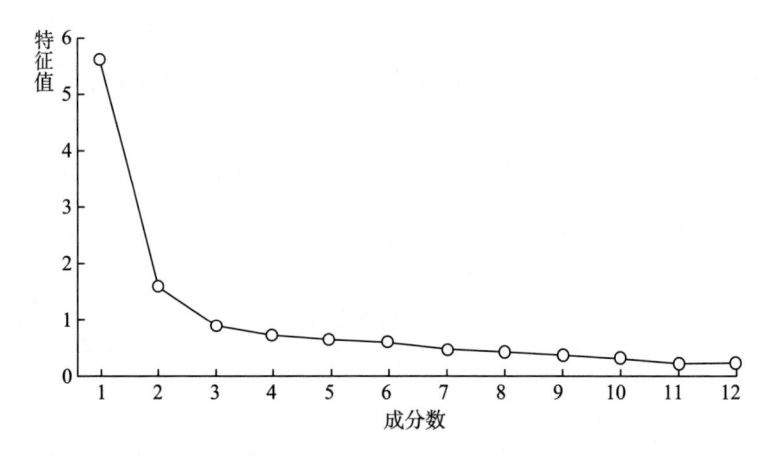

图 6-1　公共因子碎石图

资料来源：问卷调查。

表 6-5　成分矩阵[a]

项目	成分		
	1	2	3
V_1	0.572	0.430	0.387
V_2	0.734	0.197	0.349
V_3	0.692	0.153	0.418
V_4	0.669	-0.262	-0.147
V_5	0.771	-0.236	-0.113
V_6	0.716	-0.456	-0.046
V_7	0.567	-0.599	0.130
V_8	0.710	-0.489	0.014
V_9	0.700	0.253	-0.249
V_{10}	0.709	0.339	0.079
V_{11}	0.644	0.343	-0.329
V_{12}	0.685	0.345	-0.440

注：提取方法为主成分分析。

　　a. 已提取了3个成分。

从表 6-6 中可以看出，有 3 个因素被抽取。

表 6-6　旋转成分矩阵[a]

项目	成分 1	成分 2	成分 3
V_1	0.023	0.247	0.774
V_2	0.306	0.256	0.735
V_3	0.314	0.165	0.742
V_4	0.626	0.353	0.144
V_5	0.670	0.398	0.235
V_6	0.806	0.220	0.158
V_7	0.821	-0.050	0.143
V_8	0.827	0.160	0.184
V_9	0.248	0.678	0.309
V_{10}	0.183	0.495	0.588
V_{11}	0.143	0.743	0.259
V_{12}	0.169	0.844	0.203

注：提取方法为主成分分析。旋转法为具有 Kaiser 标准化的正交旋转法。
a. 旋转在 4 次迭代后收敛。

相对表 6-5，表 6-6 显然能更好地对主因子进行解释，经旋转后荷载向两端集中，能更好地对主因子进行解释。从表 6-6 中可以看出，项目 V_4，V_5，V_6，V_7，V_8 为因素一；V_9，V_{11}，V_{12} 为因素二；V_1，V_2，V_3，V_{10} 为因素三。题项在其所属因素层面是依据因素负荷量的高低排列的。由此问卷可归纳为三个方面：因素一为课程内容安排及教师水平，因素二为培训的参与度以及对培训场所和设备的满意度，因素三为培训教材的相关指标。经过计算，三个因素的均值分别为：因素一 3.957、因素二 3.944、因素三 3.992。结合对问卷结果的统计可以看出，受训者对因素二的满意度相对较低，即培训的参与度以及对培训场所和设备的满意度相对另外两个因素而言让受训者较为不满意，而在培训教材的选取和编排上受训者满意度较高。

此外，学习层的数据则以培训学员的考试成绩为依据，考试在培训结束后的第二天进行，该期学员共160人，即统计的试卷共160份，卷面100分为满分，其中90分以上为非常满意，80~89分为满意，70~79分为一般，60~69分为不满意，60分以下为很不满意，最后进行百分数的处理，得到如下结果（见表6-7）。

表6-7 陶瓷实训中心学员成绩汇总

单位：%

效果评估	很满意	满意	一般	不满意	很不满意
学习层	11	38	32.5	14	4.5

资料来源：问卷调查。

由表6-7可知，经过培训后的考核成绩在70分以上的人数占81.5%，这说明培训的效果总体上还是令人满意的。

四 结论与建议

综上所述，通过使用柯克帕特里克评估模型对该培训项目的效果进行评估，可以得出，培训的总体效果令人满意，尤其是在教师的授课能力、培训的设施和环境，以及所用教材与培训目标的匹配度这几个指标上，均值都超过了4，反映出受训者对这几个指标的满意度较高，但在对培训过程中的实际操作设备的满意度上，由于没有很好地结合农民工的实际情况，还有待进一步调整和改进。就培训的考核成绩而言，绝大部分学员成绩在及格以上，总体成绩不错，但成绩优秀的人数还是不多。

通过对培训机构的实地走访和调查，发现农民工职业培训存在一些问题，因此，应有针对性地进行改进。

第一，加大宣传力度，提高农民工对培训的认识。由于农民工的文化水平普遍不高，他们的竞争意识、就业理念滞后于经济社会发展的客观要求，在潜意识里他们仍然或多或少存在"温饱则乐""小富即安"的心理惰性。应加强宣传，可以在火车站、汽车站，以及电视广播上以公益广告的方式加大对公共就业培训的宣传力度。

第二，增加培训投入，降低农民工参加培训的成本。尽管农民工一般就近安排参加培训，但现有的职校或培训机构绝大部分集中在省、市两级，在县（市）一级非常少，乡镇、村一级甚至是空白。到县或者省里参加培训，这就增加了受训者的交通、食宿等费用。此外，农民工参加职业培训有较大的时间和机会成本，如每年的农忙时节和已有工作的，因而农民工参加培训的积极性不高。公共就业的培训项目应尽量在闲时择期开设，同时考虑农民工的实际经济状况，加大对农民工直补的力度，减轻他们参加培训的后顾之忧。

第三，增强培训方式和课程设置的针对性，规范管理。有些培训课程和培训方式没有考虑到农民工的实际情况和需求，培训管理与服务环节比较松散，培训输出机制不完善，这在一定程度上影响了农民工参加培训的积极性和主动性以及培训的最终效果。因此，加强农民工培训的针对性是增强培训效果的重要途径。

第二节　江西省园区企业－职校学生－职业学校的对接培训及效果分析

为了科学分析以职校学生为受训主体的对接机制效果，我们选取了江西现代职业技术学院和江西省化学工业学校两所学校作为调查对象。

一　政策背景

从 2009 年开始江西省为解决工业园区企业用工短缺问题，采取了对本省技工院校毕业生进行培训补贴的政策。政策规定，符合补贴条件的学生每人每学年获得政府 1000 元的学杂费补贴，获得中级职业资格证书者补贴两年，获得高级及以上职业资格证书者补贴三年。接受补贴的技工院校毕业生须同时具备三个条件：第一，与省内工业园区企业签订一年以上期限的劳动合同；第二，在省内工业园区企业工作满一年（含顶岗实习时间）；第三，取得中级及以上职业资格证书。自 2013 年起，江西开始对就业技能培训（含工业园区定向培训）和岗位技能提升培训进行补贴，补贴标准按培训时间、培训成本、难易程度等因素而定，培训费补贴标准为每人 300～3000元。"十二五"期间江西累计开展工业园区培训 181.26 万人。[①] 为深入了解政府对职校学生的优惠政策效果，从 2011 年 9 月到 2012 年 1月课题组对在江西现代职业技术学院和江西省化学工业学校实行的优惠政策进行了解，并对这两所职校的学生进行了问卷调查和访谈。

二 园区企业与职校对接培训的形式及评价

园区企业与职业学校之间的培训对接形式主要是：企业在职校建立实训中心、"工学交替"、"顶岗实习"、"订单式培养"等。以下就这几种主要对接方式进行分析。

（一）与学校合作建立实训中心

江西现代职业技术学院是一所经省人民政府批准、教育部备案的以技术教育为主的公办专科层次全日制普通高校。该校拥有完备的教学设施和先进的实训基地，拥有 30 多个各类先进的实训中心和实训室，广泛涉及数控加工、汽车实训、酒店实训、钳工实验、模具拆装实验等专业技术领域。该校与工业园众多企业建立了联系，其中汽车实训中心和酒店实训中心都是由企业投资兴建的。以该校

[①] 江西省人力资源和社会保障厅、江西省财政厅：《关于在全省技工院校开展定向就业补贴工作的通知》，http://www.jxzp.gov.cn/htm/3540/134430.html，2009 年 12 月 9 日。

的汽车一体化实训中心为例，这是一个集教学、培训、职业技能鉴定等多功能于一体的综合性实训教学基地。该实训中心分四个教学实训区，即汽车电控综合实训区、汽车整车拆装实训区、汽车发动机实训区和汽车底盘实训区，可进行拆装、维修、检测和故障诊断、整车检测和维护等技能训练。通过实训，学生系统学习和掌握维修设备使用方法、汽车检测维修工艺，为掌握现代汽车检测与维修技术奠定了坚实的基础。实训中心的建立为学生更好地将理论学习与实践内容结合起来提供了基础，有利于培养出具有扎实的技术理论知识和较强专业技能的学生。与此同时，企业也有优先选择优秀毕业生的权利。学校向企业输送各类具有较强专业技能的人才，企业从相关专业中挑选优秀学生，形成了学校和企业之间双赢的良好态势。但是实训中心建设需要的投资量比较大，也只限于几个专业，还未大范围推广。

（二）"工学交替""顶岗实习"

"工学交替""顶岗实习"两种方式在职校的运用已经比较广泛，江西现代职业技术学院和江西省化学工业学校两所学校都与省内工业园的多家企业建立了较为稳定的校企合作关系。这两所院校的"2+1"培养模式就是运用的这两种方式：学生入学后，前两年在学校学习理论知识，在这两年中利用暑假或者其他时间让学生到与学校有合作关系的企业进行短时间的实践，即"工学交替"，第三年则到企业"顶岗实习"。企业则有优先挑选优秀实习学生的权利，这也在一定程度上降低了企业招聘员工的成本和风险。

"工学交替""顶岗实习"使学生在学习理论知识的同时与生产实践紧密结合，学习有的放矢，具有针对性。通过"工学交替"和"顶岗实习"，学生亲身感受到企业的需求和企业对员工能力的要求，从而使得学习目的更加明确，学习兴趣更加浓厚。企业为技工院校在校学生提供"工学交替"和"顶岗实习"的锻炼机会，对培养学生科学严谨的工作态度、勤奋务实的工作作风起到了良好的作用，促进了学生专业学习过程中理论与实践的结合，有利于学生实践能力的提高。学生在企业进行实践操作和技能培训所用的是企业目前所使用的技术和设备，这有利于学生在学习结束后即可投入工作。此外，学生在企业实践和实习的过程中，人才需求双方都已相互了解，就业选择简化，工作稳定性好。在"顶岗实习"结束后，许多学生选择留在实习企业工作，实现了企业、学校和学生之间多赢的局面。

虽然"工学交替""顶岗实习"是现在各个职业院校应用时间较长、应用范围也比较广泛的校企合作方式，但仍存在如下不足：

（1）一些企业仅仅是把实习生当作廉价劳动力使用，学生的权益得不到保障；

（2）企业是以营利为目的的，在安排学生实习时不会完全根据学生的专业来安排他们的岗位，以致一些学生在实习时不能学以致用，发挥自己所长。

（三）订单式培养

此次调查的两个学校均设有"订单班"，为了确认"订单式"教育模式的效果，课题组于 2011 年 10 月进行了问卷调查。在两个"订单班"共发放了 73 份问卷，填写问卷的学生均为在校的"订单班"二年级学生，因为问卷的收发均有班主任老师帮忙，所以收回问卷 73 份，回收率为 100%，其中 70 份为有效问卷，有效率为 95.89%，具体数据如下。

①您选择"订单班"的原因是什么？

如图 6-2 所示，64.29% 的学生选择了就业稳定，27.14% 的学生选择了学习技能，7.14% 的学生选择"订单班"是因为家长建议，另有 1.42% 的学生选择了其他，说明大部分的学生在选择"订单班"时已有较成熟的考虑。

图 6-2 选择"订单班"的原因

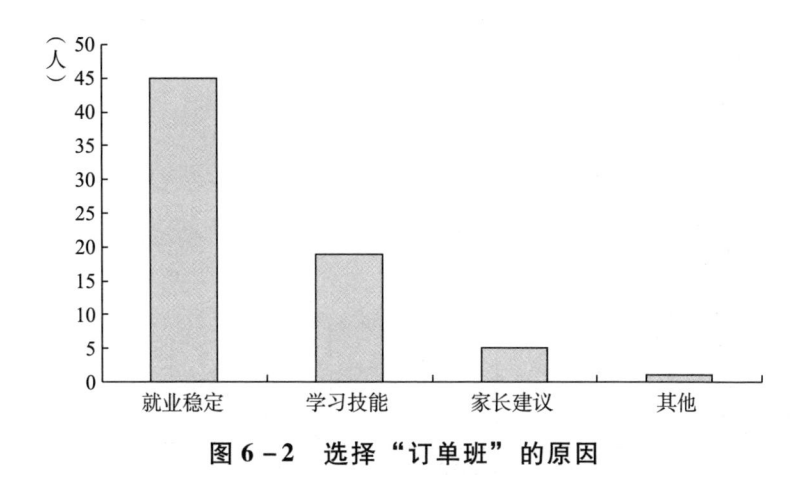

②您在参加"订单班"之前对对口企业的情况了解吗？

如图 6-3 所示，2.86% 的学生对对口企业非常了解，55.71% 的学生对企业一般了解，32.86% 的学生对企业不是很了解，8.57% 的学生对企业情况不了解，对企业情况非常了解的学生很少，说明学校对"订单班"企业的宣传和介绍不够，没有让学生对企业情况有深入的了解。

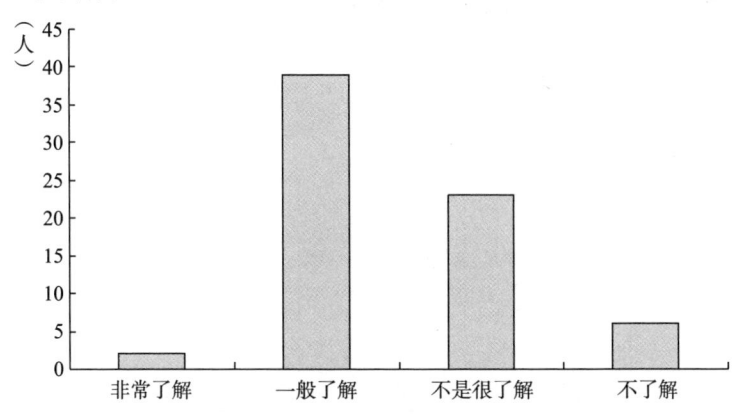

图 6-3 参加"订单班"之前对对口企业的了解情况

③您觉得现在所学的专业课程能满足目标岗位的技能要求吗？

如图 6-4 所示，7.14% 的学生认为所学的专业课程非常贴合目标岗位的专业技能要求，62.86% 的学生认为比较贴合，28.57% 的学生认为一般贴合，只有 1.42% 的学生认为不贴合，说明"订单班"的课程设计基本贴合市场需求，比较合理。

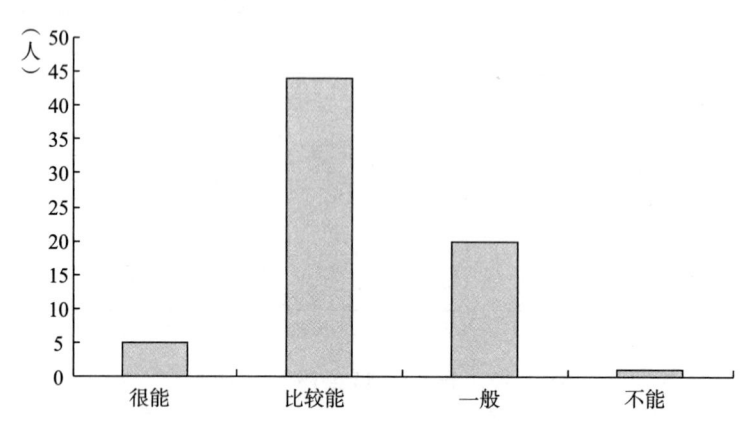

图 6-4　所学专业课程能否满足目标岗位技能要求

④您认为本校的教师知识结构能满足"订单式"培养的需要吗？

如图 6-5 所示，20% 的学生认为授课老师所教授的专业知识很能满足"订单式"培养的需要，44.29% 的学生认为比较能满足需要，32.86% 的学生认为一般，2.86% 的学生认为不能满足需要，说明大部分的学生对授课老师的专业水平还是比较满意的。

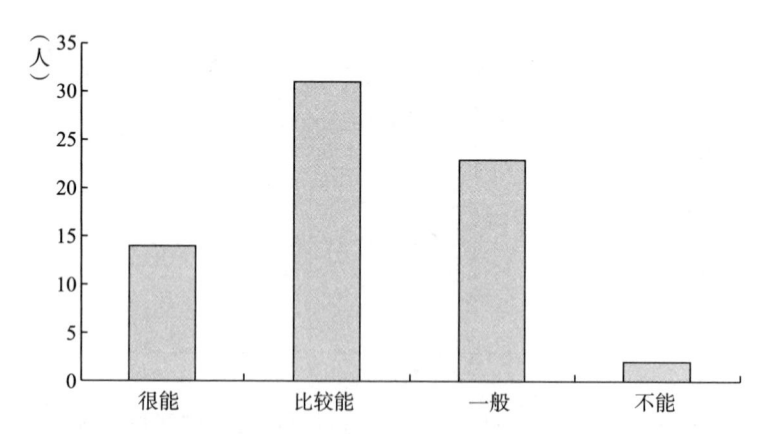

图 6-5　教师知识结构能否满足"订单式"培养的需要

⑤您认为对口企业派讲师到学校进行技能教学是否有利于"订单式"职业教育模式的学习？

如图 6-6 所示，22.86% 的学生认为对口企业所派讲师的技能教学非常有利于"订单式"职业教育模式的学习，45.71%的学生认为比较有利，24.29%的学生认为一般，7.14%的学生认为作用不大，说明请进来的企业讲师还是很受欢迎的。

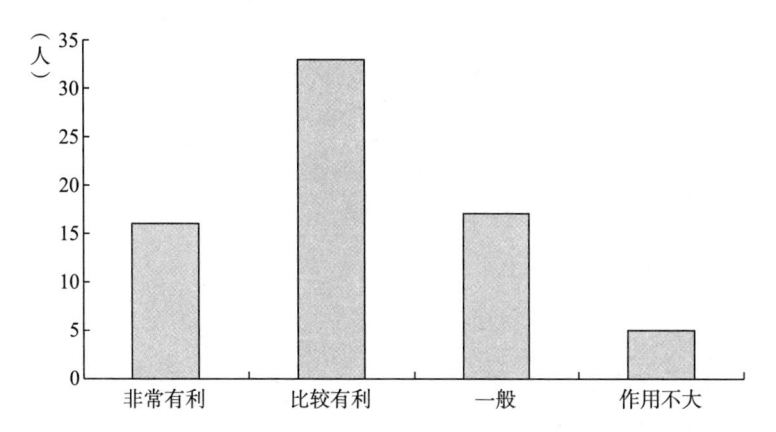

图 6-6　对口企业派讲师到学校进行技能教学是否有利于"订单式"职业教育模式的学习

⑥您认为贵校提供的与专业相关的实践场所对"订单式"培养的教学有帮助吗？

如图 6-7 所示，10%的学生认为学校所设的实践场所对"订单式"培养很有帮助，58.57%的学生认为比较有帮助，24.29%的学生认为一般，7.14%的学生认为没有帮助，即大多数的学生对实践场所还是比较满意的。

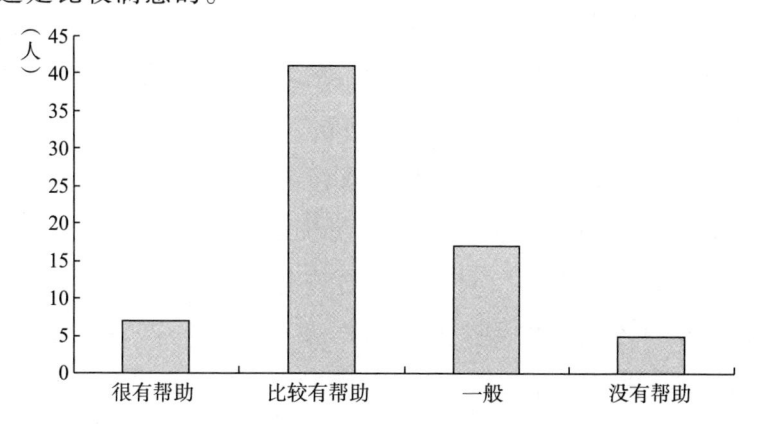

图 6-7　实践场所对"订单式"培养的教学是否有帮助

⑦您认为"订单式"培养对学习技术和就业有帮助吗？

如图 6-8 所示，经过一年多的学习，17.14% 的学生认为"订单式"培养对学习技术和就业有很大帮助，55.71% 的学生认为比较有帮助，27.14% 的学生认为一般，认为完全没有帮助的学生为 0 人，说明"订单式"培养方案的实际效果还是比较理想的。

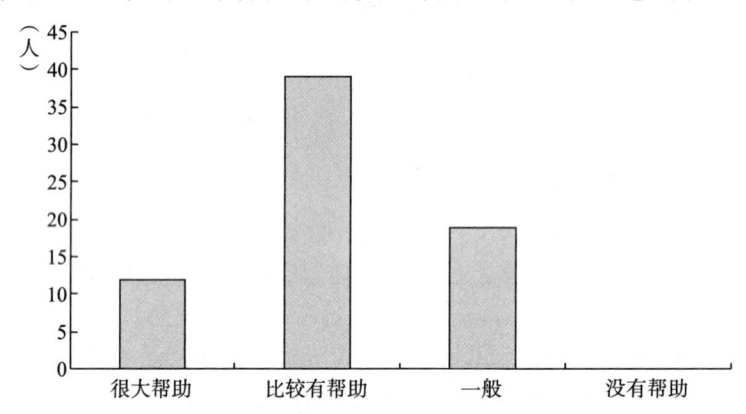

图 6-8　"订单式"培养对学习技术和就业是否有帮助

综上所述，大部分学生对"订单式"培养的实施还是基本满意的，通过学习，学生对工作和未来有了信心，同时这一模式也解决了学生实训场地难以落实的问题，将学校与企业的浅层次合作进行深化，将学生作为企业准员工进行培养，大幅度地缩小学校教育与企业实际岗位要求的距离，使毕业生真正成为企业所急需的技能人才。而对企业而言，这一教育模式有利于企业文化在员工中的深入，企业可以根据自身的特点量身定做，培养专业技术人才，解决了企业急需的高素质技能型人才的短缺问题。

同时也应看到"订单式"培养还存在如下问题。

（1）目前，校企合作培训技工院校学生的工作存在"一头热、一头冷"的现象，即学校对于开展合作具有很高的积极性，而企业的积极性相对不高，以致"订单式"培养没有得到较大规模发展，有些学校甚至根本没有。

（2）在"订单式"人才培养过程中，出现了订单培养的学生知识面较窄的新问题。企业对学校提出特定技术岗位人才的需求，学校为了迎合企业，往往单方面满足企业对培养方案的要求，从而使得培训内容的针对性太强，教学知识面过窄，导致这些学生日后转岗困难。

（3）目前，"订单式"人才培养模式虽然在一些职业院校进行了有益的尝试，但仍处在零敲碎打的初级阶段。由于企业对人才的需求是具有阶段性特征的，学校不可能找到长期的合作企业。

三 园区企业－职校学生－职业学校对接培训的效果及完善

对园区企业－职校学生－职业学校对接培训的效果评价主要通过上述两所职校的访谈和问卷调查来收集信息。问卷调查共500份，由在校学生填写，共收回问卷500份，其中有效问卷479份，有效率为95.8%，具体数据如下。

①您的学校与工业园的企业联系紧密吗？

如图6－9所示，只有2.92%的学生觉得学校与工业园的企业联系非常紧密，23.38%的学生认为联系紧密，18.58%的学生认为一般紧密，5.63%的学生觉得不紧密，另外有49.48%的学生对联系情况不清楚，说明对大部分学生而言，学校与工业园的企业联系并不紧密，或者学校并没有将工业园企业的情况向学生进行宣传介绍，导致很多学生对此并不了解。

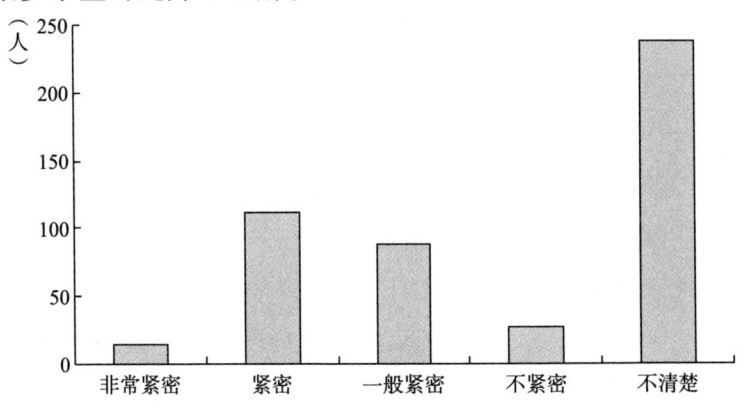

图6－9 学校与工业园企业联系情况

②到学校来招聘的工业园企业多吗?

如图 6-10 所示,3.13% 的学生认为来学校招聘的企业非常多,20.46% 的学生认为比较多,44.26% 的学生认为中等,14.61% 的学生认为数量比较少,17.54% 的学生没听说过,说明来学校招聘的工业园企业数量并不多,有待校企之间进一步加强合作联系。

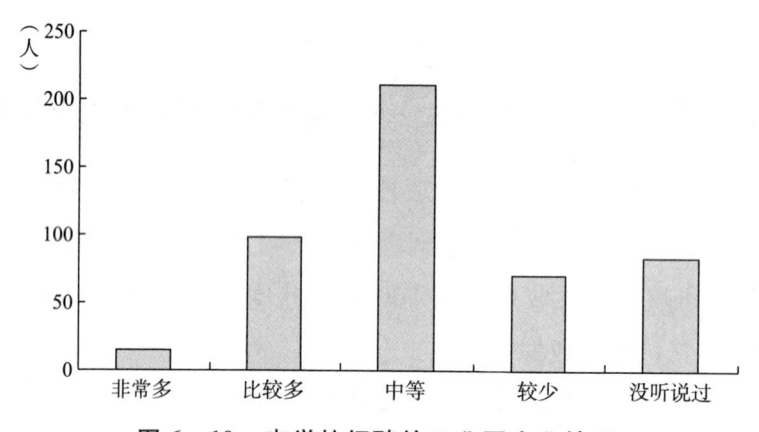

图 6-10　来学校招聘的工业园企业情况

③如果到工业园企业就业的话,您认为工业园企业最欠缺的是什么?

如图 6-11 所示,在解决职工的社会保险问题、理想的工资水平、与员工签订正规的劳动合同、较好的工作环境、其他五个选项中,14.82% 的学生认为工业园区企业最欠缺的是妥善解决职工的社会保险问题,40.92% 的学生认为是理想的工资水平,12.32% 的学生认为是与员工签订正规的劳动合同,24.84% 的学生认为是较好的工作环境,7% 的学生选择了其他。因此,政府部门和工业园企业应对现有的工业园就业条件进行改善,保障员工的各项权益,为职校学生到工业园就业创造良好的条件。

④您求职考虑的首要因素是什么?

如图 6-12 所示,五个选项的选择人数较为平均,其中选择专业对口的人数为 26.72%,选择兴趣爱好的人数为 27.97%,即一

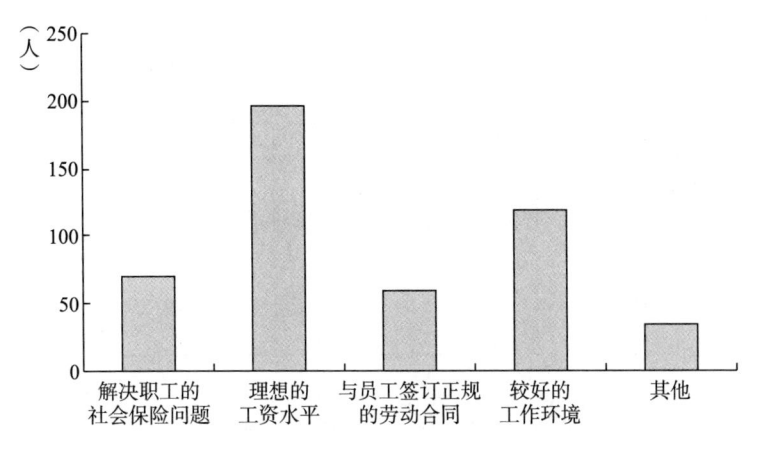

图 6-11　工业园企业存在欠缺的方面

半以上的学生是按照自己在职校所学专业和兴趣爱好去选择工作的。

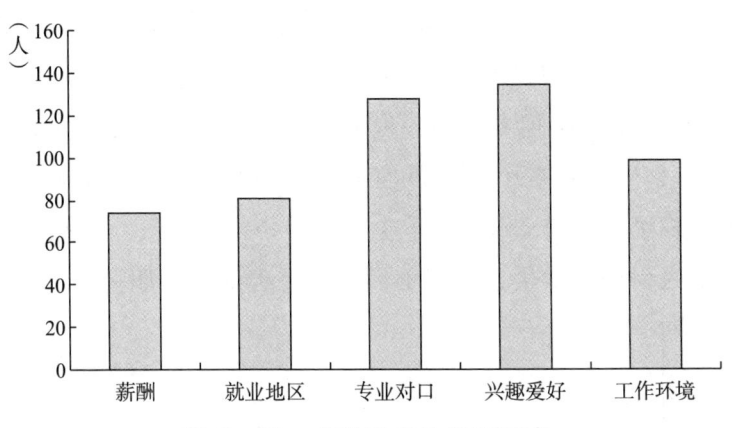

图 6-12　求职考虑的首要因素

⑤您的就业信息最主要的来源是什么？

如图 6-13 所示，职校学生对就业信息的获取来源非常广泛，选择人才招聘市场，校园招聘会，人才招聘网站，父母、亲戚、朋友介绍，老师、校友介绍，杂志、报纸广告六个选项的人数比较平均，其中最高的是人才招聘市场，占 23.38%，工业园企业可以将用人数量和要求多渠道发布，吸引更多优秀的职校学生。

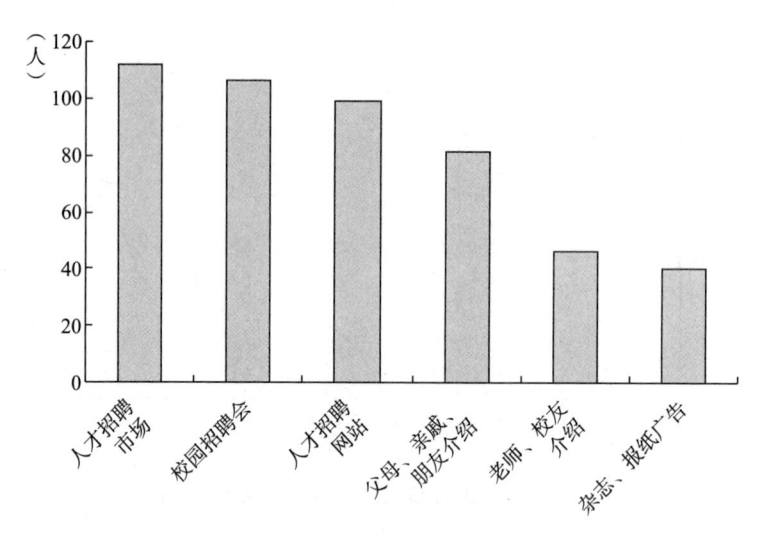

图 6-13 就业信息来源

⑥您在选择就业单位时最看重的是什么？

如图 6-14 所示，在公司发展前景、薪水的高低、个人发展空间、公司重视人才的程度、公司的名气五个选项中，有 27.18% 的学生最看重公司发展前景，有 15.37% 的学生最看重薪水的高低，42.26% 的学生最看重个人发展空间，12.49% 的学生选择了公司重视人才的程度，另有 2.7% 的学生选择了公司的名气。因此，工业园企业如要吸引职校学生，应为他们提供完善的个人职业发展空间。

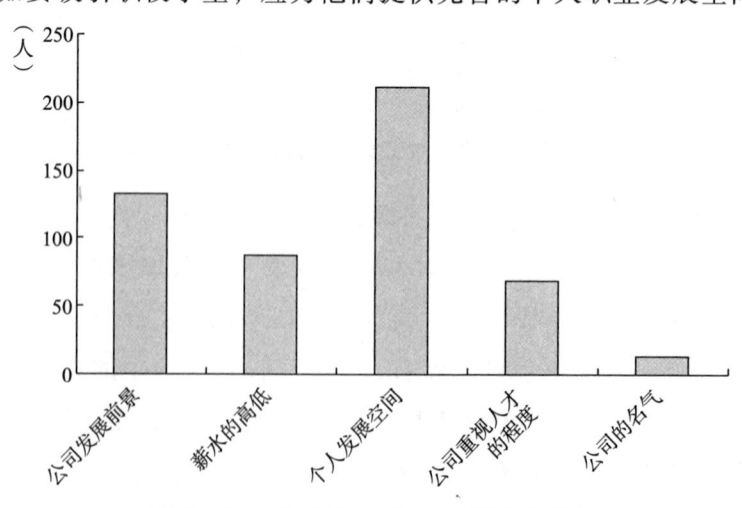

图 6-14 选择就业单位最看重的因素

⑦您了解政府为促进职校学生到工业园企业就业的相关优惠政策吗?

如图6-15所示,31.73%的学生对促进职校学生到工业园企业就业的相关优惠政策一点都不了解,52.4%的学生不太了解,14.4%的学生大概了解,只有1.46%的学生非常了解。这些数据说明一方面政府出台的优惠政策较少,另一方面学校没有将已有的优惠政策宣传到位。

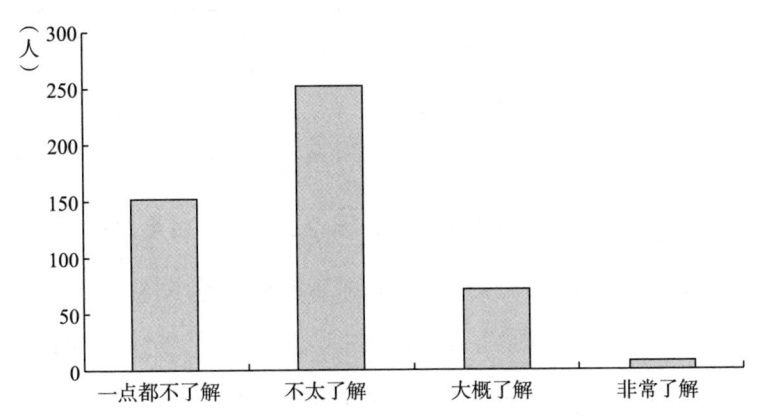

图6-15 对政府促进职校学生到工业园企业就业相关优惠政策的了解

⑧哪种优惠政策最能吸引您到工业园企业就业?

如图6-16所示,在与工业园企业签订就业合同后给予一定补助、企业提供健全的社会保险、在既定的工资水平上有所增加、健全的人才培养机制、其他五个选项中,最能吸引学生到工业园企业就业的是健全的人才培养机制,可见,企业拥有健全的人才培养机制是吸引技工院校学生的一个重要因素。

综上所述,政府在促进职业教育机构与企业对接工作中虽然取得了一定成绩,但也存在不足,需要在以下几个方面进行完善。

(1) 政府对职业教育投入力度要进一步加大。虽然近年来江西省政府对职业教育投入在逐步提高,但总体上还是不能满足职业院

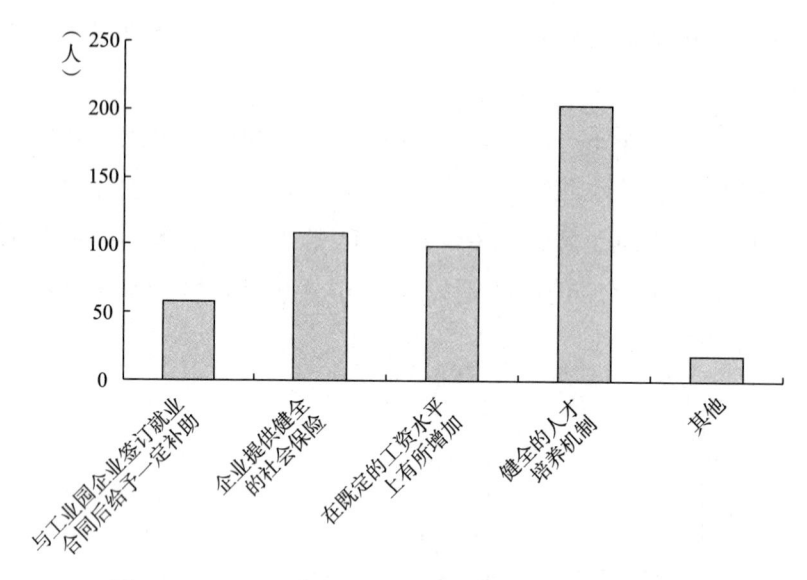

图 6-16　吸引学生到工业园企业就业的优惠政策

校逐步发展壮大的需求。职业院校的基础设施建设特别是实训设施建设需要投入大量的资金，有限的财政性经费无法满足学校建设的需求，同时院校教师的能力不能得到及时的提高，影响了教师队伍的整体素质，严重制约了职业院校技能人才培养能力的提升。

(2) 加强校企合作的法律保障。我国校企合作没有上升到法律的层面，相关规定对学校和企业都缺乏约束力，激励和保障政策也较少。同时，在校企合作方面缺乏有效的协调机制，缺乏能够统领技工学校和企业的公共平台，政府行为较多停留于表层，桥梁作用尚未充分发挥。

(3) 强化校企联合的程度。在调查中，很多学生认为学校与工业园区企业并没有紧密的联系，同时对政府为促进职校学生到工业园企业就业的相关优惠政策了解很少，一些优惠政策并未发挥应有的效果。

第七章 我国公共就业培训的绩效提升与制度创新

从前面的研究可以看出，公共就业培训是一项系统工程，其绩效问题不仅和绩效评价本身有关系，而且与公共就业培训的供给方式、培训补贴资金的支付方式都有密切的关系。因此，只有从公共就业培训的供给方式、支付方式、绩效评价等方面进行制度创新，才能使我国公共就业培训的绩效得以提升，进而发挥其在促进就业、推动经济发展、提升劳动者技能方面的更大作用。

第一节 我国公共就业培训供给方式的选择和制度创新

公共供给、市场供给和混合供给是社会产品供给的三种最基本的方式。公共就业培训具有外部性，如果完全交由市场供给，将导致社会福利的损失，更何况公共就业培训本身就特别强调公益性，因此，在公共就业培训中完全采用市场供给方式是不适宜的。那么，我们要追问的是，就公共供给、混合供给两种方式而言，哪一种方式更为有效率、更有助于公共就业培训绩效的提升呢？

一 公共就业培训供给方式的效率分析

（一）公共供给的效率分析

在公共供给的情况下，培训服务的生产成本虽然来自政府拨款，但其社会成本仍然存在。如图7-1所示供给曲线为 S，由于公共供给时消费者没有支付价格或者说支付零价格，不存在需求曲线。但社会边际效用曲线仍然存在，为 MU，则其均衡价格为 P_1，最优生产量为 Q_1。然而，由于消费者在使用时不用付费，在失去价格约束的情况下，他们总是尽可能地使用这一资源，直到边际效用为零，甚至发生过度使用。而政府如果为了满足公众的需求，仍加大投入，则使得无论是消费者个人的边际效用还是社会的边际效用都会大大低于生产该产品的边际成本，引起效率损失。比如说消费数量达到了 OL，这时产生的效率损失为三角形 EMN 的面积，会出现效率损失超过社会收益而产生的不经济。于是，我们可以看到，除非培训服务的供给规模达到这样的程度，即每个消费者的要求都能够得到满足，且不会出现过度消费，否则就不适合采取公共供给方式。在图7-1中，培训服务的最优提供数量为 Q_1，此时培训服务提供的单位社会成本（税收）为 P_1，超过 Q_1 的供给量后就会产生效率损失。[①]

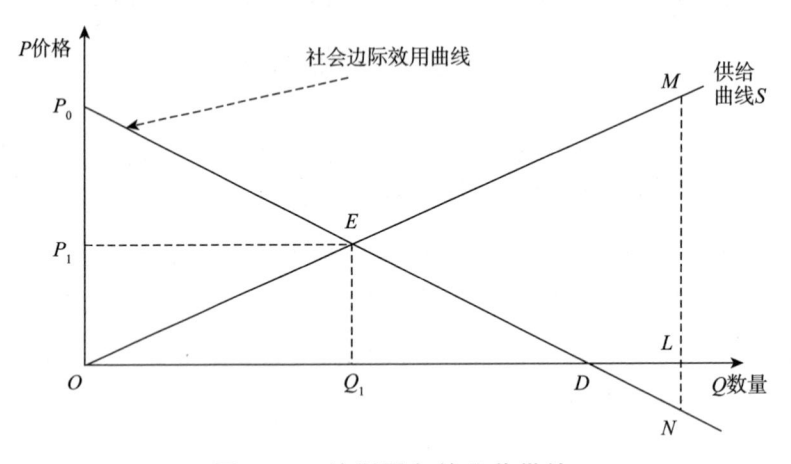

图7-1　培训服务的公共供给

---

① 王磊：《公共教育支出分析——基本框架与我国的实证研究》，北京师范大学出版社，2004，第26页。

(二) 混合供给的效率分析

混合供给是一种由市场和政府共同供给的方式，在这种供给方式下，市场通过价格机制发挥主导作用，政府对私人部门进行财政补贴，两者共同提供教育服务。如前所述，政府补贴的经济学原因是培训这种准公共产品具有正外部效应，如果采取市场供给的方式，会因为消费者低估其价值而降低消费量，生产者低估其收益而减少供给量，因此有必要通过财政补贴来降低消费价格或者生产成本，扩大消费和增加供给数量。这一供给方式的经济效率分析如图7-2所示。与市场供给相比，虽然个人需求曲线 DD 和社会边际效用曲线 MU 都没有发生变化，但经过财政补贴后，供给曲线向下移动。它表明，在政府进行财政补贴后，培训服务的提供者因成本降低使得曲线由 S 移动到 S_1，相应的消费价格由 P_1 下降到 P_3，消费量从 Q_1 增加到 Q_3。虽然仍然存在效率损失 BE_2E_1，但比原来的 AE_2E 要小。可见，通过政府的培训补贴，有利于扩大社会对培训的消费量，以及减少因市场失灵带来的效率损失。而如果政府补贴使供给曲线继续右移，并达到这样一种程度，即完全弥补了培训产品的外溢收益，使消费价格下降到 P_4，从而社会对培训的消费量达到 Q_2，纠正了市场失灵，效率损失也就不存在了。[①]

从上述分析可以看出，培训这种准公共产品存在效用的外溢性，不能完全由市场提供，否则其供给将低于社会最优水平，因此客观上需要政府参与提供，但也不能是政府全部包下来。对个人而言，培训不仅是一种消费，而且是一种重要的人力资本投资，可以给自身带来较大的私人收益，因此可以考虑让市场机制发挥作用，采取混合提供的方式。

---

① 王磊：《公共教育支出分析——基本框架与我国的实证研究》，北京师范大学出版社，2004，第27~28页。

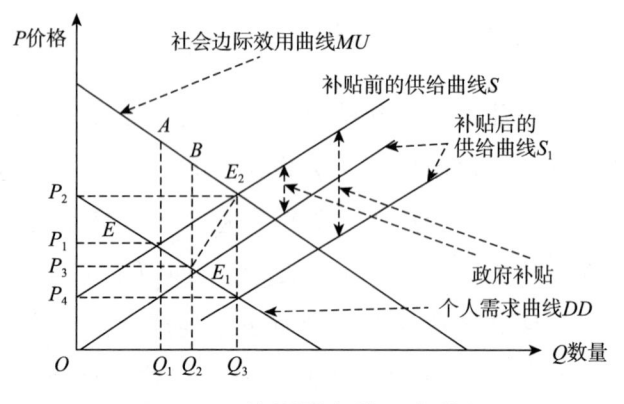

图 7-2 培训服务的混合供给

二 我国公共就业培训供给方式的选择

一般来说，准公共产品的供给应该遵循四个原则，即效率依据、公平依据、能力依据和宏观调控依据。

以效率为依据来选择供给方式实际上就是对资源配置方式的选择。公共供给实行的是政府配置方式，市场供给实行的是市场配置方式，混合供给则是两种配置方式的有机结合。不同的供给方式对资源配置的效率是不同的，这不仅取决于不同的资源配置机制，而且取决于不同的资源配置领域。供给方式的选择首先应该符合效率要求。从前面的分析可以看出，对于就业培训这种准公共产品来说，混合供给方式是最有效率的。

以公平为依据的供给方式的选择，也是对准公共产品分配机制的选择。公共供给是一种再分配机制，市场供给是一种初分配机制，而混合供给则是两种机制的有机组合。既然是一种分配机制，自然涉及公平与否。所以，供给方式的选择还需符合公平的需求。公平包括经济公平和社会公平两个层次。经济公平是市场经济的内在要求，强调投入与收入相对称。社会公平是社会正义的客观要求，强调的是社会公众的机会均等和分配差距的合理性。国家最初进行就业培训的目的性和针对性都比较强，就是为了促进社会当中一部分就业比较困难的人顺利就业，其开展的初衷就是社会公平，所以政府通过再分配进行转移支付是必需的，但是，毕竟就业培训对个人来说是有收益的，收益和成本的对称是市场交易的基本规则，如果打破这一规则不仅会损失效率，还会带来新的不公，从这个角度来说，受训者自己也应该交一部分费用。

把支付能力作为供给方式的选择依据，实际上是对成本补偿机制的选择。不同的供给方式的成本补偿机制是不同的。公共供给实行的是社会补偿机制，市场供给实行的是个人补偿机制，混合供给实行的是社会和个人成本分担机制。所以，供给方式的选择还受到成本负担能力的制约。我国就业培训对象的经济状况一般不太好，一部分是下岗职工，一部分是农民，从补偿能力来看是比较弱的，尤其是农民的收入水平较低，在其生活问题尚不能得到有效解决的情况下，要大幅度增加靠预期收入决定的培训投入是不现实的。

供给方式的宏观调控依据就是选择宏观调控手段。不同的供给方式对准公共产品的供求有着不同的影响，供给方式的选择必须服从国家宏观调控目标的要求。准公共产品的供给取决于提供者的提供动机和提供能力，需求则取决于消费者的需求实现能力和需求实现愿望。现阶段，我国公共就业培训的宏观背景是，在经济高速增长和企业对技术工人需求大量增加的情况下，具有一定劳动技能的劳动力供应不足，大量农村劳动力需要提升就业能力和创业能力，使他们不会因贫困而在后续的竞争中处于劣势，收入得到持续增加，所以政府希望通过对培训的投入来解决影响经济发展的上述关键问题。

20世纪70年代之前，西方国家学术界对公共产品的分析一直是与政府的行为联系在一起的，把供给主体基本定格于单一的政府主体，这一理念在漫长的时期内构成公共产品理论的全部内容，并指导公共产品供给制度的制定及其实践。20世纪70年代以后，福利国家出现了严重的财政危机、政府失灵，经济学认为公共产品具有生产的可分割性，通过一定的价格机制由市场供给是可能的，并主张私人供给、地方供给、社区自主供给、志愿供给。到 20 世纪 90 年代，包括政府、企业、非营利组织、居民等多主体在内的公共产品供给成为具有广泛影响的理论主张。①

通过以上的分析我们可以看出，在对准公共产品进行供给的时候，混合供给既能保持准公共产品较大规模的供给，又能保持较大规模的需求，效率最高。同时，从公平的角度来看，公共就业培训也宜采用混合供给的方式。此外，由于我国就业培训对象是社会中相对弱势的群体，经济承受力有限，而政府又把对公共就业培训的投资看成是促进我国经济持续发展、优化产业结构的途径，因此混合供给应该是我国公共就业培训科学而又现实的选择。

三　我国公共就业培训供给的制度创新

（一）采用以中央财政为主导、各级地方财政共同筹措的公共就业培训经费筹措模式

就业培训的外部性，不仅导致了企业、个人的投资意愿降低，而且影响了地方政府的投资热情，所以应根据成本收益对称的原则来进行成本分摊。在存在利益空间外溢性的情况下，公共就业培训要求各级政府都一定程度地参与，坚持各级财政共同筹措，中央财政、省区市财政、市财政、县财政四方负担，劳动力输出地和输入地共同负担，以中央财政为主导的原则。高层级政府可以采取转移支付的方式来参与公共就业培训的提供，并且根据财力的增长情况，不断增加对公共就业培训的投入。

---

① 李雪萍：《多主体供给社区公共产品》，《华中师范大学学报》2006 年第 6 期。

（二）加强各级财政对公共就业培训经费预算的执行和管理

就业培训具有俱乐部产品性质，是一种准公共产品，同时又具有外部性，政府提供供应是必需的，只有制度化、规范化才能保障政府的供给到位。因此，各级财政要保证公共就业培训经费的按时足额拨付，同时要加强对公共就业培训经费的审计。

（三）建立诱导不同利益相关者积极参与公共就业培训的机制

如前文所述，依据效率、公平、能力、宏观调控等原则，混合供给是我国公共就业培训科学而又现实的选择，因此，诱导不同利益相关者积极参与公共就业培训，为建立政府主导的多元化的公共就业培训投入机制创造条件就成为关键。就吸引农民积极参加新型职业农民培训来说，一是公共财政要进一步加大对培训的补贴，提高补贴标准，尽量减少农民个人付出的培训成本；二是要进一步完善农村劳动力转移就业的配套政策，建立先培训、再就业制度，引导农民自觉培训，降低职业技能鉴定的收费标准，吸引培训学员参加职业技能鉴定，为外出务工人员打造就业的"名片"；三是在培训地点、培训时间、培训方式上要为农民着想，进一步方便农民；四是适当延长培训时间，提高培训的累积效应。

第二节 我国公共就业培训资金补贴方式的比较和创新

政府公共就业培训资金的补贴方式，是公共就业培训运行模式的关键，培训资金补贴给谁，意味着谁在公共就业培训中掌握主动权，对于公共就业培训的绩效有显著的影响，本书第五章的实证研究已经证明。

一　我国公共就业培训资金补贴方式的比较

如前所述，我国公共就业培训的运行模式主要有政府主导型和市场主导型，这两种模式也形成了两种不同的培训资金补贴方式，即培训资金的间接补贴方式和直接补贴方式。培训资金的间接补贴方式主要是指对培训对象进行免费培训，培训资金补贴给培训机构，而直接补贴方式则是将培训资金直接补贴给受训者个人或用工企业。

培训资金的间接补贴方式的前提假设是：受训者是没有理性和判断能力的，在公共就业培训中是被动的，他们只会听从政府的安排；用人单位的劳动力需求信息完全公开，政府有能力搜寻到所有信息，用人单位不参与公共就业培训的整个过程，它只聘用培训合格的受训者。在这种假设下，整个公共就业培训的重任就落在政府管理机构与培训机构的身上了。政府管理机构是公共就业培训委托人，培训机构是政府管理机构的代理人。培训机构直接承担着培训工作的日常管理，它们的努力程度跟培训质量和培训成本是正相关的。政府管理机构根据培训机构的努力程度来支付培训补贴资金，但是政府管理机构无法观察到培训机构的努力程度，或者说观察的成本无穷大。因此政府管理机构只能采取结果检验的办法，即考察受训者的合格情况，来反证培训机构的努力程度，进而进行支付。但这种考察的成本和难度都很大，容易导致管理的失控。可见，间接支付一方面无法调动个人和企业的积极性，另一方面政府的监管实在不易。

培训资金直接补贴给受训者个人的积极意义在于，使受训者成为公共就业服务市场的"上帝"，有利于我国整个公共就业服务水平的提高。由受训者来选择培训机构，无疑增强了培训的针对性，增强了培训的效果，调动了受训者的积极性和主动性。但是这一方式是建立在受训者具有较高的学习意识和选择能力的基础上的，而目前我国公共就业培训的对象主要是文化水平不高的下岗职工和农民，所以需要政府提供相关的服务。另外也要求培训机构能自觉地监控整个教学过程，将培训内容与岗位的技能要求很好地结合起来。

培训资金直接补贴给用工企业，这种补贴方式的特点特别突出。第一，有利于公共就业培训目的的达成。公共就业培训的目的就是通过培训提升受训者的技能，促进就业，而培训资金直接补贴给用工企业，可以将培训和就业有机地结合起来。第二，发挥了企业在培训中的主导作用。企业是培训的发起者和执行者，在培训执行过程中起主导作用。一方面，企业在培训过程中融入企业文化和岗位技能要求，能有针对性地提高员工的技能水平，提升产品的竞争力；另一方面，通过培训，员工在企业获得归属感，并对企业文化产生认同感，减少企业员工的流动，提高了就业的稳定性，提高了就业质量，对缓解当前就业难和招工难有重要的作用。另外，培训形式可以由企业决定，可以选择自主培训，也可以与培训机构联合培训或全部委托培训。企业就会有目的地去选择培训质量较高的培训机构，这也促使了培训机构的优胜劣汰，有利于进一步完善培训市场。①

二 我国公共就业培训资金补贴方式创新的基本思路

我国公共就业培训资金补贴方式的创新必须考虑相关利益者的行为特征和行为目标，并把重点放在协调企业和受训者个人的利益上。公共就业培训的运行机制是通过一定的培训方式方法、经费运行程序与方式在政府、受训者、培训机构、用人单位之间形成一个利益相连的有机体系。在这个体系中各相关利益者都有自己的行为特征和行为目标，因而，我国公共就业培训机制的设计必须建立在对它们的行为特征和行为目标的分析之上。在公共就业培训的相关

---

① 叶沅宁：《浅议福建省职业培训资金直补企业政策》，《湖南工业职业技术学院学报》2011年第5期。

利益者中，企业和受训者个人的行为和目标与政府实施公共就业培训的目的关系最大，影响也最深，因此，我国公共就业培训机制设计的关键环节是协调企业和受训者个人的利益。

具体来说，政府管理机构是公共管理组织，它们的工作原则是公平和效率兼顾。这里的公平原则主要体现在对培训对象的选择上。在初期，公共就业培训的对象应该是需要帮助的弱势群体。同时培训工作又必须讲究效率，否则会导致资金的浪费，公共就业培训的目标也就无法达到。效率原则是在既定费用支出下有效地解决最多的劳动者培训和就业问题。因此政府必须在培训机制的设计，尤其是培训费的支付上有所创新。

参加培训时，受训者作为一个接受补助的对象，必然会考虑投资与收益、机会与风险问题。以下岗职工为例，他们在做参加培训决定时会对近期的投资成本与未来的预期收益现值进行比较。当选择再就业培训，净收益是未来整个生命周期内工资上涨收入的现值，而成本是因培训而放弃的现时收入以及因培训产生的费用，如学费、资料费、交通费等。只有当未来净收益的现值超过成本时，对再就业培训进行投资才是理性的。根据这个假定，可以得出以下几点推论。①年纪越轻越倾向于接受培训。因为年纪轻的人接受培训，其人力资本投资将获得一个更长的投资回报期，从而净收益将会增加。②文化程度越高越倾向于接受培训。因为文化程度低的人，培训的成本将增加，主要体现在培训周期的延长上。③培训前后收入差距越大越倾向于接受培训。从我国下岗失业人员的情况看，因为年龄偏大、文化程度偏低，从而进行培训的投资回报期短，而培训成本较高，因而不利于个体做出进行培训的选择。[1]

同时，受训者参加培训的成本主要表现在受训者的时间和培训

---

[1] 丁煜：《下岗失业人员的再就业培训：效用与局限性——从人力资本理论的分析视角》，《市场与人口分析》2005年第6期。

费用上，所以风险在于受训项目能否为其将来带来稳定的收入。如果受训者不具有培训项目的选择权，对培训项目的效果又无法把握，受训者就可能会放弃培训。当受训者具有培训项目的选择权时，他们会挑选自己满意的培训项目，但由于信息不对称，受训者的选择可能是盲目的，最终达不到自己的目标。所以，即便是政府采取赋予受训者选择权的安排，即向个人直接补助、发放培训券、引入个人账户等，也必须收集和发布详细、客观的培训信息，保证受训者能及时掌握相关的培训信息。此外，对于公共就业培训的对象来说，自身缺乏技能，就业能力比较弱，如果在参加培训时就能明确就业岗位，他们参与培训的积极性自然就高多了，所以，订单培训、政府直接向企业购买培训成果等制度安排对受训者是有吸引力的。

培训机构是为劳动者生产培训服务的组织。其服务内容除为政府提供公共就业培训，还可以提供许多社会上的紧缺专业的培训。多数培训机构都是面向市场以营利为目的的，在培训中会尽可能地规避风险，以尽可能少的成本获取更大的利益。在政府监督不到位的情况下，它们为了追求自己的利益可能会损害受训者的利益，比如降低培训质量、减少培训时间等等。

用人单位是培训产品的最终消费者，也是培训机构的培训行为努力程度和效果的最好的检验者。如前文所述，培训具有很强的外部性，所以企业不愿进行培训，但如果政府能进行直接补助，或培训机构能培训出具有企业所需技能的劳动力，并且在经费上有所减免，企业也是乐意参与的，关键是如何进行具体的制度设计。

三　我国公共就业培训经费补贴制度的创新设计

如前文所述，我国公共就业培训机制的创新应考虑相关利益者的行为特征和行为目标，在公共就业培训的运行中相关利益者最为关注的是政府培训经费补贴支付方式问题。同时，企业和受训者与公共就业培训的整体效果的关联最大，因此，笔者认为要把研究的重点放在对企业和受训者的补贴制度的设计上。不同的支付方式，效果不同，适应的环境也不同，由于我国地域辽阔，所以笔者根据不同的经济和社会条件来进行制度设计。

(一) 企业培训补贴制度设计

设计的依据：公共就业培训的目的是帮助社会成员尽快就业，改善他们的生活境遇。企业是培训服务的最终使用者，企业培训最具有针对性，效果也更好，但由于就业培训的外部性，企业又不愿意承担全部的培训成本，所以政府对企业进行直接补贴可以鼓励企业参与培训，增强培训的效果，而且这一制度由于管理和监督环节减少，可以减少管理成本。该制度解决了三大问题：一是解决了培训机构岗位培训与企业岗位要求不相适应的问题，实现了培训与企业岗位直接对接；二是解决了短期培训就业率低的问题；三是解决了公共就业培训经费如何有效利用的问题。

补贴范围：经市工商行政管理部门登记注册，合法纳税，按规定承担了培训费用，无欠薪记录，依法与所申报的职工签订了一年以上的劳动合同，实际工作已满半年，并缴纳了社会保险的企业。

补贴标准：根据企业的纳税规模、行业属性、用工信用等级等确定有差异的补助标准。

补贴程序：①企业持工商行政管理部门核发的工商营业执照、税务部门的纳税证明、培训方案、新招职工名单到管理部门初审；②企业按照审定的培训方案对职工进行技能培训，培训结束后，由企业自行组织相应的技能考核，并对合格者颁发合格证；③企业填写《申请培训补贴支付登记表》，并携带受训职工本人签字享受培训补贴的名单、培训合格证书复印件、身份证复印件、一年以上的劳动合同，向管理部门申请结算培训补贴费用；④管理部门审核有关资料，符合补贴条件的，将培训补贴费用通过银行汇入企业的账户。

适用性：该设计可以在中西部欠发达地区采用。欠发达地区可以根据政府资金的培训总额和当地企业的实际发展状况限定享受补贴的范围，集中支持一些产业发展政策鼓励的企业。

（二）职业培训补贴个人账户制度设计

设计的依据：职业培训补贴个人账户是上海采用的一种补贴方式。职业培训补贴个人账户的模式与培训券模式相似，其前提假设也是认为受训人是理性人，他会在限制条件下追求自己的效益最大化。他在培训市场上面临许多培训项目的选择，因此，他会根据自己的判断做出理智的选择。

补贴个人账户将培训补贴直接落实到个人，使政府补贴培训实现了人本化、账户化，形成了劳动者个人、培训机构、政府"三赢"的格局。一是劳动者建立培训个人账户，使政府的培训更加贴近市场需求和劳动者个人意愿，使培训账户成为劳动者终身提升职业能力的"福利保障"，调动了劳动者参加培训的积极性和自觉性。二是培训机构在完全市场化竞争的平台上，基于劳动者自主选择参加培训的压力，不得不努力提高自身的培训质量，促进培训机构的优胜劣汰。上海市500多家承担政府补贴培训项目的培训机构和培训项目信息全部向全市公开，培训机构随时接受社会各界的监督。三是政府将培训补贴经费直接落实到个人，既让受训者直接感受到政府政策的实惠，又强化政府购买培训成果的质量监管，体现以人为本的思路，充分发挥了政策效应。

补贴范围：在法定劳动年龄段内需要提高职业技能素质的劳动者。

补贴标准：注入培训个人账户的资金标准可按各地的经济条件确定。上海市的标准是，培训个人账户的起始资金为2000元。培训个人账户的资金不得转让、继承，不能以现金形式支取。

补贴程序：①持培训账户卡到公共职业介绍所进行报名咨询。凡需要参加政府补贴培训的，应当持本人的培训账户卡和身份证就近到各区县公共职业介绍所进行培训咨询。区县公共职业介绍所应当对劳动者的身份状态进行核对，并告知政府补贴培训有关政策和相关信息，指导劳动者选择培训项目，并由劳动者自主确定相关培训机构。②持培训账户卡到培训机构报名注册参加培训。劳动者持本人培训账户卡和身份证（或社保卡）到培训机构报名注册后，应当与培训机构签订《培训协议书》。培训机构应当根据规定的培训计划、大纲认真实施培训，在培训结束后组织学员参加职业技能考核鉴定。③持培训账户卡从培训个人账户中划账支付培训费。符合政府补贴培训相关规定的，经职业技能考核鉴定，由学员个人持本人培训账户卡和身份证到培训机构支付培训费。①

适用性：职业培训补贴个人账户面向的是所有居民，并且是建立在居民对培训项目和机构有选择能力、管理部门已经建立比较完善的信息管理系统的基础上的，因此在一些有经济实力的发达地区可以采用。

第三节 我国公共就业培训绩效评价的制度创新

一 推进我国公共就业培训绩效评价主体的多元化

绩效评价主体多元化是公共就业培训绩效评价有效性的重要保障。我国公共就业培训主要采用的是政府主管部门绩效评价，因此，推进公共就业培训评价主体的多元化有其紧迫性。我国公共就业培训的评价主体除了政府主管部门外，还可以包括其他政府部门（如审计部门）、独立的第三方组织（如会计师事务所或审计师事务所）。其中，把独立的第三方组织（如会计师事务所或审计师事务所）作为监管主体，对增强我国公共就业培训的效果有重

---

① 上海市劳动和社会保障局：《关于在本市建立职业培训补贴个人账户若干意见的通知》，2006年2月8日。

要的意义。

从一些地方的试点情况来看，引进第三方评价在操作上要注意以下几点。①对独立的第三方机构的选择，应注重"招标竞价，择优选取"。比如重庆市，参加招标的会计师或审计师事务所共有10余家，经过严格审定，在参加竞标的会计师或审计师事务所中，根据其投标报价、综合实力、优惠条件等进行综合评估，择优选出两所会计师或审计师事务所来实施重庆市"阳光工程"的第三方监管评价工作。②在第三方机构的职责上，应实行"合同约定，明确职责"。合同约定的内容应包括以下几点。第一，内容的约定。为了将第三方评价与政府主管部门的日常工作相结合，合同对内容进行明确约定。既要按照相关的项目管理办法、资金管理办法进行监督评价，还要对各培训机构的资金使用、开班情况等各个方面进行评价。第二，时间的约定。为避免垄断，时间自合同签订之日起一年内有效。一年后将重新招标确定新的第三方机构。一旦发现违约行为，将立即取消其资格，并在以后的招标过程中拒绝其参与。第三，范围的约定。第四，责任的约定。第三方机构要按照合同要求向政府主管部门出具绩效评价报告，包括实施评价的过程、采取的措施、效果、发现的主要问题、处理建议、项目的总体评价等，并对报告内容负责。未如实反映培训机构存在问题，第三方机构将承担法律上的连带责任。第五，第三方机构权利约定。③主管部门在对第三方机构进行管理时，应坚持"验收合格，支付费用"。政府主管部门一方面要对下级主管部门、培训机构进行日常性检查和突击抽查，以查验第三方机构的报告是否属实；另一方面也将对第三方机构进行抽查，以查验其是否按照合同约定如实履行义务。第三方机构开展工作所需的经费以其投标确定金额为准，分期付款，验收合格后，才予以支付余下费用。若违约，将停止拨付并追回已拨付资金。

二　创新我国公共就业培训绩效评价方法

公共就业培训是一项系统工程，涉及的对象广，部门、层级多，环节复杂，因此要将所有公共就业培训项目的绩效评价都统一为一种方式基本上是不可能的，但不管采用什么方法，需要遵循以下几个原则。第一，准确性。这是指使用某种方法进行绩效评价时，评价出来的结果与实际情况相符，其评价结果与实际值之差相对于实际值误差小，有比较高的效度。第二，可靠性。这主要指用同一套评价指标体系和方法评价某一项目的绩效时，其评价结果的变化概率不大，具有可靠性，也就是评价指标的客观性比较强，不受评价者主观因素的影响。第三，实用性。这是指绩效评价指标和方法易得到评价者和被评价者理解和掌握，毕竟公共就业培训的绩效评价是一项常规工作，不能太复杂、太不容易操作，但这并不意味着降低指标体系的科学性。从目前来看，建议分类、分层来设置指标体系，即根据各公共就业培训项目的目标、特点来分别设置各自的绩效评价指标体系，并且将评价某一区域的公共就业培训绩效指标体系与评价培训机构的公共就业培训绩效指标体系分开来设置。

（一）采用逻辑分析法来构建某一区域的公共就业培训绩效评价体系

如前文所述，逻辑分析法在20世纪90年代的西方政府管理改革中被重视起来，在方法上也逐步完善，成为政府绩效分析的重要方法之一。[①] 逻辑分析法可以用来寻求公共支出的投入与产出之间的内在联系，将过程和结果联系起来研究，通过将绩效目标转换为可测定的指标来评价项目的绩效，分析其不足，据此确定相关利益者的权利、责任和义务，确保持续改进，达到预期效果。与其他政府

---

① 马国贤：《政府绩效管理》，复旦大学出版社，2005，第357页。

服务一样，公共就业培训也是一个投入产出的过程，通过效率评价，可以反映培训项目把投入转换为产出的程度，反映项目的管理水平。逻辑分析法还可以对培训项目的效果进行评价，反映培训项目的产出对项目目标和目的的贡献度。逻辑分析法不仅可以分析培训项目产出的直接结果，还可以分析中长期的结果，评价培训项目的社会影响和社会效益（见图7-3）。此外，逻辑分析法可以通过培训项目产出、效果、影响的关联性找出影响项目持续发展的主要因素，并区别内在因素和外在条件，提出相应的对策建议。① 因此本书在对江西公共就业培训绩效进行评价、对江西省培训机构的公共就业培训绩效进行评价时都采用了该方法。

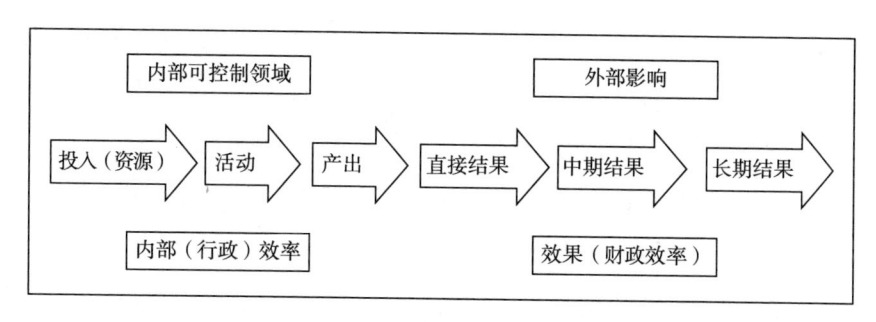

图 7-3　绩效逻辑分析模型

资料来源：马国贤《政府绩效管理》，复旦大学出版社，2005，第358页。

（二）采用柯克帕特里克培训评估模型来构建培训机构的公共就业培训绩效评价体系

如前文所述，柯克帕特里克1959年提出的四级培训评估模型，是目前应用最广泛的培训评估工具，包含了反应层、学习层、行为层、结果层等四层次。反应层即受训人员对培训项目的反应和评价，是企业培训效果评估中的最低层次。它包括对培训师、培训管理过程、测试过程、课程材料、课程结构的满意度等。学习层的评估反

---

① 朱衍强、郑方辉编著《公共项目绩效评价》，中国经济出版社，2009，第193页。

映受训者对培训内容的掌握程度,主要测定学员对培训的知识、态度与技能方面的了解与吸收程度等。行为层是测量在培训项目中所学习的技能和知识的转化程度,受训者的工作行为有没有得到改善。这方面的评估可以通过受训者的上级、下属、同事和受训者本人对其接受培训前后的行为变化的描述进行评价。结果层是用来评估上述(反应、学习、行为)变化对组织发展带来的可见的和积极的作用的。此阶段的评估上升到组织的高度,但评估需要的费用、时间、难度都是最大的,是企业培训效果评估的难点。[①]

公共就业培训也是由多个培训项目构成的,虽然其费用来源、支付方式、培训对象、培训内容和时间有自身的特点和要求,但实质上就是一种培训,一般培训项目的评价方法也同样适用。柯克帕特里克的培训评估模型强调培训结果的评价,将培训评估的重点放在受训者的反应上,对培训效果的考察由浅入深,由易到难,同时易于理解和操作。柯克帕特里克培训评估模型的上述两个特点正好是公共就业培训机构绩效评价所需要和关注的,因此在评价培训机构公共就业培训绩效指标体系时,可以运用这一评估模型,见表7-1。

表7-1 柯克帕特里克培训评估模型应用

评估层面	评估内容	常用的评估方式
第一级反应层面	主要是针对受训者的学习满意度,例如受训者对培训方案的反应,对培训讲师的教学意见,对培训内容是否合适、方法是否得当的看法等培训项目建议	问卷、面谈、电话调查、观察法、座谈等
第二级学习层面	主要是针对受训者对培训内容的掌握程度进行评估,例如受训者的知识、技能、态度、习惯等方面是否提高	考试、现场演示、讨论、角色扮演、提问、演讲、学习心得报告等

[①] 〔美〕雷蒙德·A. 诺伊:《雇员培训与开发》,徐芳译,中国人民大学出版社,2007,第167页。

续表

评估层面	评估内容	常用的评估方式
第三级 行为层面	主要是评估受训者在工作行为表现方面产生的变化程度，例如受训者是否把培训所学应用于工作中，受训者的行为有何改进	绩效考核：行为观察、访谈、前后对照、职能评鉴、任务项目、360度评估法
第四级 结果层面	主要是评估培训是否对公司的经营成果产生影响，例如培训为部门或公司经济效益的提高做出多大贡献	绩效指标法：成本效益分析、客户满意度、质量、数量、利润、投资回报率等指标考核

三 优化我国公共就业培训绩效评价指标

公共就业培训的最初目的就是帮助就业困难者实现就业，因此，把培训就业率等结果指标作为培训效果评价的重点，符合公共就业培训的主旨，也具有较强的针对性。同时，公共就业培训的过程监管难度大、过程评价指标可测性差，而就业率、技能鉴定通过率等结果指标的可测性更强，尤其是与激励措施挂钩，能较好地调动培训机构的积极性，协调委托代理的关系。

以就业率为培训效果评价主要指标的实施难点在于就业的界定以及受训者就业信息的获取。第一，"就业"既包括企业就业，也包括自主创业。企业就业以劳动合同为准，自主创业以工商税务等级为准。第二，各项公共就业培训计划要尽快建立信息系统，在信息系统设计中，应考虑到系统的开放性和兼容性，有些可以和其他信息系统整合，比如由人力资源和社会保障部门主管的公共就业培训计划可以与已建立的社会保障信息系统整合，新型职业农民培训信息系统可以与社会保障信息系统相连接。在信息系统逐步完善的情况下，就业信息的获取就会更加便捷。

技能鉴定通过率是指通过国家职业技能鉴定，获得国家职业资格证书的受训者的比例。职业技能鉴定是一项基于职业技能水平要求而进行的标准参照的考核活动。在我国，职业技能鉴定是按照国家职业标准，由人力资源和社会保障部门批准鉴定机构，负责对劳动者实施职业技能考核鉴定。我国从1994年开始启动职业资格证书制度，目前，全国有近1亿人次参加了职业技能鉴定，取得了职业资格证书。把技能鉴定通过率作为培训绩效评价指标，其可测性和可获性都很强，但关键是这一指标的建立有前提条件。第一，培训时间要加以保障。对于单项技能培训，要达到劳动技能鉴定要求，至少要三个月的时间，有的工种还要更长时间，但目前各项公共就业培训的时间大多在一个月以内。第二，培训的内容要与国家职业标准的要求一致。第三，参加职业技能鉴定的费用补贴问题需要得到解决。参加职业技能鉴定需要支付费用，公共就业培训的受训者本身就存在就业困难，没有足够的经济能力来承担这项费用，因此，需要政府进行补贴，目前对农民工参加职业技能鉴定，有近1/3的省份已有明确的补贴政策。也就是说，要将技能鉴定通过率作为培训绩效评价的重要指标，必须加大公共就业培训的投入，延长培训时间，完善培训内容和方式，妥善地解决职业技能鉴定的费用补贴问题。此外，2014年以来，为了推进简政放权、放管结合，国务院先后分七批取消了433项职业资格许可和认定事项，加大了以技能鉴定通过率为指标的公共就业培训绩效评价的难度。

第八章　我国公共就业培训的规范运行与监管创新

公共就业培训的规范运行与监管，是我国公共就业培训绩效研究的一个重要方向。所谓公共就业培训监管，是政府运用公共权力制定和实施公共就业培训的规则与标准，对各类公共就业培训活动进行制度约束，确保公共就业培训的公平与绩效。它不仅有利于公共就业培训的健康运行，而且有利于提升公共就业培训的绩效，因而具有重要的意义。同时，由于我国公共就业培训的监管还处于探索过程中，借鉴西方发达国家的成功经验，建立符合我国国情的公共就业培训的监管模式势在必行。

第一节　我国公共就业培训监管的现状

一　我国公共就业培训的监管组织以政府主管部门为主

我国目前公共就业培训监管的组织体系与公共就业培训管理体系基本是一致的，也就是说采取的是与城乡分割、各自规划、自成体系的公共就业培训管理体制相一致的、各培训项目的政府主管部门自上而下的监管体制。

例如，针对农村劳动力转移培训"阳光工程"项目，政府制定了相应的管理办法和规定。同时，各级相关管理部门设置阳光工程办公室，具体负责对项目实施的监督检查，以确保培训质量和转移就业效果。再如，2009年人力资源社会保障部的农村劳动者转移就业技能培训工作通知强调，各级人力资源和社会保障部门要高度重视农村劳动者转移就业技能培训工作，将其纳入就业工作目标考核的重要内容，建立领导责任制和目标考核制，健全工作协调机制，落实工作责任，抓好工作落实。

把主管的政府部门作为单一的监管组织，势必导致权力过于集中，尤其是在目前监管者角色缺失的情况下，滥用职权，徇私舞弊的现象很容易出现。监管组织形式的单一化与监管人员的精力限制，也在一定程度上削弱了监管力度和监管效果。长期以来，公共就业培训实施过程中出现的问题大多与此有密切关联。比如，劳动者参与培训的积极性下降，受训者的培训效果不佳，一些培训机构甚至出现截留、挤占、挪用、套取、骗取政府专项培训补助资金的问题，这些问题无不暴露出监管过程中制度设计的欠缺。因此，使除了主管部门之外的其他政府部门以及第三方独立机构参与到公共就业培训的监管中来就显得尤为迫切，实践中也有培训项目在探索。如2003 年实施的国家级星火科技培训项目采取的就是科技部星火办委托第三方（独立机构或专家）对项目的实施进行监理的办法，要求国家级星火科技培训项目的监理要保证独立性，任何个人和机构不得干涉监理过程。2009 年河北省聘请会计师事务所作为"第三方"，对农村劳动力转移培训"阳光工程"、再就业培训及创业培训的工作进行监管。2015 年江西省关于农民培训工作的实施意见也提出了创新监管设计，要求各级农业行政部门和财政部门创新培训管理方式，引入第三方监督机制，在培育机构、培育对象之间建立更为规范和高效的制度约束。①

二　我国公共就业培训监管手段为单一的行政手段

我国公共就业培训的监管主要采取的是行政手段，各级政府主

---

① 江西省农业厅、江西省财政厅：《2015 年江西省农民培训工作实施意见》，2015 年 5 月 22 日。

管部门根据上一级的相关政策和规划,结合本地区的实际制定本级的规划和实施细则,以此为依据,按照职权等级的原则实施,并进行监控。自开展公共就业培训以来,人力资源社会保障部、教育部等部委发布了几十项行政条例,加上各级政府发布的更是不计其数,这些都成为我国公共就业培训行政管理的依据。由于公共就业培训项目分布广,类别多,监控的难度大,各公共就业培训项目也在逐步利用先进的技术手段进行监管。比如人力资源社会保障部在农村劳动者转移就业技能培训工作中,要求逐步建立全省统一的信息管理系统,对定点培训机构实行动态管理,对参训人员实行实名制管理。劳动就业等部门会同财政部门建立培训补贴审核公布制度,严格审核享受职业培训补贴的受训对象名单、培训机构名单以及培训资金补贴数额等,并按季度定期向社会公布。但就大部分公共就业培训项目来说,目前的监管状态是:监管手段单一,行政干预较多,技术手段不完备,经济手段和法律手段缺失。这造成监管的随意性较大,约束力不强,监管效果欠佳。

三 我国公共就业培训的监管制度不完善

(一) 我国公共就业培训机构的准入制度

我国公共就业培训机构的准入主要采用认定和招标两种方式。

我国城镇下岗职工再就业培训计划从1998年开始基本上是采用认定方式。培训机构的选择遵循"条件公开、平等竞争、合理布局、择优认定、社会公示和公布"原则,以公开、公平、竞争、择优的方式来确定各个培训项目的具体定点机构。由农业部组织的新型职业农民培育工程也要求各级农业部门遵循公开、公正、公平原则,确定培训机构和实训基地,并进行备案管理。

在采用认定方式的同时,各地也在探索将招标方式引入公共就业培训机构的选择中来。例如,2006年劳动和社会保障部《关于贯彻落实国务院进一步加强就业再就业工作通知若干问题的意见》等文件，对我国公共就业培训机构的选择有明确的规定。规定要求，应当通过招标或资质认定等办法来择优确定教育培训机构，要选择和确定一批培训质量高、就业效果好、社会认可的教育培训机构作为承担各项具体教育培训任务的定点机构，并向全社会公布这些培训机构的名单，公开接受社会监督。

招标这种方式被公共就业培训计划所采用，是因为招标是政府采购中的一种，它更加尊重市场规律，更加强调公平、公正和公开，更加强调法治化和规范化。强化培训市场的竞争性是提高公共就业培训质量的有效途径。

（二）我国公共就业培训的质量监控制度

为了增强公共就业培训的效果，我国各项公共就业培训计划都在积极探索培训质量监控的方法。

为抓好培训质量建设，我国政府曾建立了相应的质量监督制度，比如，针对各种农村劳动力转移培训"阳光工程"，曾建立了以"五项制度""六个要求"为内容的项目监控和质量管理制度。所谓"五项制度"具体是：①公示制度；②第一节课制度；③台账制度；④月报制度；⑤检查验收制度。所谓"六个要求"具体是：①推行订单培训；②规范基地认定；③加强职业技能培训；④做好引导性培训；⑤加强教材建设；⑥加强质量考核。

针对农村劳动者转移就业技能培训工作，人力资源和社会保障部门主要从三个方面加强对培训过程各个环节的监管。一是建立统一的信息管理系统。二是加强对培训过程的监督。政府主管部门通过各种具体方式（例如现场测评、设立举报电话、网上投票、电话访谈等方式）着重跟踪了解各个培训项目的培训效果、培训后就业率以及培训对象对于培训的满意度等信息。三是建立培训开班和结业报告制度。

随着我国公共就业培训各项计划的建立和实施，公共就业培训的监管制度也逐渐建立，监管的环节也不断增加。尽管如此，其效果还是不尽如人意，就具体监管制度本身来说，缺乏科学性和可操作性是问题的根本。

第二节　西方国家公共就业培训规范运行与监管的经验及借鉴

一　通过立法来加强公共就业培训的监管

西方发达国家高度重视对于公共就业培训的立法与监管工作，各国政府制定了有关公共就业培训的各种完备的政策和法律，从立法约束和政策引导等方面对公共就业培训进行规范化管理。这些政策和法律，明确了政府服务部门与公共就业培训机构在公共就业服务中的职责和作用，对公共就业培训机构的准入条件做出明确、科学而严格的规定，从宏观上强化对公共就业培训机构的监管，促进了公共就业培训的发展。政府在制定各种政策和法律后，还会制定相关实施措施，设立专门的反馈监督机构，根据实践效果实施监控，定期修正。以农民培训为例，各国政府积累了丰富而有效的监管经验，形成了较有成效的监管机制。例如，"二战"以后，日本政府先后颁布了《社会教育法》《青年学级振兴法》，以支持保障本国农民培训。又如，20世纪80年代以来，韩国政府先后制定了针对本国农渔民的职业培训法律，如《农渔民后继者育成基金法》（1980年）和《农渔民发展特别措施法》（1990年），这些法律把韩国农渔民培训事业制度化和具体化，从而在制度和政策上保障了韩国农渔民职业培训的发展，使得该国在培养农业后继者和专业农户方面取得了良好效果。除了东亚日韩等国制定了完备的相关法律之外，欧美等国也制定了完备的农民培训法律制度。例如，《史密斯-休斯教育法》（1917年）的颁布与实施曾促进了美国农民中等学历教育的快速发展，又如，1969年德国《职业教育法》的颁布，促进德国政府建立了"双元制"的农民农业学历教育体制。① 英国1982年颁布了《农业培训局法》，五年后又对其进行了进一步的修改和完善，从而进一步加强了英国农民职业教育与技术培训。可见，农民培训管理的法治化，成为这些国家农民职业教育培训迅速发展的重要法律保障或根本制度保障。② 从就业培训来看，一些发达国家也积累了丰富的管理经验。例如，英国颁布的《就业与训练法》（1973年）规定，设立专门的"人力服务委员会"来具体负责相关工作，以促进就业和培训事业的发展。后来，英国政府还陆续颁布了《教育改革法案》（1988年）和《继续教育和高等教育改革法案》（1992年）等相关法律，进一步规定在全国范围内实施职业资格证书制度。英国政府制定和实施的这些法律法规，对于英国就业培训的健康发展起到了极大的促进作用。又如，为促进美国就业培训的健康发展，美国政府制定了《就业培训合作法》，规定由地方政府和私人机构共同合作进行培训项目的开发、实施和管理。③

改革开放以来，我国的法制建设不断加强，也更加注重劳动者素质的提高和劳动力权益保障方面的法律规范，陆续颁布了《中华人民共和国职业教育法》（1996年）、《中华人民共和国劳动法》（1994年）、《中华人民共和国劳动合同法》（2007年）、《中华人民共和国就业促进法》（2007年）等法律，但是针对公共就业培训，尤其是农民的公共就业培训的法律尚未出现。公共就业培训管理部门的分工、主管部门的职能、公共就业培训机构的选拔、公共就业培训机构服务标准等都需要用法律的形式规范起来。

---

① 杜妍妍、姜长云：《发达国家农民培训的特点与启示》，《宏观经济管理》2005年第7期。
② 陈华宁：《国外农村人力资源开发模式及启示》，《国际经济合作》2009年第3期。
③ 陈成文、邓婷、孙淇庭：《国外就业援助模式一瞥》，《北京日报》2016年7月13日。

二 引入竞争机制以增强公共就业培训的效果

西方发达国家在公共就业培训方面积累了一些可供借鉴的经验，建立培训机构的市场准入与竞争机制就是其中的经验之一。比如，为鼓励各大农牧场主、企业集团等开办农业职业培训机构，澳大利亚政府实行了对于市场培训主体的经费补贴制度，资助经费占职业培训经费总额的 20%～30%。同时，政府对各项培训项目均实行公开招标，并逐年提高培训项目招投标的经费比例。澳大利亚政府的这些政策，鼓励了各企业和各农牧场主积极参与培训市场的竞争，促进了该国农业职业培训事业的发展。又如，德国公共就业服务竞争程序分为两个阶段：一是联邦就业服务机构在全国范围内招标，各机构都可以凭资质证明和标书参与定点许可竞争；二是失业者从联邦就业服务机构领取为期至少 3 个月的培训券，自主选择购买任何一个定点机构的服务。这些定点机构则凭借培训人数和职业介绍成功率与联邦就业服务机构结算项目经费。这意味着通过引入"消费者选择机制"，激励培训机构之间展开服务竞争。除此之外，联邦就业服务机构还在总部开设的网页上设置培训机构选择功能，同时开设就业岗位网上交易所，为顾客提供便捷的电子服务。为了方便供求双方直接联系，其中还添加了互联网电话功能。[①]

在公共就业培训中引入竞争机制，形成公共就业培训服务生产主体多元化体系，可以弥补公共就业培训机构垄断造成的不足。近年来，我国也有部分民营培训机构参与公共就业培训，对现有的公共就业培训起到了良好的补充作用，但总体来讲，我国的公共就业培训还处于公有培训机构垄断状态，并且由于公共就业培训是分块管理的，不同主管部门管理的培训机构难以平等竞争。因此有必要借鉴西方发达国家的经验，提供真正平等竞争的条件，进一步促进

---

① 朱玲:《促进就业:德国劳动力市场改革》,《中国工业经济》2008 年第 3 期。

民营培训机构作用的发挥,使最优秀的民营培训机构为我国的公共就业培训提供服务。这样能保持各层级就业培训机构的活力,提高培训服务水平。

三 创新监控手段以提高培训的质量

西方发达国家在公共就业培训的质量监控中不断探索新的技术手段。比如,在澳大利亚,政府对私营就业服务承包商的监控主要有两种方式:一是通过联网的计算机系统来进行监控,二是通过现场访问来加以直接监控。由于采取了这两项有效的监管措施,政府主管部门能够随时掌握每一位求职者得到服务的情况。此外,澳大利亚政府还建立了一套基于复杂的回归模型而构建的标杆管理系统,对所有私营就业服务承包商的就业安置结果进行滚动式星级评价。在一期合同结束进入二期合同时,该评级系统确定60%绩效较好的承包商无须投标就可直接获得新的合同。澳大利亚政府还对各类职业培训机构的培训质量进行定期评估,把劳动力市场的"就业率"和产业部门的"就业率"作为考核培训机构是否合格的根本标准。凡就业率低于60%的培训机构,政府取消对其当年培训拨款计划,连续多年考核不达标者则予以关闭。又如,英国政府着力对就业服务承包商加以监管,主要的监管形式是进行现场访问和调查。再如,荷兰政府建立了一套主要针对私营就业服务承包商的质量认证系统,其中包括邀请外部的非政府审计机构来对就业服务承包商的工作绩效进行年度审计。荷兰的就业服务承包商每两个月还必须提交一份正式的工作报告,同时与政府公共服务外包管理部门进行会谈。[1]

公共就业培训的质量监控难度大、成本高,因此借鉴西方发达国家的经验采用多种手段进行监控是必需的。这些手段既包括传统的对培训机构的现场评价,也包括采用计算机、摄像等多种新技术

---

[1] 刘昕:《政府公共就业服务外包体系:制度设计与经验启示》,《江海学刊》2008年第3期。

手段对培训过程进行监控,还包括通过电话、电子邮箱对受训者进行回访。

第三节 完善我国公共就业培训规范运行和监管的思路

当前我国公共就业培训的监管还在不断探索中,其目标是要建立符合现代公共管理理念和我国国情的公共就业培训监管体系。这个体系应当对公共就业培训的监管主体、监管方式、监管内容等做出科学的安排。公共就业培训监管体系的建立不可能一步到位,就目前而言,应当从公共就业培训的监管主体、监管方式、监管内容着手,按照以下思路来展开。

一 将法律作为我国公共就业培训监管的依据

法律是公共服务监管的依据和保障。如前文所述,目前我国与公共就业培训直接相关的法律尚未建立起来,尤其是我国农民培训的专门立法工作尚未启动。当前公共就业培训的监管依据的是政府的行政命令,其权威性、有效性受到影响。由于我国公共就业培训尚处于分块管理、共同推进的阶段,要建立全国性覆盖城乡公共就业培训的专门法规时机还不成熟,但可以对农民培训进行专门立法,这也是不少发达国家的经验。另外,由于我国地域辽阔,经济发展水平不一,管理基础也不同,可以先在局部地区进行试点,通过地方立法或部门条例的形式加快农民培训立法的进程,为今后在全国范围内推进农民培训的立法和法律支持体系建设提供依据。

二 将公平竞争作为培训机构准入的基本原则

在普遍采用公共就业培训的提供者与生产者分离的市场供给模式下,政府和培训机构之间实际上已经形成了一种委托代理关系。

而在这种关系中，委托人和代理人之间的目标往往是不一致的。因此，择优选择合适的培训机构（代理方），使之能够按照政府（委托方）的公共就业培训利益最大化的方式行事，成为保障公共就业培训市场健康发展的关键。公开招标、公平竞争和择优选择培训机构承担政府培训项目，从各个方面和环节避免逆向选择和道德风险问题的出现，是政府这一委托人能否通过建立委托代理关系来实现自身利益最大化的根本措施和关键所在。[1] 因此，如何选择合适的就业培训机构，并对就业培训机构的行为及绩效结果进行监控和激励，就显得格外重要。

在当前培训需求不断扩大的背景下，整合我国现有的教育培训机构和培训资源，充分发挥其作用，对于加强公共就业培训工作无疑具有重要的积极意义。同时也要认识到，现有教育培训机构与培训资源的整合应建立在公平竞争的基础之上，要鼓励不同类型培训机构依法公平竞争进入培训市场，主要宗旨是服务于公共就业培训而不是救活培训机构。只有这样，才能促进培训质量的提升。[2] 为了保障培训机构的平等竞争，在培训机构准入制度的设计上，首先要允许不同主管部门的各类培训机构都进入公共培训项目的招标中来；其次要聘用第三方代理招投标工作，政府主管人员不参与招投标工作。

三　以多重监控手段来增强培训效果

培训过程的监控是培训质量监控的重点和难点。培训机构即使有能力和经验，在实际操作过程中也可能会将自己的目标置于公共服务目标之上。因此，为避免代理人的机会主义行为对委托人的利益造成侵害，有两种做法可以采用：一是制定相应的规章制度来对

---

[1] 刘昕：《政府公共就业服务外包体系：制度设计与经验启示》，《江海学刊》2008年第3期。
[2] 陈华宁：《国外农村人力资源开发模式及启示》，《国际经济合作》2009年第3期。

培训机构的服务行为和服务过程加以监控,二是实行一套根据服务结果提供奖励的计划。①

在公共就业培训质量的监控中,首先,要建立培训的质量标准,建立包括师资、教学设备、教材、教学内容、教学时间、教学方式、教学评价在内的培训标准,使整个教学过程标准化。其次,应广泛利用新技术,创新培训监管的新手段。一是建立公共就业培训的管理信息系统,对参加技能培训学员姓名、性别、身份等基本情况和培训专业、时间等情况建立电子文档,利用公共就业培训信息对培训进行监控。二是按照培训对象的一定比例实行电话回访,重点调查与核实其参加培训的个人意愿、相关个人身份信息以及个人缴费情况等。三是可采用摄像技术对培训过程进行监控。此外,培训过程监管的成本比较高,难度也大,如果可以创造某种"剩余",从而使代理人按照委托人的利益最大化要求达成某些相应的结果之后,能够与委托人共同分享这种"剩余",那么培训的效果就能大大增强。基于此,在公共就业培训管理中利用经济手段,设计激励制度来调动培训机构的积极性就显得非常重要。

---

① 刘昕:《政府公共就业服务外包体系:制度设计与经验启示》,《江海学刊》2008年第3期。

第九章　赣南老区农民工培训专题研究：来自瑞金的调查

中国是一个农业大国，农村劳动力总数超过2亿人。对农民工和新型农民的培训是我国公共就业培训的重要组成部分。这不仅是关系到我国农业和农村现代化的全局性问题，而且是关系到我国农民脱贫致富，关系到广大农民与全国人民一道进入全面小康发展新阶段，共享现代化建设成果的大问题。从"全面建设小康社会"到"全面建成小康社会"，中国已经进入了扶贫工作攻坚克难的重要阶段。精准扶贫是我国现代化建设进入新阶段后的扶贫工作新举措。由于自身技能、学历和素养等各方面客观因素的制约，进城的农民工不能真正融入城市，更满足不了企业升级换代的技能要求，绝大多数的农民工从事的是体力工作，培训无疑是提升农民工技能的重要途径。但培训的收入效应如何，又有哪些因素制约农民工培训效应的发挥？这是亟待研究的问题。瑞金是位于江西省赣南的一个县级市，有很多农村贫困人口从事服装制造行业。本课题通过对瑞金服装行业的农民工进行关于培训的问卷调查，在此基础上进行培训收入效应的研究分析，并探究其背后存在的制约培训收入效应发挥的因素，据此提出建议。

一　瑞金服装行业农民工培训现状分析

本课题组在2016年12月对瑞金多个服装厂的农民工以调查问

卷的形式进行随机抽样调查,在发放的 300 份调研问卷中,有效问卷回收 240 份,问卷有效率为 80%,详细数据如下。

(一) 多数农民工倾向少于一个月的短期培训

根据数据统计可以看到,有 45.1% 的农民工愿意接受一个星期的培训;而愿意接受一个月以上培训的农民工只占总数的 29.4%;19.6% 的农民工愿意接受三天到五天的培训;5.9% 的农民工愿意接受一天的培训。具体构成如图 9-1 所示。

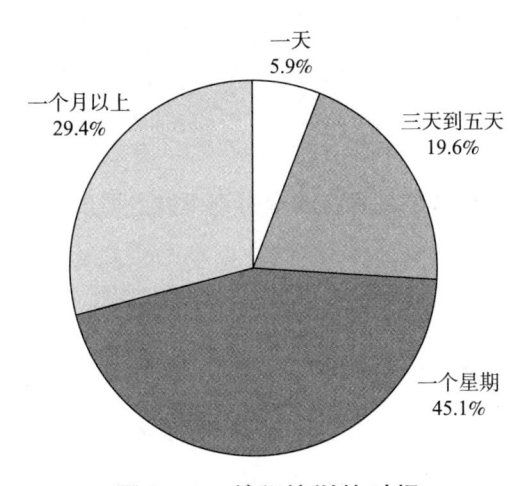

图 9-1 希望培训的时间

(二) 大多数农民工倾向于选择本行业的技能培训

本次调研对象是瑞金服装业的农民工,这些农民工以女性居多,且文化水平普遍偏低,在选择培训技能类别方面具有一定的倾向性。农民工选择技能培训类别前五名如下:在被调查的农民工中,技能类别选择占比最高的是现在从事的行业,即服装业占总数的 54%,有些农民工希望可以在其原有的技能上有所提高,有些希望可以独立开店。占总数 18% 的农民工选择培训餐饮业技能,7% 的农民工选择培训营销类技能,6% 的农民工选择培训家政类技能,4% 的农民工愿意培训其他类别技能，他们选择培训技能类别的依据为挣钱的多少。具体构成如图9-2所示。

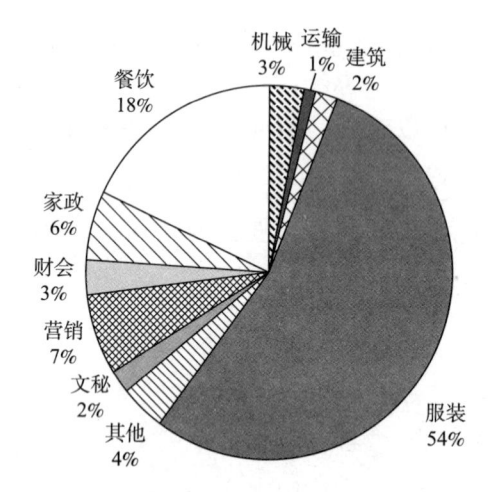

图9-2 农民工希望得到哪些方面的培训

（三）时间不足和经费不足是制约农民工接受技能培训的主要因素

调研结果显示，主观因素导致农民工不参加培训的占比极小，在被调查的对象中，只有两个人不愿意参加培训。他们认为自己的年龄偏大，培训对于他们来讲不必要，所以不愿意接受培训，剩下的农民工还是乐于接受培训的。其中42.24%的农民工表示他们不能参加培训的原因是资金不足，没有培训经费。30.17%的农民工表示不能参加培训的原因是时间问题，由于从事服装行业的农民工大多为从外地务工回来的女性，她们要花比较多的时间来照顾孩子。有14.66%的农民工是因为不知道培训的消息。12.93%的农民工表示其他一些原因导致他们没有参加培训。具体构成如图9-3所示。

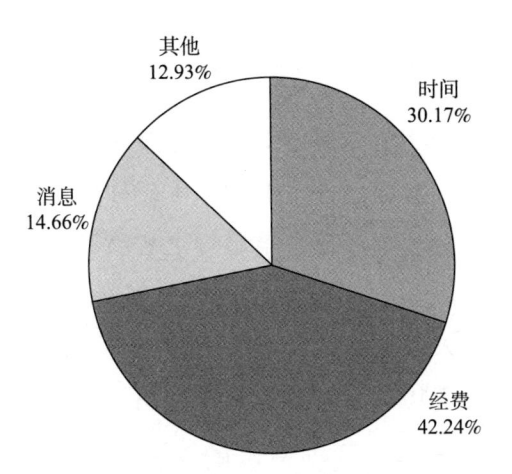

图 9-3 影响农民工参加培训的原因

（四）农民工培训经费的主要来源是自筹

调查结果显示：占被调查人数 52.08% 的农民工培训费用的主要来源是自筹；25% 由政府出资；14.58% 由用人单位出资；三方共同承担占 8.34%。可以看出，自筹是农民工培训经费的主要来源。具体构成如图 9-4 所示。

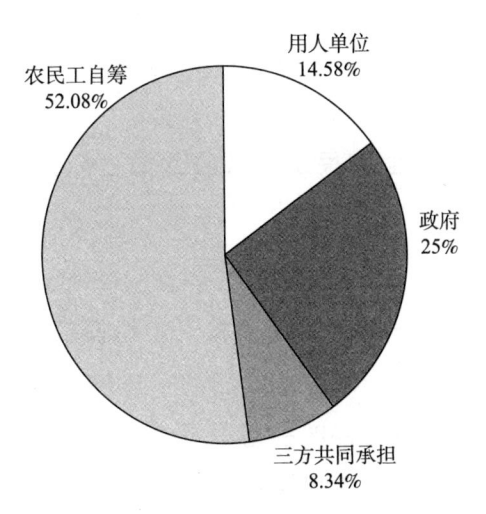

图 9-4 培训资金来源

（五）农民工倾向于现场学习的培训方式

在被调查的农民工中，有 46.28% 选择现场学习；有 19.01% 的农民工喜欢传统的面对面授课；有 19.01% 的农民工选择多种方式结合的教学方式；而电视、广播、电脑等远程教育这种方式选择较少，占 7.44%；还有 5.79% 的农民工选择其他方式；DVD 学习占 2.47%。可以看出大多数农民工还是比较看重培训的实用性，倾向于可以动手操作的现场学习。具体构成如图 9－5 所示。

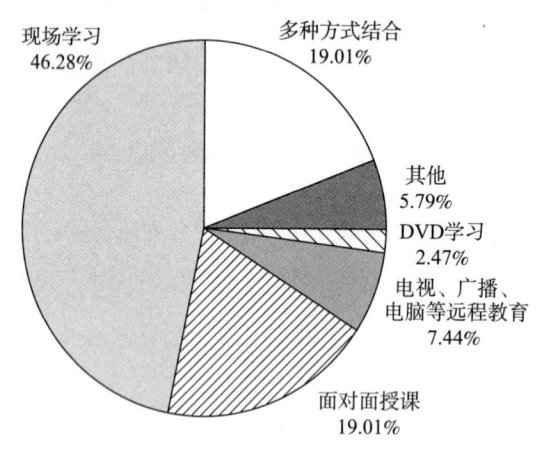

图 9－5　农民工倾向的培训方式

二　瑞金服装行业农民工培训收入效应研究

（一）样本的基本情况

在本课题调研的赣南服装行业农民工培训的相关数据中，参加培训的农民工占 40%，未参加培训的占 60%。在受教育程度上，86.8% 的农民工的受教育程度在初中及以下水平，只有 13.2% 接受过初中以上教育。那么，农民工的收入与其有没有接受过培训是否相关呢，即是不是接受过培训收入水平更高？通过基本的调研数据可以看出，接受过培训的农民工收入相对较高，具体情况如图 9－6、

图 9-7 所示。

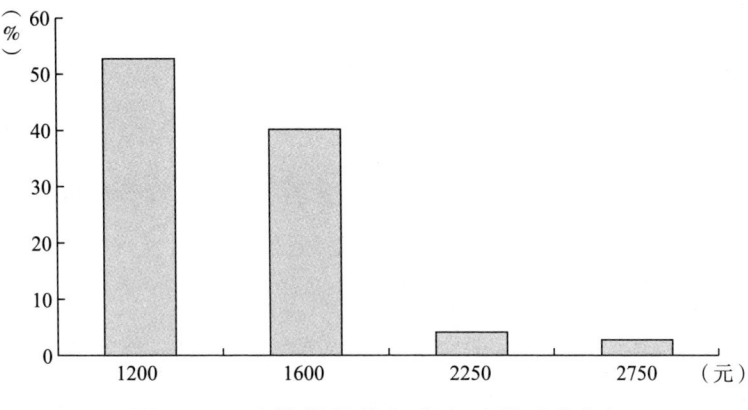

图 9-6 未培训的收入分布（税后收入）

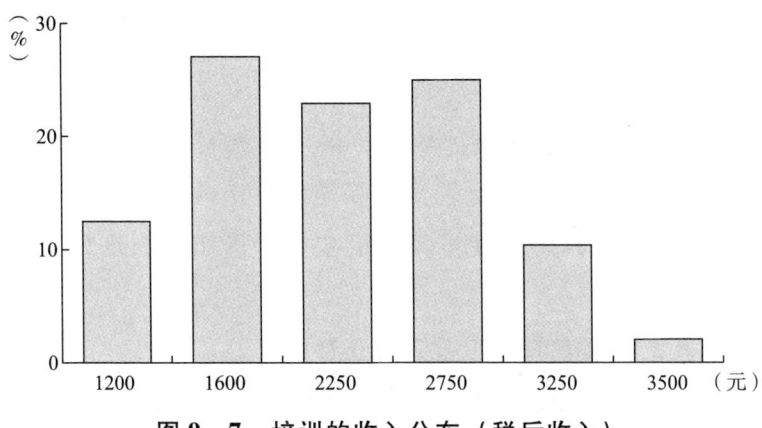

图 9-7 培训的收入分布（税后收入）

从图 9-6、图 9-7 的数据可知，接受过培训的农民工收入分布在工资收入相对较高的区域，而未接受过培训的农民工收入相对较低。初步断定农民工培训有利于提高其收入。

（二）变量选择与理论模型

本课题采用比较法来研究培训对农民工收入水平是否有影响。一般来说，影响农民工收入的因素主要包括文化程度、务工年份、培训时间等。首先研究受教育程度对收入的影响，然后研究培训和受教育程度对收入的影响，比较它们相关变量的系数变化，进而探讨培训是否影响收入。根据前文确定的变量，建立方程为：

$$Y = \alpha_0 + \beta_1 X_1 + \mu_i \qquad (1)$$

$$Y = \alpha + \beta_2 X_1 + \beta X_2 + \mu_i \qquad (2)$$

式（1）中，Y代表收入，X_1为受教育程度，β_1表示因素的待估系数；α_0表示截距，μ_i为误差项，且方程满足$\mu_i \sim (0, \delta_2)$和$cov(\mu_i, \mu_j) = E(\mu_i^2) = 0$。

式（2）中，Y为收入，X_1为受教育程度，X_2为是否接受过培训。β_2，β表示各个因素的待估系数；α表示截距，μ_i为误差项，且方程满足$\mu_i \sim (0, \delta_2)$和$cov(\mu_i, \mu_j) = E(\mu_i^2) = 0$。

（三）实证结果

本章采用 SPSS 21.0 统计软件，得出受教育程度与农民工收入的线性回归方程和培训及受教育程度与农民工收入的多元线性回归方程，分析各个方程解释变量系数的变化，进而研究培训与农民工收入的关系。

1. 受教育程度对农民工收入有正影响

运用 SPSS 21.0 统计软件就受教育程度对农民工收入做相关性分析，得出结果如表 9-1 所示。

表 9-1　受教育程度对农民工收入影响

模型一	R	R^2	调整的 R^2
	0.581ª	0.337	0.331
	非标准化系数		Sig.
	B	标准误差	
常量	1486.425	128.867	0.000
文化程度	330.610	43.076	0.000

剔除不显著变量，得到估计模型：

$$Y = 330.610X_1 + 1486.425$$

其中 X_1 的系数为 330.610，即受教育程度对农民工收入有正效应，受教育程度越高收入越高。同时 $R^2 = 0.337$，且调整的 $R^2 = 0.331$，拟合效果较好，并且 $P \leq 0.000$，具有很高的显著水平，由此可得教育水平对农民工收入有正影响。

2. 培训对农民工收入有强化作用

在上述实证分析的基础上，增加培训这个变量后，分析得到培训对农民工收入有强化作用，其结果如表 9-2 所示。

表 9-2 培训对农民工收入影响

模型二	R	R^2	调整的 R^2
	0.711ª	0.505	0.497
	非标准化系数		Sig.
	B	标准误差	
常量	1579.517	112.753	0
文化程度	244.371	39.952	0
是否培训	410.536	65.057	0

剔除不显著变量，得到估计模型：

$$Y = 244.371X_1 + 410.536X_2 + 1579.517$$

在上述数据中，X_1 的系数为 244.371，X_2 的系数为 410.536，即培训能提高农民工收入。与此同时，$R^2 = 0.505$，且调整的 $R^2 = 0.497$，其拟合效果具有明显的提高，并且 $P \leq 0.000$，说明拒绝原假设，显著性较强。

综上所述，通过对样本的基本描述与分析，我们可以发现，职业技能培训对于提高农民工收入有直接的帮助，职业技能培训有助于大多数农民工提升技能、提高收入、摆脱贫困。同时通过实证分析证明，培训对农民工收入有强化作用，即培训有利于提高农民工的收入水平。

三 影响瑞金服装业农民工培训收入效应发挥的因素

（一）农民工对培训认识不足制约培训的绩效，影响其收入效应的发挥

在调查中发现，农民工没有认识到通过培训可以提高他们的技能，进而提高他们的收入。受文化水平的影响，农民工认识不到培训对他们的重要性。也有一部分农民工表示愿意参加培训，但是培训资金的短缺、对培训是否能学到技术、培训后是否可以顺利就业等顾虑阻碍了他们参加培训。部分农民工因为培训口碑不好而采取观望的态度。有些农民工参加了政府委托培训机构进行的培训，但他们大多看重的是培训机构为招揽学员送发的报酬，并不是看重培训本身，这大大削弱了培训的效果，影响了培训收入效应的发挥。[①]

（二）课程设置不合理、教师缺乏实践能力、培训条件不足等因素影响收入效应的发挥

调查中发现，农民工参加机构培训的收入效应要低于师傅带学徒培训的收入效应。目前职业院校大多不重视农民工培训，它们更愿意培训初中、高中毕业生，忽视社会上的农民工，培训内容也和实际脱节，这严重影响了培训的收入效应。[②] 其具体表现为：培训的科目和市场需求不符；培训的内容没有紧跟市场需求且可操作性低；

[①] 牛刚、孙维：《返乡农民工培训模式创新研究——来自苏北的经验》，《西北农林科技大学学报》（社会科学版）2010 年第 4 期。

[②] 唐文君：《职业院校开展农民工培训的现状、问题与对策研究》，《职业技术教育》2010 年第 1 期。

培训的教师缺乏实践能力，只会教授理论知识。

（三）企业对职工培训认识的狭隘性影响培训收入效应的发挥

调研中发现，服装厂招聘员工没有学历和年龄的限制，只要会操作即可。它们不招技能生疏的工人，没有培训这个想法和意识。用人单位认为培训增加了成本，且不愿意承担这个成本。所以用人单位的自利性是影响培训收入效应发挥的一个主要因素。另外农民工属于特殊群体，流动性很强，而且一般不愿意签订劳动合同，也没有五险一金的概念。在没有合约束缚、缺乏稳定的合约关系的情况下，用人单位常常陷入对不对农民工进行培训的两难选择。[①] 有些企业即使对农民工进行培训，也只是简单地讲授上岗要求和应该注意的安全问题，并没有注重对员工职业能力和心理等方面的培训，这大大减弱了培训的收入效应。现在用人单位大多对农民工"重用轻养"，只是把农民工当作"流水线"上的机器，看重的只是能从他们身上谋取多少利益，不注重培养，这在服装企业表现得尤为突出。

（四）培训监管的不完善影响培训效果，减弱收入效应的发挥

缺乏对农民工培训完善的监督与管理制度，严重影响培训效果，影响其收入效应的发挥。目前政府将培训委托给培训机构，由培训机构负责培训的全部过程，考试合格即培训完成。培训机构存在趋利性，看重的是培训的数量而不是质量。政府对培训的监督管理工作不到位，影响培训效果，亦影响培训收入效应的发挥。

---

① 孙正林、郭秀秀：《农民工培训：现状、问题与对策》，《东北农业大学学报》（社会科学版）2011 年第 2 期。

（五）培训院校缺乏对培训教师和学员的科学管理

培训院校缺乏科学的管理方法，缺乏对培训教师严格的准入机制及学员明确的选拔标准，致使在培训教师和培训学员的管理上都存在问题。培训教师方面：培训教师大多是通过相关技能考试获得证书的社会人员。首先缺乏教学技巧，其次没有实际操作经验，不能做到理论与实践相结合。培训院校所擅长的、所教授的，多为技能考试的技巧，而非真正的实践操作技能技巧。培训学员方面：选拔的学员大多数是为了得到发放的补助而参加培训的，缺乏主观能动性。对待培训态度不认真，没有将课堂上学到的知识很好地吸收，很难日后运用到自己的工作中去。

四 提高瑞金服装业农民工培训收入效应的建议

（一）端正农民工对培训的认识

如前所述，农民工在培训中缺少主观能动性，敷衍了事是影响培训收入效应发挥的主要因素，所以改变农民工对待培训的态度尤为迫切。地方政府可以通过媒体宣传、组织培训院校开设讲座等方式对农民工进行宣传教育。通过宣传让他们了解到培训可以弥补其受教育程度不足的缺陷，让他们学会一项技能，帮助他们提高收入，摆脱贫困。

（二）改变用人单位对培训的狭隘观念

用人单位认为对农民工培训提高了它们用工的成本，且农民工学会了技能后增加了跳槽的可能性。在这个问题上应该改变企业的想法，让它们了解培训经费的投入是人力资本投资行为。对农民工进行培训，使其技能及素质得到提升，更有利于提高其工作效率。当农民工接受了一段时间的培训后，他们的技能在原来的基础上有所提高，甚至他们的职位也有所提高，这样他们在公司努力做下去的动力更足，企业有更强大的凝聚力和向心力，农民工的忠诚度提高。

(三) 培训院校应更精准进行培训

1. 增强培训院校的社会责任感

首先职业院校要改变思想观念，增强社会责任感，从帮助贫困农民工脱贫角度出发，真正担起通过培训帮助农民工精准脱贫这个担子。一要树立服务意识，充分利用院校已有的资源和场地对农民工进行培训。二要变被动为主动，不能等农民工来培训，应积极寻找需培训的对象，"请"他们来培训。三要树立责任意识，加强对培训院校领导班子及教师队伍的管理，健全监督管理机制，最大程度提高培训的质量。

2. 以农民工个人及市场需求为导向设置课程

以农民工个人及市场需求为导向设置课程，课程可以分为技能和基础课程两类。基础课程包括文化知识、法律知识、心理素质等，因为农民工的受教育程度也不尽相同，所以基础课程可以根据其接受程度划分等级，给农民工一定的选择空间。技能课程应以市场需求为导向设置，以农民工个性选择辅助，最大程度地满足市场和农民工需求，这样也能提高农民工培训的积极性，增强培训的效果。[①]

3. 注重"双师型"教师的培养

重视教师队伍的"双师"培养。开展农民工培训工作，培训教师尤为重要。应鼓励教师到企业、车间学习最新技能，紧跟企业产品和技术的更新换代步伐，给培训学员提供有针对性的培训，实现培训和就业的无缝对接。

---

① 孙灵：《职业院校参与农民工培训的分析研究》，《重庆教育学院学报》2010年第3期。

4. 引入竞争招标机制

目前在我国，缺乏培训的费用是限制农民工参加培训的主要原因。农民工收入有限，单纯靠自己支付培训费用显然是不现实的。因此政府应给予农民工经济上的补助，也可以通过发放培训券的方式来支持其参加培训。对于培训机构，政府可以采取招标的方式进行公开选拔，这样可以选取优质的培训院校，有利于增强培训的效果，提高培训的收入效应。政府可以构建农民工就业的网络平台，农民工在培训院校获得的学历和证书可以在平台上查询。在平台上，农民工可以查询到就业信息及当前进行的培训项目，为农民工提供一条快捷、高效的就业网络通道，为农民工培训后就业提供保障，这样可以提高农民工培训的积极性，发挥培训的收入效应，帮助贫困农民工精准脱贫。

第十章 机械制造企业工人技能提升专题研究：来自 Y 公司的调查

一 Y 机械制造公司工人基本结构及技能现状

企业工人的技能培训是我国公共就业培训的主要任务之一，企业工人的技能培训不仅关系到受训职工本身的能力提升，而且直接关系到企业产品质量的提升乃至整个企业核心竞争力的提升，关系到整个国家的工业化、现代化的发展全局。本课题选择江西省 Y 公司作为个案，对企业工人的技能培训及其绩效问题进行专题研究。本课题通过访谈、问卷调查等研究手段对该公司企业工人的技能现状进行了分析，对影响工人技能提升的因素进行了实证研究，对如何建立更加符合企业需要和产业发展方向的员工技能提升系统提出了具体的意见。

（一）企业概况

江西省 Y 公司成立于 20 世纪 80 年代，目前拥有配套的现代化机械加工生产设备，主要为客户提供叉车、铲土运输机械等工程机械产品，是一家集研发、生产、销售、服务于一体的机械制造公司。该公司管理团队优秀，专业技术人员知识精良，企业一线工人积极上进。目前该公司已形成一套具有自身文化底蕴的现代化机械制造企业科学管理系统，并结合自身特点，建立了工艺规程、标准操作规程、岗位操作规程的科学化管理体制。本课题组通过访谈、问卷调查等方法对该公司企业工人的技能现状进行了调研。

(二) 调查方案拟定

1. 访谈

本课题组在理论研究、文献分析、实地调研的基础上,结合 Y 公司相关岗位说明书进行了访谈提纲的设计,并对公司生产部门操作工人进行单独访谈。本次访谈的内容主要涉及技术工人所在岗位需具备哪些技能、公司对工人的培训现状、影响技能发展的因素等。

2. 问卷调查

问卷设计是在分析相关文献、解读 Y 公司操作工人岗位说明书的基础上,结合工人访谈内容进行相应的完善和补充,最终形成问卷。问卷内容主要分为两部分:第一部分为工人的基本信息,包括年龄、工龄、学历、技能等级水平等;第二部分为工人技能水平影响因素的李克特五级量表,具体分为四个维度,每个维度下设有不同的指标,见附录4。

根据实地调研,该公司从事机械产品制造的技术工人共有200人,共向其发放200份问卷,最终收回150份有效问卷,问卷有效率为75%。

(三) 工人基本情况

1. 年龄结构

在工人年龄分布上,绝大部分工人年龄为36~45岁,低于25岁以及56岁以上的工人较少,具体结构如图10-1所示。随着制造业转型升级的进程加快,科技进步使得新技术和新设备不断涌入企业,相应的,对技术工人的操作技能要求也在不断提高,新一代的青年技术工人将承担起企业生产的重担,而根据对 Y 公司的调查,该公司拥有的青年工人比例偏小，应不断引进并培养新一代青年技工以促进企业产品的生产。

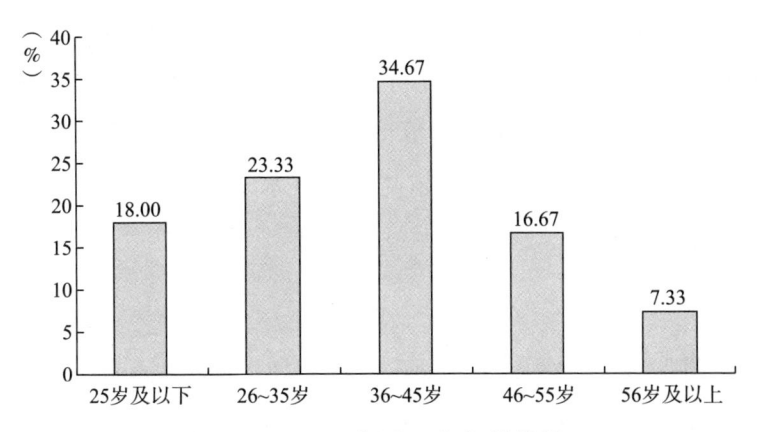

图 10-1　Y 公司工人年龄结构

2. 学历结构

该公司工人的受教育水平主要分布在小学及以下、初中、高中、中专层面，大专及本科学历工人非常少，两者仅占 11.34%，没有硕士及以上学历的工人。从图 10-2 比例分布可以看出，该公司工人的总体学历水平较低。个人受教育水平在一定程度上会影响其学习能力及适应新事物的能力，公司应采取更多人才激励措施，以吸引更多更高学历的人才进入公司，提高工人队伍的整体水平。

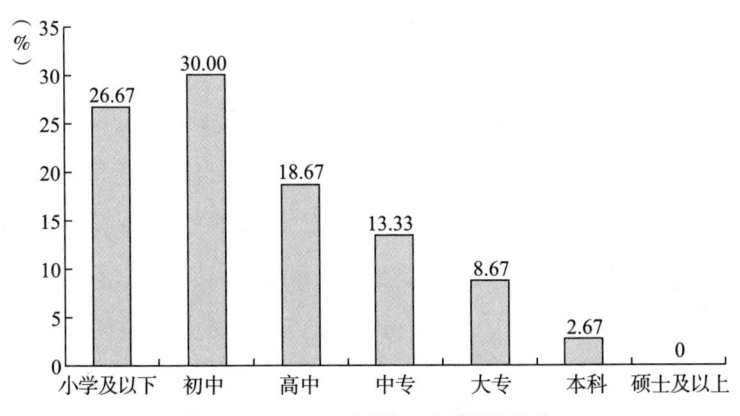

图 10-2　Y 公司工人学历结构

3. 工资水平

通过对调查问卷数据整理，该公司工人的月工资水平绝大部分为4000元及以下，6000元以上的不足3%（见图10-3）。工资水平普遍偏低，工人对收入的满意度也较低，较本市其他企业工资水平而言，该公司的工人工资福利亟待提高。此外，该公司工人工资与相应技能水平挂钩，技能等级越高，工资水平越高。

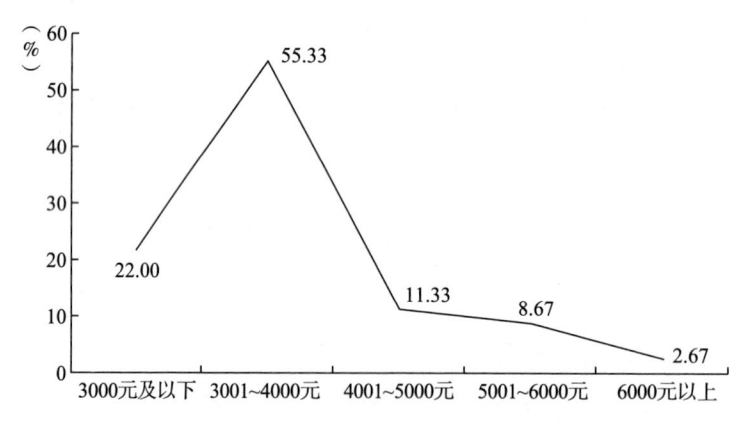

图10-3 Y公司工人月工资水平

4. 工人来源

从数据统计结果来看，该公司工人主要来自附近的农民工和从职业院校毕业的学生，少部分来自其他企业跳槽的工人。近年来，随着城市化进程的加快，越来越多的农民进入邻近城市务工以增加家庭收入，该公司半数以上的工人是农民工。从学校毕业的学生占比为38%，比例偏小（见表10-1）。据了解，当前公司在招收工人时往往会考虑这两者的比例问题。农民工对工作环境和薪资待遇的要求一般，做事较为刻苦，但由于受教育水平的限制，在技能水平上往往没有较大进展，一般需要经过长期的实践来熟悉自己的本职工作；院校毕业的学生中，拥有的理论知识较多，但实际操作能力较差，由于发展问题流动性也较大。

表10-1　Y公司工人来源情况

单位：人，%

工人来源	人数	占比
农民工	76	50.67
院校学生	57	38
其他企业工人	17	11.33

5. 培训情况

（1）培训频率

从问卷数据可知，93.33%的工人每年接受的技术培训在2次及以下，仅有6.67%的工人得到了3~5次的技术培训（见图10-4）。其中，3~5次的培训对象主要是针对技术等级较高的工人，对技术等级较低的工人开展的培训次数明显不够。新技术和新设备的引进，要求公司对现有工人进行更高要求的技术培训，公司应加大对较低技能水平工人的培训力度，以提升整个工人队伍的操作技能。

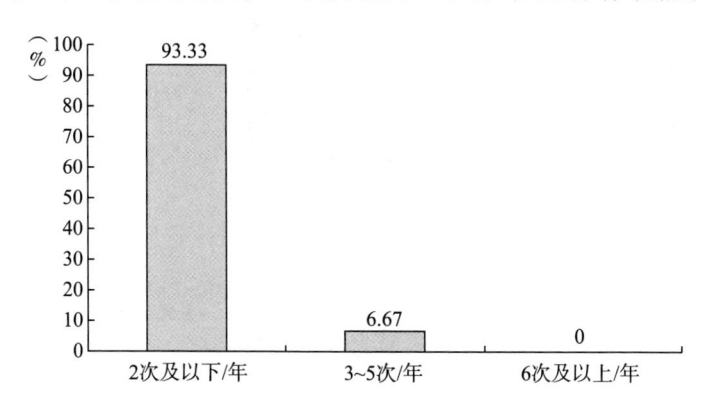

图10-4　Y公司技术培训频率分布

（2）培训满意度

工人对公司开展的技术培训表示"不满意"和"非常不满意"的比例占了近77%（见图10-5），从中可以看出培训满意度很低，技术培训效果不佳。由于公司对技能等级水平较低的工人重视程度不高，培训时间较短，培训效果不显著，工人对培训的满意度也就较低。

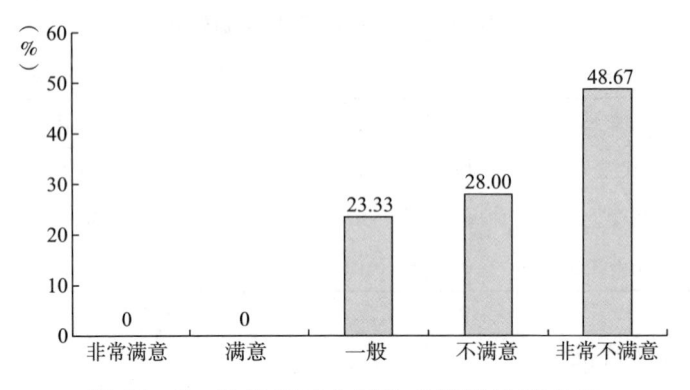

图 10-5　Y 公司工人对技术培训的满意度

(四) 工人技能现状

1. 技能等级结构

工人技能等级主要分为无技术等级、初级、中级、高级、技师和高级技师六类。通过调查发现，目前工人技能主要分布在无技术等级和初级水平，两者总共占比为 83%（见图 10-6）。公司仅有 3 名高级工人、2 名技师和 2 名高级技师。工人队伍的技能水平远远满足不了机械行业发展的需要，公司应在技能培养上加大投入力度，促使工人技能提升。

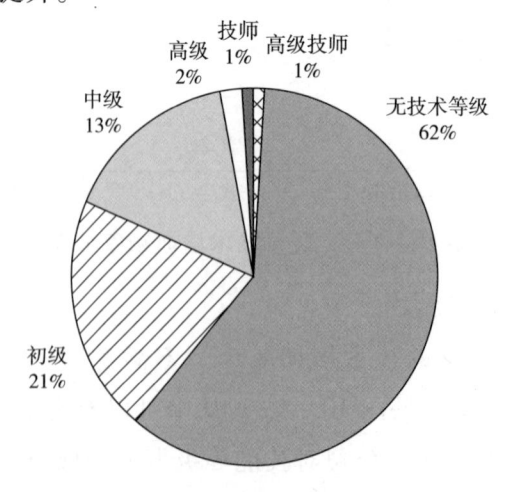

图 10-6　Y 公司工人技术等级结构

2. 技能提升渠道

综合对技术工人的访谈和问卷数据分析，该公司工人技能提升的主要渠道有：从师徒制中学习、参加公司技能培训以及自主学习。但大部分工人自主学习技能的意识和能力不强，通过该方式来提升技能在工人中暂时还不普遍。此外，有少数工人表示希望能去知名企业参观，学习其他企业的经验，以提升职业技能。

3. 对提升技能的认识

针对"您认为自身现有技能水平能否满足制造业转型升级的需要"这一问题，78%的工人认为自身现有技能水平较低，还不能满足制造业升级的新要求，技能水平还需提升（见图10-7）。在访谈中被问及是否愿意学习新技术技能时，86%的工人表示愿意。由此可见，该公司工人对技能学习抱有热情，公司应加大对工人技能的培训力度，努力提升现有工人的技术水平。

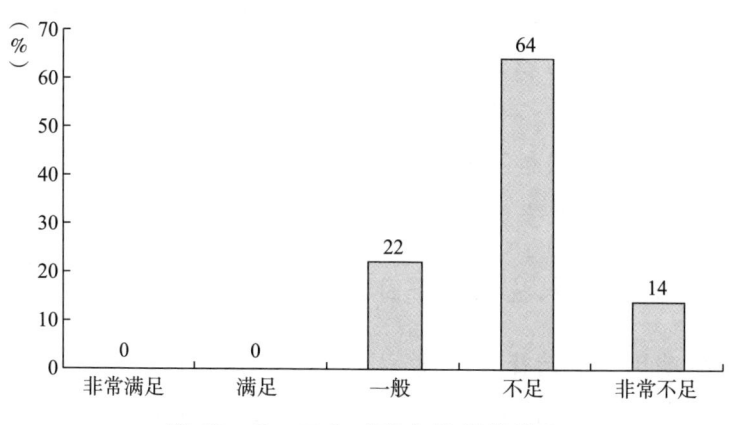

图 10-7 工人对现有技能的认识

二 工人技能提升存在的问题及影响因素分析

（一）技能提升存在的问题

1. 技能水平总体偏低

该公司有62%的操作工人属于无技术等级水平，这部分工人的受教育程度较低，胜任岗位工作主要依靠跟随师傅进行操作技能的观察学习，通过长时间的实践慢慢学会操作技术。公司的高技能等级工人严重缺乏，公司具备技师和高级技师水平的工人总共只有4人，企业工人技能水平总体偏低。

2. 技术培训效果不佳

针对有关公司技术培训的访谈问题，工人们指出所受的培训次数较少，一般半年才会开展一次，且由于公司对这方面的资金投入较少，请来的培训师往往专业水平并不高。培训形式以培训师授课为主，理论知识讲授较多，缺乏对实际操作技能提升的培训，由此导致技术培训的效果不显著。

3. 技能提升较为困难

首先，部分工人认为自身所拥有的技能能够满足职位要求，这部分工人对技能提升的愿望不是那么强烈，学习的主动性及自主学习能力较低。其次，公司对技术工人的重视度和投入都不够，安排的技术培训次数相对较少，大多数工人表示培训效果不理想，并未切实提高其技能水平。最后，工资水平的偏低，直接导致了该公司大部分工人生产积极性不高，对优秀技术工人的吸引力不够，技术工人流失的情况时有发生。

（二）影响工人技能水平因素的实证分析

1. 影响因素的选择与假设

我国学者从不同的角度对影响工人技能水平的因素进行了研究。例如，学者刘玉照对工人技能养成难题进行了剖析，认为农民工接受职业教育比例低、企业对技能培训的投入度低和政府对技能培养的积极性不高是主要原因。[①] 朱国伟从工人视角研究了技能如何提高，把影响技能提高的因素归纳为工人自身学习积极性、企业技

---

① 刘玉照：《中国新产业工人技能养成难题》，《探索与争鸣》2015年第8期。

培训效果以及激励机制三个方面。①尔肯·阿不都卡德尔认为工人技能水平主要受教育体制、企业、政策机制和工人自身四个层面的影响。②张蕾在制造业升级背景下，从政府、职业教育、企业、工人自身四个层面分析了工人技能的影响因素。其中，政府层面因素包括社会氛围营造、基础性投入和资金投入；职业教育层面包括师资力量、培养方案；企业层面包括培训效果、激励举措；工人自身层面包括主动性、学习能力。③

鉴于在已有的关于影响技能水平的因素研究中，大多数研究者只是对部分因素进行了分析，并未对各种影响因素进行全面的分析和实证研究，因此，课题组在参考以往学者对技能提升的研究基础上，结合 Y 公司实际情况以及对工人的访谈，对影响工人技能水平的因素进行了归类。将工人技能水平的影响因素划分为政府（F_1）、企业（F_2）、职业教育（F_3）和工人自身（F_4）四个层面。为细化这四个层面的具体因素，又将政府层面划分为资金投入力度（X_1）、激励政策（X_2）、保障措施（X_3）三个维度，企业层面划分为对工人技能的重视度及投入度（X_4）、工人对薪酬的满意度（X_5）、技术培训效果（X_6）、激励有效性（X_7）四个维度，职业教育层面划分为人才培养质量（X_8）、对操作技能培养的重视度（X_9）、课程与专业设置（X_{10}）三个维度，工人自身层面划分为对自身技能水平的认知（X_{11}）、对技能提升的意愿（X_{12}）、自主学习的能力（X_{13}）三个维度。

在设定了影响技能水平的具体因素之后，给出以下假设。

H1：政府层面的因素与工人技能水平显著相关。

H2：企业层面的因素与工人技能水平显著相关。

---

① 朱国伟：《从工人的视角论技能的提高》，《中国高新技术企业》2008 年第 9 期。
② 尔肯·阿不都卡德尔：《我国技术工人技能结构现状分析与对策》，《新疆职业大学学报》2010 年第 2 期。
③ 张蕾：《制造业升级中提高产业工人技能问题研究》，《继续教育研究》2012 年第 6 期。

H3：职业教育层面的因素与工人技能水平显著相关。

H4：工人自身层面的因素与工人技能水平显著相关。

2. 影响因素量表的设计

在设定了影响技能水平的 13 个具体因素之后，为了将问卷的回答转化为具体的定量数据，笔者采用了李克特五级量表法进行计量，要求被调查对象对每道题做出唯一选择，选项 1~5 分别表示对该陈述的态度由非常不同意、不同意、一般、同意到非常同意，并运用 SPSS 21.0 统计软件进行量表的数据分析。具体的工人技能影响因素量表可见附录 4 问卷。

3. 影响因素的描述性统计分析

为了更好地分析技能影响因素各个维度的统计特征，将调查问卷的第二部分数据录入 SPSS 21.0 统计软件后，对具体的 13 个影响因素得分进行了描述性统计分析。表 10-2 给出了 Y 公司工人技能水平影响因素各指标的极小值、极大值、均值和标准差。

表 10-2　工人技能水平影响因素描述性统计分析

影响因素	极小值	极大值	均值	标准差
X_1 政府对工人技能培养的资金投入力度大	1	3	2.12	0.612
X_2 政府出台了很多对技能优秀人才的激励政策	1	3	1.83	0.680
X_3 与工人相关的法律法规等保障措施较健全	1	3	1.97	0.750
X_4 公司对工人技能的重视度和投入力度较高	1	3	1.76	0.730
X_5 公司给工人提供了较为满意的薪酬	1	4	2.11	0.856
X_6 公司实施的工人技术培训效果很好	1	3	1.75	0.813
X_7 公司对优秀技术工人给予了有效激励	1	4	2.23	0.649
X_8 当前职业教育所培养的人才符合企业实际需要	1	3	2.05	0.659
X_9 职业院校十分注重对学生操作技能的培养	1	3	1.83	0.649
X_{10} 职业院校的教学课程与专业设置符合市场需要	1	3	2.07	0.774

续表

影响因素	极小值	极大值	均值	标准差
X_{11} 现有的技能水平能够满足制造业转型升级需要	1	3	2.08	0.597
X_{12} 十分愿意提升自身技能水平	2	5	3.65	0.715
X_{13} 能较好地通过自主学习的方式来提升技能水平	1	4	2.75	0.734

由表 10-2 可见，各影响因素的均值集中在 2~3，其中，工人对技能水平影响因素表示认同度最高的是工人对技能提升的意愿（X_{12}）。由此可知，公司工人大部分比较愿意提升自身技能，对技能提升的意愿较为强烈。公司应利用工人强烈的技能学习意愿，努力提升工人技能。而认同度最低的因素是公司的技术培训效果（X_6），均值仅为 1.75，这表明 Y 公司在对工人进行技术培训时，没有进行合理的效果评估，导致工人对技术培训的满意度较低。公司在今后的工作中，要注重提高对技术培训的质量要求，分析培训效果不佳的原因所在，增强培训效果，有效提高工人技能水平。

4. 影响因素的相关分析

为了验证政府、企业、职业教育、工人自身四个层面的影响因素与工人技能水平之间是否有联系，本章采用了皮尔逊积差相关分析方法进行数据的相关分析。皮尔逊积差相关分析方法是描述两个变量之间是否存在线性关系、线性方向是什么以及线性关联程度的一种分析方法。表 10-3 给出了四个层面影响因素与因变量技能水平之间的相关关系。从数据结果可以看出，政府层面的因素与工人技能水平显著正相关（$r=0.383$，$p<0.01$），企业层面的因素与工人技能水平显著正相关（$r=0.872$，$p<0.01$），职业教育层面的因素与工人技能水平显著正相关（$r=0.635$，$p<0.01$），工人自身层面的因素与工人技能水平显著正相关（$r=0.704$，$p<0.01$）。这也就意味着四个层面的影响因素 F_1、F_2、F_3、F_4 都与工人技能水平在

0.01 的水平上有显著正相关关系。这四个层面因素的改善,都能对工人技能提升起到促进作用。

表 10-3　工人技能水平影响因素与技能水平的相关分析

		技能水平			技能水平
F_1 政府层面	皮尔逊相关性	0.383**	F_3 职业教育层面	皮尔逊相关性	0.635**
	显著性(双侧)	0.000		显著性(双侧)	0.000
F_2 企业层面	皮尔逊相关性	0.872**	F_4 工人自身层面	皮尔逊相关性	0.704**
	显著性(双侧)	0.000		显著性(双侧)	0.000

注：** 在 0.01 水平(双侧)上显著相关。

5. 影响因素的回归分析

从影响因素相关分析可知,政府、企业、职业教育和工人自身这几个层面都与工人技能水平有关联。但相关分析只是粗略地得到两个变量间的关联程度,并不涉及具体变量间的检验。为进一步研究四个层面的因素对 Y 公司工人技能的影响,本章将政府层面 F_1、企业层面 F_2、职业教育层面 F_3 和工人自身层面 F_4 四个变量设为自变量,将工人技能水平设为因变量 Y,利用 SPSS 21.0 进行多元线性回归分析,建立如下回归方程：

$$Y = k_0 + k_1 F_1 + k_2 F_2 + k_3 F_3 + k_4 F_4$$

表 10-4 给出了回归后 R^2 的情况,调整的 R^2 达到了 0.787,说明线性回归模型反映了原始数据 78.7% 的信息,可以认为该回归方程的拟合效果较好。

表 10-4　技能影响因素回归模型汇总[b]

模型	R	R^2	调整的 R^2	标准估计的误差
1	0.890[a]	0.793	0.787	0.47022

注：a. 预测变量：(常量), F_1, F_2, F_3, F_4。
　　b. 因变量：Y。

表 10-5 给出了回归方程显著性检验的结果，检验方法采用的是 F 检验，主要考察自变量与因变量之间的线性关系是否显著，F 检验的值为 138.510，且 P<0.05，表明所设回归方程的线性关系显著。

表 10-5　技能影响因素回归方差分析[b]

模型		平方和	df	均方	F	Sig.
1	回归	122.500	4	30.625	138.510	0.000[a]
	残差	32.060	145	0.221		
	总计	154.560	149			

注：a. 预测变量：（常量），F_1，F_2，F_3，F_4。
　　b. 因变量：Y。

方程通过了 F 检验并不代表每个自变量都对因变量有显著影响，还要在此基础上对方程系数进行显著性检验。表 10-6 给出的 T 检验结果可以看出四个自变量在 $\alpha=0.05$ 条件下都显著，说明这四个层面的因素对工人技能水平的影响是显著的。

表 10-6　技能影响因素回归方程系数[a]

模型		非标准化系数		标准系数	T	Sig.
		B	标准误差	Beta		
1	（常量）	-1.827	0.270		-6.772	0.000
	F_1	0.102	0.111	0.059	0.286	0.015
	F_2	1.112	0.091	0.710	12.263	0.000
	F_3	0.154	0.113	0.076	1.358	0.025
	F_4	0.446	0.110	0.210	4.037	0.000

注：a. 因变量：Y。

从上述回归方程系数的具体数据分析和统计中，可得出如下回归方程：

$$Y = -1.827 + 0.102F_1 + 1.112F_2 + 0.154F_3 + 0.446F_4$$

6. 对实证结果的讨论

由回归分析得出的方程可以看出，政府、企业、职业教育、工人自身这四个层面的因素都与 Y 公司工人技能水平有显著相关性，且各项系数均为正，说明这四个层面的因素对技能水平起着正相关作用，从而也验证了上文中提出的 H1、H2、H3 和 H4 这四个假设。通过上文对技能影响因素所做的一系列描述性分析、相关分析和回归分析表明，这四个层面的因素对工人技能水平均有影响，企业层面（1.112）＞工人自身层面（0.446）＞职业教育层面（0.154）＞政府层面（0.102）。

其中，企业层面因素的系数最大，对技能水平的影响最为显著，这意味着企业在对工人技能的培养中发挥着主导作用。结合企业层面的具体因素来看，Y 公司应加强对工人技能的重视和投入，提升技术培训质量，注重激励作用的有效发挥。

工人自身层面系数为 0.446，对技能水平的影响程度较高。这说明工人自身对技能水平的认知、对提升技能的意愿以及自主学习能力与其技能水平密切相关。个人能力的提升很大程度上与自身主观能动性相关，当工人对技能提升具有较为正确的认知以及愿意去学习新技术、新技能时，就更能发挥能动性的作用，有效地提升技能水平。

与此同时，职业教育层面和政府层面因素对技能水平的影响也不容小觑。职业教育的质量与其培养出来的人才质量呈正相关。院校应认清当前市场对技能人才的实际需求，根据需求制订教育计划、设置课程及专业，并加大对操作技能的培养力度，使人才培养更贴合实际，有效提升人才技能水平。另外，从政府层面来说，我国现阶段正处于制造业转型升级阶段，技能人才的培养有利于促进制造强国战略的实现，政府可以运用政策激励、法规保障、人才发展计划等手段来促进工人技能的提升。只有将多个层面的因素进行综合分析，加大政府、企业、职业教育和工人之间的共同合作，才能培养出优秀的技能人才。

三 提升Y机械制造公司工人技能的对策

(一)政府层面

1. 营造社会氛围

良好的社会环境有利于技能人才的培养,而当前我国社会中还存在大量认为工人地位低下、没有发展前途的旧思想、旧观念。在一些人的内心深处,"重学历,轻技能"和"重理论,轻实践"的陈旧观念还根深蒂固,这对工人技能的培养十分不利。作为服务型政府,应在全社会利用各种媒介加强对技能重要性的舆论宣传,运用各种奖励政策、保障措施来激励技术工人,改变对工人的传统看法,引导社会形成尊重技能人才的氛围。

2. 完善政策指导

当前我国有关技能人才培养的方针政策并不完善,政府应注重发挥宏观调控的作用,根据已有的《中华人民共和国劳动法》《中华人民共和国职业教育法》,建立更加完善的技能人才培养政策及法规体系,为工人提升技能创造良好的政策环境。

3. 加大资金投入

技能的培养过程非一朝一夕,它需要资金的投入来做基础保障。政府需要加大对技能人才培养的经济投入,除了加大对职业教育的财政投入外,建议设立技能人才培养专项资金,加强工人的技术培训,对技能突出的工人进行实质性奖励及表彰,同时建立相应的监督机制,对专项资金的使用去向及利用效果进行反馈,保证资金能够切实运用到技能人才的培养过程当中。

4. 加强对职业技能大赛的重视

一些研究数据表明:韩国和日本等发达国家以世界技能大赛为机遇,重视对本国技能人才的培养,努力发展本国职业技能大赛,以提升国家整体制造技能水平,加快了其经济的发展速度。① 我国于2011年首次参加世界技能大赛,职业技能水平与其他国家相比还有很大的差距。我国应在全社会广泛开展各种职业技能大赛活动,加大对活动的宣传力度,扩大社会影响力,对获奖的优秀选手给予丰厚奖励,动员更多的技术人员参与其中,促使其积极提升自身技能。

(二) 企业层面

1. 加大对技术培训的投入

在技能人才的培养上,政府起着引导作用,而企业则起着主体作用。企业应充分认识到技能人才对企业的价值,把技能人才培养纳入企业长期发展规划当中。技术培训是工人提升技能的重要途径,企业应在这方面加大力度。首先,企业应从自己的实际出发,调查和掌握本企业工人当前对于技能培训的需求,并根据培训需求制订科学的培训计划,安排合理的培训次数与培训内容。其次,企业应丰富培训方式,除了已有的公司内部培训外,还可进行网络培训、组织工人到同行优秀企业参观学习等。最后,企业支持和鼓励工人参加技术技能培训,对参加培训后在工作上取得较大进步的工人给予奖励及相关荣誉称号,调动工人参与培训的积极性,从而推动企业技能培训的发展。

2. 提升工人薪资待遇

在机械制造业领域,工人的工作强度和工作压力相对于其他行业来说偏大。根据前文对Y公司工人薪资水平的调查,发现在工资水平方面,该公司与其他企业还存在一定差距,多数工人表示对目前薪资并不满意。薪资水平关乎工人切身利益,对薪资水平的满意度很大程度上决定了工人的工作态度与择业方向。企业应提高当前

---

① 刘东菊、王晓辉:《世界技能大赛对技能竞赛强国职业教育发展的影响与启示——以韩国、日本为例》,《职教论坛》2014年第13期。

工人基本工资水平，使其保持在行业平均水平之上，同时要根据个人技能等级水平及工作表现来确定相应奖励金额，将技能等级与薪资待遇挂钩，更好地激励工人提升技能水平。

3. 注重激励作用的发挥

据实地访谈调查，Y公司没有组织过工人参加技能比赛，工人技能比拼的相关活动也十分匮乏。公司可借鉴韩国技能比赛的经验，结合公司工人技能实际情况，在工人工作之余开展有企业特色的技能比拼活动，给参与者提供小奖品，对比赛获胜者进行物质奖励并给予荣誉称号，给其他工人树立榜样。此外，公司在工人生活保障方面要进行优化，解决好工人住宿、医疗、落户、子女教育等难题，一方面可以吸引外来优秀技术人员进入公司，另一方面可以留住公司现有的技术工人，减少企业培养的技术人才的外流。

（三）职业教育层面

1. 改革课程设计

从教学课程的设计方面来看，目前大多数职业院校仍沿袭传统模式，第一年学习公共理论课，第二年加入专业基础课程，最后一年进行专业课学习。以时间段来划分学习内容，并未从一开始就让学生触及专业和实践领域，理论课程占据较大比重，技能实践的学习时间较少，导致培养出来的学生不能较好地融入企业工作环境。针对课程设计的这种弊端，职业院校应与企业积极开展合作，结合企业生产与院校实际，共同进行职业教育课程设置，从学生入校开始就将专业理论知识与职业技能结合在一起进行交叉学习，将教学课程与市场发展、企业生产相融合，为社会培养出优秀的应用型技能人才。

2. 创办特色专业

"中国制造2025"提出的制造强国战略，要求对现有制造业进行转型升级，智能制造将逐渐应用于整个制造业领域，这意味着市场对人才的要求也发生了相应变化，院校专业设置也应进行相应调整。职业教育中一些落后于时代发展与技术进步的专业应予以剔除，并增设一些与智能制造相关的新兴专业，注重提升学生计算机智能操作实践方面的能力。另外，当前一些职业院校开设的专业具有趋同性，盲目设置一些热门专业，并未结合院校实际办学能力，导致专业繁多而质量不佳的情况严重。对此，职业院校要找准定位，认清自己的资源优势所在，并结合当地经济发展的特点及行业发展态势，加强与企业的合作交流，了解企业紧缺哪些类型的技能人才，由此办好自己的特色专业，培养出高质量的技能人才。

3. 改善办学条件

由于经费的限制，职业院校在办学条件上大多还满足不了培养高质量技能人才的需求，建议院校与当地企业开展合作，共同进行投资办学，由此改善办学条件。在教学设施方面，很多院校提供给学生进行技能操作的设施较为陈旧，没有进行及时更新，企业可以考虑在校内或企业内部设置实训基地，提供新型设备让学生进行技能训练，这样培养出来的学生能够符合实际操作要求，企业也能高效率地从中选取所需人才。在师资力量方面，部分教师在技能操作上的实战经验不足，无法给学生提供相应的技术指导，院校可以从企业引进那些技能等级水平较高、具有丰富操作经验的优秀技术工人，他们能针对学生操作的细节进行相应指导，解决技术上的难题。这样也切实加强了企业与院校之间的联系，使得双方都能各取所需，培养出来的学生也能具备较高的技能水平。

（四）工人自身层面

1. 正确认识岗位

工人是社会建设的主力军，实现"中国制造2025"离不开广大工人的共同努力。在经济发展新形势下，更需要想方设法调动一线工人、制造业工人的积极性，充分体现工人阶级在我国的主人翁地位。工人应正确认识自己所处的岗位，发挥主人翁意识，认真负责地履行岗位职责，在自己的岗位上为经济发展贡献出绵薄之力。

2. 培养自主学习意识

随着制造业转型升级的发展需要，机械制造业工人应掌握的技能也在逐渐提升。工人现有的技能只能满足当前生产活动所需，一旦公司引进新设备和新技术，而工人技能没能得到相应提升，就会造成生产效率低下，工人也可能会面临下岗失业的风险。在经济飞速发展、知识技能不断更新的今天，自主学习意识的培养对工人来说非常有必要。在网络日益普及的背景下，通过互联网了解所在行业最新动态，进行远程技能学习，是一种较为便利的学习方式。工人可以充分利用闲暇时间，通过各种不同渠道进行新技能的自主学习，注重提升自主学习能力和学习效率，不断进行新知识、新技能的更新，以此来提升自我。

第十一章　上海市职业培训政策及其实施专题研究：来自上海市的调查

自 1994 年以来，上海市开始实施职业技能培训补贴政策。仅 2016 年，全市就有 48.67 万人参加职业技能补贴培训。多年来，上海市培训补贴政策的实行，对促进劳动者更高质量就业、推动与产业转型和结构调整相适应的技能人才队伍建设都起到了重要作用，上海市的职业培训在全国有示范意义。为深入了解上海市职业培训的政策设计，分析其实施效果，总结上海市职业培训的经验，为其他地区职业培训提供可借鉴的经验，本课题组先后在 2012 年 7 月、2013 年 7 月、2016 年 12 月到上海市人力资源和社会保障局、静安区人力资源和社会保障局、上海圣火人才服务有限公司、通产丽星材料有限公司等进行调研，并对调研材料进行分析，提出相应的调研报告。

一　上海市职业培训政策

（一）上海市职业培训的对象

上海市从 1994 年开始实施职业培训，随着经济的发展，培训类型也越来越丰富，培训覆盖的对象也越来越广泛，从 1997 年至 2000 年的下岗失业培训，到 2002 年至 2006 年的农村富余劳动力的培训和主要针对高校毕业生的培训，再到 2011 年覆盖全市失业人员、协保人员和农村富余劳动力、院校学生等新成长劳动力，企业在职职工，产业发展急需的高技能人才，外地来沪就业农民工，有创业意愿的人员，本市农业从业人员，退役士兵，残疾人等有关人员，服刑服教人员等九类人员的培训。

（二）上海市职业培训补贴资金的来源

上海市职业培训补贴资金的来源是多方面、多渠道的。第一，来自失业保险金。第二，来自中央财政下拨的就业补助专项资金。第三，来自地方教育附加专项资金的统筹使用，这部分资金主要运用在支持和促进以企业职工职业培训为基本内容的人力资源项目建设上。第四，来自企业职工教育经费，这部分经费由企业按规定提取并加以合理使用，重点运用于企业一线职工的教育培训上。

（三）上海市职业培训补贴标准

上海市人力资源和社会保障部门会同市有关部门根据产业发展规划、就业状况以及劳动者技能培训需求，确定政府补贴培训目录及补贴标准，并定期向社会公布。上海市职业培训分以下几种类型和标准。第一，上海市失业人员、协保人员以及原农村富余劳动力等，上述各类人员凡参加补贴培训的，按照目录内项目培训且成绩鉴定合格者或参加定向培训并实现就业者，获得政府所给予的100%培训费补贴。第二，上海市在职职工参加补贴培训目录内项目培训且鉴定合格者，紧缺急需的培训项目享受80%的培训补贴，其他一般培训项目享受60%的培训补贴。第三，参加企业内职业技能培训的，按照规定享受培训费补贴，此类企业内职业技能培训具体包括高技能人才培养评价项目、"高师带徒"培训项目、技能竞赛赛前培训项目等。第四，上海市高等院校在校学生参加补贴培训目录内项目培训且鉴定合格的，按照政府制定的规定享受鉴定费补贴或培训费补贴。第五，上海市青年人参加职业见习者，按相应规定享受生活费补贴。第六，上海市关停并转企业职工参加转岗培训者，按相应规定享受培训费补贴。第七，上海市外来农民工、退役士兵、残疾人以及服刑服教人员参加职业技能培训者,按照相应规定享受培训费补贴。①

(四) 上海市职业培训补贴方式和培训机构

根据培训对象特点和培训组织形式,主要有三种补贴方式,即给予培训机构补贴、直补个人、直补企业。上海市实施补贴培训机构认定签约制度,按照"条件公开、自愿申请、择优认定、社会公示"的原则,凡承担政府补贴培训任务的培训机构,须接受政府相关部门组织的资格认定,政府与相关培训机构进行认定签约并向社会公开和公布,同时,政府建立职业培训信息管理平台,对补贴培训实施动态管理。上海市的培训机构主要包括企业的培训中心、中高职院校及培训机构三种形式。一般情况下,我国的中高职院校是由各省市人力资源和社会保障厅管理的,上海的中高职院校则由教育行政部门管理,上海市人力资源和社会保障局下无学校,因此所有的培训都是通过购买培训机构和中高职院校的培训服务来实现的。对于社会培训机构及中高职院校来说,要取得培训资格是有条件的,包括师资力量、培训经验、合格率、场地及教学质量等具体要求。培训机构及中高职院校须符合这些具体条件方能承接培训项目。

(五) 上海市职业培训的具体实施办法与步骤

(1) 学员身份的审核。有意愿参加培训的人首先要到政府的相关部门进行登记,经过政府的审核符合要求的,政府根据确认的人员类别确定参加培训人员的补贴比例。相关的审核信息可以直接从信息系统获得,全部的信息都已实现信息化管理。

(2) 信息管理。学员经过职业介绍处指导,登录专业的信息管

---

① 上海市人力资源和社会保障局、财政局:《上海市社会化职业技能培训补贴管理办法》,2016年12月23日。

理网站，选择适合的课程和培训学校，直接使用二代身份证进行登记，这是为了防止考生的作弊现象，所有的信息都与身份证一致。这样使得信息管理更有效。

（3）课程管理。在报名后，根据信息网站上的人数进行开班，相关的教学计划也上传到网上，包括课时及老师等。当有信息变更时，会直接在信息系统上进行更改，学员可以在网上直接看到相关的信息。

（4）网上申报鉴定。在课程快结束的时候，提前一个月左右向政府机关申报鉴定，再由政府组织学员参加资格鉴定考试。

（5）发放培训补助。在考试合格后，政府直接把补助打到通过资格鉴定考试的人员的银行账户上。

二 上海市职业培训的特点

（一）确立企业在职业技能培训中的主导地位

目前上海市正向以企业为主导的就业培训服务转化，已从原来的主要由培训机构承办政府的职业培训转向以企业为主、以院校为基础、以其他社会培训机构为辅的新型职业培训格局，职业培训主体多元化。对于航天、电气等行业的大型企业来说，政府所发布的培训目录中的项目无法满足它们的要求，政府只能提供企业所需要掌握的标准化技能培训，而一些大型企业实际需要的技能往往会比这些标准化的要求更高，这样会使得学员在接受一般培训后并不能满足企业的需求，即便培训合格也还是无法上岗，造成培训资源的浪费。在这种背景下，政府适时推出了以企业为主导的培训计划，充分发挥企业在职业培训中的主导作用，引导企业进一步健全职工培训制度，开展多形式、多层次的职业培训，全面提升职工技能水平。对于有条件自己进行培训的企业，政府给予大力支持，企业可以享受到比培训机构更优惠的政策。比如，对于培训机构来说，受训者只有取得中高等级职业资格证书才有补贴,而如果企业来承担培训项目时,只要获得初级职业资格证书就可以享受补贴。企业可以根据自己的需要,对培训课程进行相应的调整,使得课程符合企业的实际要求,在确定了培训计划以后向政府申报,政府审批通过后,由企业自己对员工进行培训,政府把培训费用直接补贴给企业。

对那些有意愿组织职工参加培训但是不具备培训条件的企业,可以与培训机构合作,企业提供相关材料,如培训委托书等,培训机构则办理向政府的审批手续,在符合条件的情况下,政府把培训项目批给培训机构,培训机构免费提供培训,在培训合格后,政府按人数提供补贴。这种情况下,政府是按照企业的培训补贴标准进行补贴的,相对培训机构面向社会招生的培训补贴标准更高。此外,上海鼓励工业园区、相关协会来组织培训。由企业自主实施对内部员工的培训,与生产实际结合,大大加强了职业培训的有效性和针对性。

(二) 政府的公共培训基本实现了全覆盖

为满足每一个劳动者职业技能培训的需求,上海市建立了面向全体劳动者的较为完善的职业培训制度。早在 2011 年,为贯彻落实《国务院关于加强职业培训促进就业的指导意见》,上海市制定了具体实施意见,即《上海市人民政府贯彻国务院关于加强职业培训促进就业意见的实施意见》,2016 年又进行了修订。该实施意见提出的上海市职业培训的目标是:力争使新进入人力资源市场的劳动者都有机会接受相应的职业培训,使企业技能岗位从业人员得到至少一次技能提升培训,使有培训愿望的创业者都参加一次创业培训,使高技能人才培训满足产业结构优化升级和企业发展需求。[①]

[①] 上海市人民政府:《上海市人民政府贯彻国务院关于加强职业培训促进就业意见的实施意见》,2016 年 9 月 12 日。

同时，上海市于2011年颁发的《上海市终身教育促进条例》规定，上海市民终身教育作为本市经济社会发展的一项重要工作，应纳入本市国民经济和社会发展规划；同时，本市市民终身教育经费列入本市政府教育经费预算，且随着经济社会发展而逐步增长，促进终身教育事业的发展。目前上海在职人员教育培训工作，由教育、人力资源和社会保障、公务员管理等行政部门，机关、企业、事业单位、民办非企业单位、其他组织以及教育培训机构具体实施，旨在通过培训提高在职人员素质。乡镇人民政府、街道办事处负责组织开展辖区内的社区教育工作。教育行政部门负责组织开展成人学历教育工作，实施终身教育的学分积累制度以及终身教育的学分与其他各类教学机构学分之间的转换制度，从而使各种类型的学习成果得以互认和衔接。具体而言，市民在各类成人高教机构所取得的同等学力水平同类课程学分，可相互承认、对接和转换。各类成人高等教育（如电视大学、业余大学等）的同等学力水平同类课程学习所取得的学分亦可与普通高等学校教育所取得的同级同类课程学分相互承认和转换。[①] 教育、民政等行政部门负责老年教育工作。这样，上海市的公共培训不仅覆盖了所有劳动年龄人口，还覆盖到了老年人口。

（三）政府的监管更加全面

由于培训机构使用台账管理并不能有效地对培训补助资金进行管理，而且容易进行造假，上海市对培训机构的监管主要通过两个方面：一是通过信息化管理，二是通过第三方对培训机构进行监管。上海市建立了统一的职业培训信息管理平台，对培训机构及培训过程实施动态管理，对参加培训的人员实行实名制管理，直接用二代身份证登记，个人的信息都是通过信息化管理，可以直接通过信息

[①] 上海市人民代表大会：《上海市终身教育促进条例》，东方网，2011年1月5日。

系统传递。

政府一般通过聘请专业人员进行督导，包括独立的教育组织、相关协会等，第三方会在机构的培训过程中到课程现场进行监督，一般是两个人一组，包括检查上课情况，到课率，上课的内容、方式是否按照计划执行，课时是否足够，学生的满意度等，在完成现场督导后，监督人员需要把建议反馈到人力资源和社会保障局。如果专家在监管过程中发现培训机构存在问题，培训机构的评估结果会受到影响，评估结果是政府确定最后的培训补贴比例的依据。问题严重的，政府可以直接取消与其的合约。同时，监管人员要将督导的结果上传到网站上，社会公众可以清楚地看到评估结果，便于大众对培训机构的监督和选择。

第三方监管除了进行现场督导外，还会对培训机构进行综合评价，并对培训机构授予等级，具体包括 A、B、C、D 四个等级，一般是三年评价一次，之后三年的培训任务承接都和评价有关。评价标准包括培训层次、诚信度以及条件的满足度等。只有10%左右的机构属于 A 等级，大部分属于 B 等级，也只有这两个等级资质的培训机构可以享有政府补贴，C 级及 D 级的培训机构处在边缘地位，一般会责令其整改，并等待下次的评估，当它们达到相应资质后，才可以重新开始承接政府的培训项目。

三　上海市职业培训存在的主要问题和对策

（一）培训意识不强

企业职工大多培训意识不强，部分企业在职职工往往是在面临转岗或失业的压力时才意识到自己的职业技能不强，才开始重视职业技能培训，寻求通过培训来提高自己的职业技能和就业能力，大部分没有意识到持续培训的重要性。同时，有些企业对职工培训也不主动积极，担心职工经过培训获得一定的技术等级证书后会提出加薪要求，担心受训职工跳槽率增加，担心职工接受培训会减少工作时间和工作精力。在个人和企业对职业培训的认识不到位的情况下，一些培训机构采取一些虚夸、诱导的方式增加生源，为了解决这个问题，应对培训流程进行调整，学员先到职业培训信息管理平台进行登记，不由培训机构先确认生源，通过劳动力资源库来向培训机构发布报名人的信息资源，学员先垫付培训费，培训合格后，补贴直接打到学员的银行账户上，这样可以使培训资金得到更有效的使用。

（二）培训的针对性和有效性不足

现在的培训课程的研发和设计大多是由政府主管部门组织的，这些课程并不一定适合当下企业的需求。政府开发的新培训项目往往是在发现市场上对某些职业岗位的需求增加时才开始推出的，这就导致一些时效性很强的课程研发滞后于市场需求。鉴于由政府部门所研发的相关课程往往不能及时地满足行业需求，政府应鼓励一些行业协会和符合条件的企业自主开发课程，提高培训的实用性和有效性。同时，在职业培训绩效评估中，更多地关注和选取结果指标。

（三）培训机构的硬件设施条件不足

现在无论是企业还是培训机构都存在设施条件不足的情况，特别是对于需要动手操作的课程，设备不足，师资不够，没有实训场地，一些培训只能采用授课的形式在企业的会议室进行，这使得培训后学员的技能达不到要求，动手能力比较差，不能满足企业的需求。现在全国各地都开始征收教育附加费，这部分费用应该加大返还企业的比例，用于支持企业培训的发展，解决实训场地的问题。

(四) 资金未能有效配置

目前国家对于职业培训的关注度很高，给予了大量的资金支持。但是由于很多资金是专项资金，且由不同的政府部门管理，很难对这些资金进行整合使用，优化配置。此外，我国政府公共就业培训支出是依据各省区市每年上报的预算制定的，有些情况下实际培训的实施与原先的预算不相符，或预算制定得不够具体，资金的使用受限，导致培训资金结余，资金使用效率较低，进而影响下一年的资金下拨。这一问题的解决，需要政府下放资金的使用权，建立职业培训的协调机构。

四 上海市职业培训的新发展

为鼓励上海市失业人员、在职人员、高校学生等各类劳动者根据自身实际和就业需要自主选择培训项目、培训方式和培训机构，参加职业技能培训，提升技能素质，上海市修订出台了《上海市社会化职业技能培训补贴管理办法》（以下简称《办法》），于2017年4月1日起实施。《办法》规定，未来的上海市职业技能培训将进一步向符合产业发展方向的新型产业和重点产业倾斜，加快培训上海市急需的技能人才尤其是高技能人才。同时，大幅度提高补贴比例，完善培训补贴方式。[①]

(一) 扩大了补贴目录

制定一个科学而明晰的培训补贴目录是实施公共培训补贴政策的关键。自1998年以来，上海市开始实行公共培训补贴政策，由市人力资源和社会保障局、市财政局、市发展改革委、市经济信息化委、市教育局等部门负责这项政策的具体实施。为了更好地引导社

---

① 李佳敏：《上海修订社会化技能培训补贴办法》，东方网，2017年1月24日。

会参与相关项目的培训，政府相关部门每年都根据产业发展需求在国家职业资格序列中选择职业培训项目纳入补贴目录。但是，随着新产业、新职业的不断涌现和发展，需要建立更为灵活的补贴目录形成机制，从而更好地发挥补贴目录在培训市场上的风向标作用。因此，《办法》规定，在国家职业资格序列培训项目基础上，综合考量上海市的经济社会发展实际，进一步扩大上海市补贴培训的目录。凡符合上海市产业发展方向、有利于提高劳动者文化素养和职业技能素质、有利于促进就业和高技能人才培养的培训项目，经政府相关部门认定后均纳入补贴范围。同时，《办法》还依据上海市经济社会发展需要和相关行业技能人才紧缺程度对补贴目录进行分档管理，即区分为上海市经济社会发展紧缺急需类培训项目与其他培训项目两大类，加大对紧缺急需类培训项目的补贴力度。另外，更加重视和满足企业的培训需求，充分发挥行业和大型企业在职业培训中的作用，充分发挥培训目录的风向标作用。随着许多新产业和新职业的出现，今后，上海市的职业技能培训补贴目录内将有知名行业甚至企业的认证证书培训。

（二）提高了补贴比例

长期以来，上海市配合补贴目录，每年同步公布各项目补贴标准。综合考量各培训项目的具体培训课时、平均成本等因素来测算和制定补贴标准。原有政策规定上海市失业人员和原农村富余劳动力等参加补贴目录内项目并鉴定合格者，可享受100%的政府培训补贴；在职从业人员享受50%的补贴；高等院校毕业学年学生参加目录内高级以上等级项目享受50%的补贴。全体受训对象均根据上述不同身份享受相应政策，对残障人士没有设立专门的特殊政策。为了适应产业结构的调整和升级，促使人才结构与产业结构相匹配，《办法》在继续保留失业人员等享受的100%补贴比例的基础上，提高上海市在职从业人员、中等职业学校和高等院校毕业学年学生培训补贴比例，即参加紧缺急需类培训项目享受 80% 的补贴，参加其他培训项目享受 60% 的补贴；同时，高校毕业生享受补贴范围从高级以上项目扩大为中级以上项目。此外，为了帮助和促进残障人士的更高质量就业，《办法》增加了对残障人士技能培训给予特殊扶助的补贴。《办法》规定，无论失业或在职，凡上海市退役士兵、残障人士以及其他经认定的法定劳动年龄段内人员参加目录内培训项目者，均可享政府 100% 的培训补贴。

（三）增加了补贴次数

按照原先的政策，劳动者每年只能参加一次补贴培训，下一年度才可再次享受培训补贴。但是，在职业技能培训模块化的改革趋势下，在劳动者接受职能技能培训的需求不断增强的新形势下，一年一次的补贴培训制度已显得严重滞后而不适应需要了。为适应培训模块化改革的新要求，《办法》突破了老办法中一年一次补贴培训的限制，鼓励劳动者依据本人的从业需要和技能等级提升需要自主选择参加培训的时间。在原则上，只要上一个培训项目结束，即可接着参加新的培训项目。[①] 此外，对于实行模块化培训的项目，还实行灵活的管理办法。考虑到不同模块培训的考核鉴定周期的不同，只要培训时间安排不冲突，《办法》允许劳动者同时接受和享受同一项目的不同模块的职业技能补贴培训。

（四）盘活了培训资源

为鼓励上海市各级各类优质培训机构积极参与公共就业培训，为社会提供优质的职业技能培训服务，《办法》突破了老政策中对培训机构参与政府培训项目的一些限制。《办法》规定，凡具有法定办学资质并将政府职业技能培训列为其办学范围、培训实训硬件和师

---

① 李佳敏：《上海修订社会化技能培训补贴办法》，东方网，2017 年 1 月 24 日。

资力量等办学条件好、培训质量较好的社会培训机构都可以申报认定、签约承担政府补贴培训项目。劳动者自主择优挑选培训机构来参加补贴培训的空间更大。同时,鼓励培训机构诚信办学和诚信培训,加大对信誉优良者的补贴力度,提高对获得 A 级办学质量和 A 级诚信等级培训机构的鼓励支持力度,凡参加上述经认定的 A 级机构所开展的补贴培训者,还可按平均补贴标准再上浮 10% 享受补贴。

(五)优化了补贴方式

《办法》突破了原先政策补贴方式的局限性,原有补贴方式并未实现将补贴经费直补全体受训对象个人。为鼓励劳动者积极参加政府的补贴培训,《办法》对所有劳动者都实行新的补贴方式,即参训对象自主报名、自行付费、考核合格后培训经费直补其个人(直接拨到其个人银行账户)的补贴方式。根据《办法》,每位接受公共补贴培训的劳动者,均可以直接享受到实打实的政府培训补贴。

(六)提升了培训绩效评估的有效性

《办法》弥补了原先政策在职业培训监管和绩效评估方面的某些不足,过去的职业培训质量监管主要基于政府的日常督导,政府着重督导培训机构的培训过程和培训形式,以监管职业培训开展的质量。为了进一步提高职业培训的实际绩效,《办法》对政府有关部门的相关工作提出了新的要求。《办法》要求政府各有关部门多方面监管和考察职业培训,即从劳动者培训后就业和技能提升情况、促进产业和企业技术创新、提高企业生产效率和推动产业发展等各个方面进行考量和探索,开展更为切实有效的绩效评估,真正全面提升职业培训的质量,以提高职业培训绩效评估的科学性、可信性和有效性,为促进职业培训的质量和效率提供制度保障。

结语与展望

一 研究结论

公共就业培训是形成完善有效的劳动力市场的重要保障。在产业结构的调整和升级中，企业对劳动力的数量需求转向质量要求，公共就业培训必须把工作重点转到技能培训上来。自20世纪80年代尤其是90年代以来，我国公共就业培训在实践上不断探索，广泛开拓，逐步探索出了符合我国国情的公共就业培训模式和体系。我国政府历年来实施的培训项目有几十项，涉及的管理部门有十多个，积累了丰富的经验，为我国经济社会发展做出了积极的贡献。但是，随着公共就业培训的规模不断扩大，各种新的问题不断产生。例如，培训效果还不够理想，培训吸引力不强，受训者满意度不高，培训资金被挪用情况在一些地方和部门还存在，公共就业培训的政府监管制度与力度还有待完善和加强，等等。因此，为了适应我国经济社会发展的新要求，加强对公共就业培训绩效评价的研究就显得尤为迫切。深入探索公共就业培训的绩效评价问题，精准评价公共就业培训的效果，细致分析其效果的影响因素，构建科学的公共就业培训绩效评价机制，对增强我国公共就业培训的效果、提升我国公共就业培训的绩效、保障社会成员充分就业、促进经济增长方式的转变、提高政府的管理效率都有重要的现实意义。本课题围绕公共就业培训绩效评价三个核心问题（我国公共就业培训绩效如何评价，绩效如何，受哪些因素影响？哪些公共就业培训模式的效果更好？

如何提升公共就业培训绩效?)进行研究,得出了以下结论。

(1)公共就业培训绩效评价体系是整个公共就业培训体系中的重要组成部分,也是公共就业培训长效机制中的重要组成部分,对于公共就业培训的健康发展和长远发展具有重要意义。但是,目前政府和学界对公共就业培训绩效评价重要性的认识还远远没有到位。公共就业培训绩效评价的主体和手段单一,科学而健全的公共就业培训绩效评价制度尚未完全建立,公共就业培训绩效评价方法和指标选取的科学性等都有待提高。总之,加强公共就业培训绩效的理论研究和实践探索,将是今后一个时期我国公共就业培训领域的一项重要工作。

(2)本课题重视我国公共就业培训绩效评价的实践研究,采用逻辑分析法,从就业能力和职业技能证书的获取等方面研究了江西省公共就业培训的绩效及其影响因素。通过本课题实证研究发现,受训人员的年龄与其就业能力具有负相关性,对课程、师资的满意度则都与受训人员的就业能力具有显著的正相关关系。此外,对教师的期望、工作年限以及受教育年限与职业技能证书的获取、培训后年收入的增加都具有较弱的相关性。至于其他的影响因素,如对课程安排以及场地的期望与受训者的就业能力不具有相关关系。同时,本课题从就业率和就业的稳定性两个视角,采用逻辑分析法对江西省培训机构的绩效影响因素进行了研究,得出以下结论:对受训者就业率有显著影响的因素与对就业稳定性有显著影响的因素有一部分是重叠的,如培训机构的教学条件、台账管理、培训的时间与内容等,对受训者的就业率具有共同影响性。受训者的培训合格率则只对就业率有显著影响,与受训者的就业稳定性没有显著的相关性。同样,培训机构的资格、制度建设、专业设置与教材建设情况对于培训对象的就业稳定性有显著影响,但是对于转移就业率的影响较小。

(3)课题依据柯克帕特里克培训评估理论和AHP-模糊综合评价法构建培训效果评价模型,对政府购买培训成果的两种主要模式的效果进行评价和比较。通过实证研究发现，企业内部培训绩效优于社会培训机构的培训绩效，更具有针对性。由于培训内容可在学习结束之后立即应用到实际工作中去，培训对象更愿意在企业内部结合相应的工作岗位技能要求接受系统的职业技能培训。换言之，边干边学的模式更能调动企业和受训者的积极性，也更能收到好的培训效果。一些社会培训机构往往不能满足受训者提升所需职业技能的要求。学员对社会培训机构的培训方法、内容和师资，培训技能知识的更新和提升、理论知识的更新和提升、经济效益的提升多有不满意之处，这些都亟待解决和提高。

（4）课题基于柯克帕特里克培训评估理论，通过采用因子分析法对公共就业培训与工业园企业的用工对接的培训效果进行了研究，即对园区企业－农民工－培训机构对接和园区企业－职校学生－职业学校对接的培训效果进行评价。本课题的实证研究表明，其中园区企业－农民工－培训机构对接的培训总体效果令人满意。学员对培训机构的教师授课能力、培训设施和环境、所用教材与培训目标的匹配度等方面的满意度比较高，但对培训过程中的实际操作设备等指标满意度较低，还有待完善。而园区企业－职校学生－职业学校对接的培训效果则不够理想，还有待提升。

（5）公共就业培训是一项系统工程，其绩效问题不仅和绩效评价本身有关系，而且与公共就业培训的供给方式、培训补贴的支付方式都有密切的关系，因此，公共就业培训的绩效评价必须从整体上进行综合考量。应当从公共就业培训的供给方式、培训补贴的支付方式、绩效评价等方面进行制度创新，才能使我国公共就业培训的绩效得以提升，进而发挥其在促进就业、推动经济发展、提升劳动者技能方面的更大效益。

本课题通过分析认为，公共就业培训作为一种准公共产品，要高度重视供给环节的考量，混合式供给是目前公共就业培训绩效最优、最为可取的供给模式。这是因为，混合供给既能提供较大规模的供给，又能满足较大规模的需求，因此，本课题提出，应建立政府主导的多元化的公共就业培训投入机制。

政府培训资金的补贴方式是公共就业培训运行模式中的关键，资金补贴给谁，意味着谁在公共就业培训中掌握主动权，对于公共就业培训的绩效有显著的影响。因此，我国公共就业培训资金补贴方式的创新应当综合考量各方利益主体的行为特征、行为取向和行为目标，并把工作重点放在协调企业和培训对象个人的利益上，在条件允许的情况下，采取向个人和企业直补的方式。

实现绩效评价主体多元化是提高公共就业培训绩效评价科学性和有效性的重要保障，因此，引入独立的第三方作为评价主体是必然趋势。我国公共就业培训绩效评价方法的选择要遵循准确性、可靠性、实用性的原则，建议分类、分层来设置指标体系，以逻辑分析法为基础来构建某一区域的公共就业培训绩效评价体系，以柯克帕特里克培训评估模型来构建培训机构的公共就业培训绩效评价体系。在优化我国公共就业培训绩效评估指标时，应把受训者的就业率等结果指标作为培训效果评价的重中之重，因为这既符合公共就业培训的主旨，也具有较强的问题针对性和价值导向性。

（6）公共就业培训是政府整个公共服务体系中不可或缺的有机组成部分，应纳入政府整个公共服务的总体系之中进行规范化管理，加强监管。这不仅可以进一步促进公共就业培训的长远发展和健康运行，而且可以促进我国公共就业培训绩效的进一步提升。要加强依法办培训事业，把法律作为我国公共就业培训监管的依据，完善相关法律法规的建设。要以广泛参与和公平竞争为培训机构准入的基本原则，以多重监控手段来增强培训效果，从而建立更为规范、创新和完善的公共就业培训监管体系。

二 展望

本课题研究虽取得了一定成果，但由于某些条件的限制仍存在一些不足，还有一些问题没有深入研究，以期在下一步研究中进行深化。

（1）本课题的调查数据主要来自对江西和湖北两省公共就业培训的调研，在数据覆盖面上有一定的局限性。赣鄂两省均属于中部欠发达省份，研究结论未必能反映其他省区市尤其是发达地区的公共就业培训绩效。此外，由于对两省公共就业培训绩效研究的重点有所不同，问卷指标的设计也不一样，所以对两省公共就业培训的绩效难以进行对比研究。

（2）公共就业培训作为一项系统工程，影响其绩效发挥的因素是复杂而多方面的。本课题对这些影响因素与公共就业培训绩效之间的互动机理进行了多环节、多地区、多因素、多角度的实证研究，但更深入的理论阐释还有待日后进一步拓展。

（3）公共就业培训目前分散在各个职能部门中，每个公共就业培训计划都有特定的目的和对象，如何打破部门限制，进行资源的优化配置，同时又充分发挥教育、人力资源和社会保障、农业等部门的积极性，推动公共就业培训的发展，提升培训的绩效，尚待深入研究。

（4）公共就业培训是现代社会中政府应履行的职责，从初期来看，公共就业培训是为了帮助就业困难者提高就业能力而由政府向一部分特殊的社会成员提供的一种准公共产品，从长远来看，其终极目标是建立一种覆盖城乡全体劳动者的终身职业培训体系。因此，公共就业培训如何从覆盖局部人群过渡到覆盖城乡全体劳动者，对不同的人群采用何种培训模式和资助方式来提高培训的针对性和有效性，值得进一步研究。

参考文献

孟华：《推进以公共服务为主要内容的政府绩效评估——从机构绩效评估向公共服务绩效评估的转变》，《中国行政管理》2009年第2期。

何筠：《公共就业培训管理》，科学出版社，2010。

萧今、黎万红：《发展经济中的教育与职业》，天津人民出版社，2002。

谭啸：《论我国公共就业培训制度的完善》，硕士学位论文，四川大学，2007。

岳海洋、王睿：《地方财政支出绩效评价浅议》，《地方财政研究》2006年第11期。

孙琳：《公共职业培训 另一种路径的选择和拓展》，《职业技术教育》2006年第12期。

李永捷：《中国就业服务系统的构建研究》，博士学位论文，电子科技大学，2008。

〔美〕詹姆斯·赫克曼：《中国的人力资本投资》，古新功、王军译，中信出版社，2004。

〔美〕T. W. 舒尔茨：《论人力资本投资》，吴珠华等译，北京经济学院出版社，1992。

〔美〕雅各布·明塞尔：《人力资本研究》，张凤林译，中国经济出版社，2001。

盛明科、彭国甫：《公共服务型政府绩效评估体系构建研究论纲》,《东南学术》2008年第3期。

赵延东:《人力资本、再就业与劳动力市场建设》,《中国人口科学》2003年第5期。

马树才、张华新:《公共就业服务体系效率研究》,《商业经济与管理》2009年第4期。

王伟:《西方企业一般培训理论综述》,《外国经济与管理》2003年第10期。

赵曼、喻良涛:《就业支出绩效评估体系建构探析》,《湖北经济学院学报》2007年第1期。

陈通、王伟:《我国政府绩效评估实践趋势研究》,《科技管理研究》2008年第6期。

何筠、汤新发:《论我国公共职业培训机制的选择和创新》,《中国职业技术教育》2005年第33期。

赵延东、风笑天:《社会资本、人力资本与下岗职工的再就业》,《上海社会科学院学术季刊》2000年第2期。

崔述强等:《中国地方政府绩效评估指标体系探讨》,《统计研究》2006年第3期。

蓝志勇、胡税根:《中国政府绩效评估:理论与实践》,《政治学研究》2008年第3期。

曾湘泉:《公共就业服务之完善措施》,《中国劳动保障》2009年第9期。

史巍:《我国公共就业服务绩效综合评价体系研究》,硕士学位论文,苏州大学,2010。

陆庆平:《公共财政支出的绩效管理》,《财政研究》2003年第4期。

范柏乃、余有贤、程宏伟:《影响政府绩效评估误差的因素及其对策研究》,《软科学》2005年第4期。

Alessandro Ancarani, "Supplier Evaluation in Local Public Services:

Application of a Model of Value for Customer," *Journal of Purchasing and Supply Management* 3（2009）．

杨文明、马瑞华：《平衡计分卡在我国政府绩效评价中的应用》，《天津大学学报》（社会科学版）2007年第4期。

张建伟、阳盛益、刘国翰：《基于CIPP模式的公共就业培训绩效评估指标分析》，《广西大学学报》2011年第3期。

张定安：《平衡计分卡与公共部门绩效管理》，《中国行政管理》2004年第6期。

范柏乃：《政府绩效评估理论与实务》，人民出版社，2005。

彭国甫：《地方政府公共事业管理绩效评价指标体系研究》，《湘潭大学学报》2005年第3期。

费军、余丽华：《电子政务绩效评估的模糊层次分析模型——基于公共服务视角》，《情报科学》2009年第6期。

陈秀丽、田发：《基于因子分析与DEA模型的地方政府公共服务绩效评价——以河南省18个地级市为例实证分析》，《商业经济》2011年第19期。

赵宏斌、辛斐斐：《政府主导的近郊剩余劳动力技能培训效果研究——基于对上海市松江区的调查》，《经济经纬》2011年第4期。

孟华：《中国政府绩效评估实践的特色——从基础因素入手的分析》，《上海交通大学学报》（哲学社会科学版）2004年第3期。

陈振明等：《公共服务绩效评价的指标体系建构与应用分析——基于厦门市的实证研究》，《理论探讨》2009年第5期。

胡斌武、叶萌、朱静等：《"中国制造2025"背景下职业教育技术技能型人才培养的现状与新要求》，《经营与管理》2016年第5期。

姜大源：《现代职业教育体系构建的理性追问》，《教育研究》2011年第11期。

霍连明：《高技能型人才能力建设研究》，博士学位论文，中国地质大学，2010。

刘玉照：《中国新产业工人技能养成难题》，《探索与争鸣》2015年第8期。

朱国伟：《从工人的视角论技能的提高》，《中国高新技术企业》2008年第9期。

徐薇、张鸣鸣：《构建农村劳动力培训长效机制的政策思考》，《经济体制改革》2006年第4期。

何筠、黄春梅：《基于新公共管理的我国就业培训援助研究》，《南昌大学学报》2010年第6期。

赵步同、谢学保：《企业培训效果评估的研究》，《科技管理研究》2008年第12期。

张波：《企业培训效果评估体系及评估模型的构建》，《中国校外教育》2010年第8期。

张凭博：《基于AHP模糊综合评价法的企业培训效果评估研究》，硕士学位论文，大连海事大学，2008。

郝婷：《农民培训长效机制研究》，博士学位论文，西北农林科技大学，2012。

〔美〕迈克尔·麦金尼斯主编《多中心体制与地方公共经济》，毛寿龙译，上海三联书店，2000。

〔美〕奥斯特罗姆、帕克斯、惠特克：《公共服务的制度建构》，宋全喜等译，上海三联书店，2000。

杨团：《社区公共服务论析》，华夏出版社，2002。

倪慧、万宝方、龚春明：《新型职业农民培育国际经验及中国实践研究》，《世界农业》2013年第3期。

陈华宁：《国外农村人力资源开发模式及启示》，《国际经济合作》2009年第3期。

陈成文、邓婷、孙淇庭：《国外就业援助模式一瞥》，《北京日报》2009年7月13日。

朱玲：《促进就业：德国劳动力市场改革》，《中国工业经济》

2008年第3期。

刘昕:《政府公共就业服务外包体系:制度设计与经验启示》,《江海学刊》2008年第3期。

胡静、闫志利:《中外新型职业农民资格认定标准比较研究》,《职教论坛》2014年第10期。

蒲晓琴、杨锦秀:《公共资助农民就业培训满意度的实证研究——基于四川省成都市农民的调查》,《广东农业科学》2013年第8期。

孟华:《政府绩效评估:美国的经验与中国的实践》,上海人民出版社,2006。

何学军:《农民培训绩效综合评估模型建构研究》,《成人教育》2017年第1期。

李文彬、郑方辉编著《公共部门绩效评价》,武汉大学出版社,2010。

Kaufman R., Keller J. M., "Levels of Evaluation: Beyond Kirkpatrick," *Human Resource Development Quarterly* 5 (1994): 371-380.

Alliger G. M. et al., "A Meta-Analysis of the Relations among Training Criteria," *Personnel Psychology* 50 (1997): 341-358.

Elwood F. Holton, "Holton's Evaluation Model: New Evidence and Construct Elaborations," *Advances in Developing Human Resources* 1 (2005): 51.

Stufflebeam D. L., "The CIPP Model for Program Evalnation," in G. F. Madaus, M. Scriven, D. L. Stufflebeam, eds., *Evaluation Models: Viewpoints on Educational and Human Services Evaluation*, Boston: Kluwer Nijhof, 1983, pp. 117-141.

Kluve J., "The Effectiveness of European Active Labor Market Policy," *IZA Discussion Paper* (2006): 2-18.

〔印〕阿马蒂亚·森:《贫困与饥荒——论权利与剥夺》,王宇等译,商务印书馆,2001。

〔美〕尼尔·吉尔伯特:《激活失业者——工作导向型政策跨国比较研究》,王金龙等译,中国劳动社会保障出版社,2004。

〔法〕帕特丽夏·威奈尔等:《就业能力——从理论到实践》,郭瑞卿译,中国劳动社会保障出版社,2004。

〔美〕尼古拉斯·亨利:《公共行政与公共事务》,项龙译,中国人民大学出版社,2002。

程凌刚、周海涛:《公路建设项目国民经济效益计算的理论与方法回顾》,《公路交通科技》2001年第4期。

朱衍强、郑方辉:《公共项目绩效评价》,中国经济出版社,2009。

〔美〕米尔顿·弗里德曼:《资本主义与自由》,张瑞玉译,商务印书馆,2004。

〔美〕加里·S. 贝克尔:《人力资本》,梁小民译,北京大学出版社,1987。

〔美〕埃莉诺·奥斯特罗姆:《公共事物的治理之道》,余逊达等译,上海三联书店,2000。

〔美〕詹姆斯·Q. 威尔逊:《官僚机构:政府机构的作为及其原因》,孙艳等译,三联书店,2006。

〔美〕艾伦·汉森、戴维·普瑞斯:《公共就业服务》,范随译,中国劳动社会保障出版社,2002。

赵曼、杨海文:《21世纪中国劳动就业与社会保障制度研究》,人民出版社,2007。

胡绍英、张宇:《社会主义新农村建设对农村技术能手的素质要求研究》,《未来与发展》2009年第5期。

刘平青、姜长云:《我国农民工培训需求调查与思考》,《上海经济研究》2005年第9期。

陈晓华、张红宇:《中国农村劳动力的转移与就业》,中国农业出版社,2005。

彭国甫等:《基于DEA模型的政府绩效相对有效性评估》,《管理评论》2004 年第 8 期。

王锐兰:《解读非营利组织绩效评价》,上海人民出版社,2009。

王欢明、诸大建:《基于效率、回应性、公平的公共服务绩效评价》,《软科学》2010 年第 7 期。

汪群、王全蓉:《培训管理》,上海交通大学出版社,2006。

马国贤:《政府绩效管理》,复旦大学出版社,2005。

罗瑜亭、涂永式:《我国政府购买公共就业培训服务绩效研究》,《职业技术教育》2016 年第 25 期。

吴贵明、钟洪亮:《公共就业服务行政组织战略性绩效指标设计的探索》,《中国劳动》2010 年第 2 期。

〔美〕普雷姆詹德:《公共支出管理》,王卫星等译,中国金融出版社,1995。

〔美〕安瓦·沙主编《公共服务提供》,孟华译,清华大学出版社,2009。

〔美〕阿里·哈拉契米:《政府业绩与质量测评:问题与经验》,张梦中等译,中山大学出版社,2003。

附 录

附录 1　公共就业培训状况调研问卷（个人）

您好！

非常感谢您能接受此次匿名问卷调查。此问卷是对当地公共就业培训状况的调查。问卷中涉及问题的答案无对错之分，您填答的所有信息，仅供学术研究使用。

感谢您的鼎力支持！

A 部分：基本情况调查

A1. 您的性别是：(　　　)

1. 男　　　　　　　　　　　　2. 女

A2. 您的年龄是多大？(　　　)

1. 18～25 岁　　　　　　　　　2. 26～35 岁
3. 36～45 岁　　　　　　　　　4. 46 岁及以上

A3. 您的受教育程度是：(　　　)

1. 文盲或半文盲　　　　　　　2. 小学
3. 初中　　　　　　　　　　　4. 高中或职高
5. 大专　　　　　　　　　　　6. 本科及以上

A4. 您现在的工作是：(　　　)

1. 建筑业（木工、水工、泥瓦工、电焊工等）

2. 交通运输业（驾驶员、行车工等）

3. 制造业（计算机操作、电子装配、缝纫等）

4. 家政服务业（保姆、安保、保洁等）

5. 三产服务业（理发、厨师等）

6. 营销管理

7. 商贸业（销售员、推销员等）

8. 其他（请注明）＿＿＿＿

A5. 您工作的年限是：（　　）

1. 1 年以下
2. 1~3 年
3. 4~5 年
4. 6~10 年
5. 10 年以上

A6. 您的年平均收入是多少元？（　　　）

B 部分：职业培训效果调查

B1. 参加职业技能培训前，您对培训机构能为您提供的场所的期望？（　　）

1. 非常高
2. 高
3. 无所谓
4. 没有任何期望

B2. 参加职业技能培训前，您对培训课程对您的职业能力提高有多大期望？（　　）

1. 非常高
2. 高
3. 无所谓
4. 没有任何期望

B3. 参加职业技能培训前，您对培训教师对您的帮助有多大期望？（　　）

1. 非常高
2. 高
3. 无所谓
4. 没有任何期望

B4. 培训结束后，您对所参加的职业技能培训是否满意？（　　）

1. 非常满意
2. 满意

3. 一般   4. 不满意

B4-1. 培训结束后，您对参加的培训机构是否满意？（　）

1. 非常满意   2. 满意

3. 一般   4. 不满意

B4-2. 培训结束后，您对参加的培训课程是否满意？（　）

1. 非常满意   2. 满意

3. 一般   4. 不满意

B4-3. 培训结束后，您对参加的培训教师是否满意？（　）

1. 非常满意   2. 满意

3. 一般   4. 不满意

B5. 培训后，您是否参加了工作？（　）

1. 是   2. 否

B6. 若参加了工作，从培训结束到您参加工作的间隔为多长时间？（　）

1. 培训结束后立即工作   2. 培训后一个月以内

3. 培训后三个月以内   4. 培训后半年内

5. 培训后一年以内   6. 培训后一年以上

B7. 您是否获得相关专业技能证书？（　）

1. 是   2. 否

B8. 参加培训后，您的月平均收入是否增加了？（　）

1. 是   2. 否

B8-1. 若参加培训后，您的月平均收入增加了，增加比例为？（　）

1. 10%以内   2. 10%~30%

3. 30%~50%   4. 50%以上

B9. 对于职业技能培训，您有什么意见或者建议？

附录2　培训效果的调查问卷

您好！

非常感谢您能接受此次匿名问卷调查。请您对以下培训的效果进行判断，在您认为的评价等级上打钩。您填答的所有信息，仅供学术研究使用。

感谢您的鼎力支持！

指标＼评价	非常满意	满意	较满意	一般	不满意
培训方法满意度					
培训师资和课程满意度					
培训内容满意度					
	非常大	大	较大	一般	不大
互动能力的提高					
技能的提高					
理论知识的提高					
	非常明显	明显	较明显	一般	不明显
同事对培训的评价					
技术部门对培训的评价					
主管对培训的评价					
	非常大	大	较大	一般	不大
经济效益的提升					
个人收入和发展的提升					
工作质量的提升					

附录3 对接受培训的农民工的调查问卷

您好！

非常感谢您能接受此次匿名问卷调查。请您对以下的培训情况进行判断，在您认为的评价等级上打钩。您填答的所有信息，仅供学术研究使用。

感谢您的鼎力支持！

调查问题	评价等级	非常不同意←→非常同意				
		1	2	3	4	5
1	所用教材与培训目标是否相符					
2	教材的专业性程度					
3	教材与现在的就业趋势是否相符					
4	课程的安排和上课进度的合理性					
5	课程内容编排的合理性					
6	您认为教师的专业知识技能怎样					
7	教师的课堂组织能力及表达能力怎样					
8	您认为教师的培训水平及方式怎样					
9	培训方式的适应性和参与性强吗					
10	您认为培训方式是否符合当前企业需求					
11	您对培训过程中的实际操作设备满意吗					
12	培训场所的设施和环境是否能满足您的培训需求					

附录4 工人技能水平的影响因素的调查问卷

您好!

非常感谢您能接受此次匿名问卷调查。请您按以下要求打钩。您填答的所有信息,仅供学术研究使用。

感谢您的鼎力支持!

1~5的分值表示对该陈述的认可度由非常不同意到非常同意,请在相应框内打√ (1表示非常不同意,2表示不同意,3表示一般,4表示同意,5表示非常同意)		非常不同意←——→非常同意				
政府层面	政府对工人技能培养的资金投入力度大	1	2	3	4	5
	政府出台了很多对技能优秀人才的激励政策	1	2	3	4	5
	与工人相关的法律法规等保障措施较健全	1	2	3	4	5
企业层面	公司对工人技能的重视度和投入力度较高	1	2	3	4	5
	公司给工人提供了较为满意的薪酬	1	2	3	4	5
	公司实施的工人技术培训效果很好	1	2	3	4	5
	公司对优秀技术工人给予了有效激励	1	2	3	4	5
职业教育层面	当前职业教育所培养的人才符合企业实际需要	1	2	3	4	5
	职业院校十分注重对学生操作技能的培养	1	2	3	4	5
	职业院校的教学课程与专业设置符合市场需要	1	2	3	4	5
工人自身层面	现有的技能水平能够满足制造业转型升级需要	1	2	3	4	5
	十分愿意提升自身技能水平	1	2	3	4	5
	能较好地通过自主学习的方式来提升技能水平	1	2	3	4	5

后　记

今天是2018年的最后一天，室外银装素裹，这本书稿也如期完成。关注和研究公共就业培训问题已经有15个年头了，从公共就业培训管理到公共就业培训的绩效评价，我和学生们在这个领域里耕耘、探索，如今高质量发展的要求更为迫切，对劳动者能力要求也越来越高，希望本书的研究能为我国公共就业培训管理的实践和理论贡献绵薄之力，但也深知能力有限，不足之处，敬请批评指正。

本书是国家社科基金（批准号：11BGL063）的最终成果，汤盈（第三、四、十一章）、况芬（第五章）、胡莹（第六章）、何洋（第九章）、李杨（第十章）参与了部分章节的数据采集或初稿的写作，感谢他们与我一路同行。感谢南昌大学应用经济学一流学科的资助，感谢社会科学文献出版社高雁老师、冯咏梅老师等的辛勤付出！

新年的钟声就要敲响了，瑞雪兆丰年，愿来年更美好。

何　筠
2018年岁末

图书在版编目(CIP)数据

公共就业培训绩效评价研究/何筠著. -- 北京：社会科学文献出版社，2019.5
 ISBN 978 - 7 - 5201 - 4403 - 2

Ⅰ.①公… Ⅱ.①何… Ⅲ.①就业 - 技术培训 - 企业绩效 - 研究 - 中国 Ⅳ.①F272.5

中国版本图书馆 CIP 数据核字（2019）第 036637 号

公共就业培训绩效评价研究

著　　者 / 何　筠
出 版 人 / 谢寿光
责任编辑 / 冯咏梅
文稿编辑 / 吴丽平
出　　版 / 社会科学文献出版社·经济与管理分社（010）59367226
　　　　　　地址：北京市北三环中路甲29号院华龙大厦　邮编：100029
　　　　　　网址：www.ssap.com.cn
发　　行 / 市场营销中心（010）59367081　59367083
印　　装 / 三河市东方印刷有限公司
规　　格 / 开　本：787mm × 1092mm　1/16
　　　　　　印　张：17　字　数：228 千字
版　　次 / 2019年5月第1版　2019年5月第1次印刷
书　　号 / ISBN 978 - 7 - 5201 - 4403 - 2
定　　价 / 89.00 元

本书如有印装质量问题，请与读者服务中心（010 - 59367028）联系

▲ 版权所有 翻印必究